厦门大学哲学社会科学繁荣计划资助项目

厦门大学科技哲学与科技思想史文库
主编 曹志平 陈喜乐

国家哲学社会科学基金项目
"当代西方诠释学的现象学科学哲学研究"
（批准号：09BZX022）研究成果

科学诠释学的现象学

曹志平 等 著

厦门大学出版社 国家一级出版社
XIAMEN UNIVERSITY PRESS 全国百佳图书出版单位

目 录

第一章　当代西方科学诠释学的现象学概述 …………………… 1
　第一节　当代西方科学诠释学的现象学：代表人物与著作………… 2
　第二节　当代西方科学诠释学的现象学：问题与观点 ……………… 10
　　一、自然科学探讨意义 ………………………………………… 12
　　二、自然科学诠释学是"两大哲学传统"的互动、交融………… 14
　　三、此在之基础存在论、"生活世界"在科学哲学中的基础地位…… 18
　　四、自然科学诠释学本质的多角度阐述 ……………………… 22
　　五、科学诠释学的现象学与科学实在论 ……………………… 32

第二章　胡塞尔的科学论与先验现象学 ……………………………… 39
　第一节　胡塞尔的科学概念与科学论 …………………………… 40
　　一、胡塞尔的科学概念 ………………………………………… 41
　　二、自然科学的"不完善状态"与科学论的必要性 …………… 43
　　三、科学论与纯粹逻辑学和现象学的关系 …………………… 46
　　四、科学论的任务 ……………………………………………… 48
　第二节　胡塞尔与实证主义、逻辑实证主义科学哲学的关系 …… 51
　　一、胡塞尔对实证主义的批判 ………………………………… 51
　　二、胡塞尔与逻辑实证主义科学哲学的理论联系 …………… 55

第三节　四种现象学概念与科学诠释学的现象学 …………… 58
　　一、四种现象学概念 ……………………………………………… 58
　　二、胡塞尔现象学对科学诠释学的现象学的影响 …………… 61

第三章　诠释学的发展与科学诠释学 …………………………… 68
第一节　诠释学与实证主义科学哲学的对抗 ………………… 68
第二节　诠释学成为普遍的哲学 ……………………………… 75
　　一、诠释学奠基于现象学 ……………………………………… 75
　　二、哲学诠释学 ………………………………………………… 77
　　三、诠释学与现象学、自然科学哲学的关系问题 …………… 79
第三节　"诠释学的回归"与诠释学领域的拓展 ……………… 81
　　一、"诠释学的回归"与利科 …………………………………… 82
　　二、"诠释学的回归"与科学诠释学的现象学 ………………… 85

第四章　劳斯的科学实践诠释学 ………………………………… 91
第一节　劳斯科学实践诠释学的缘起 ………………………… 92
　　一、对理论优位科学观的否定 ………………………………… 92
　　二、对库恩范式理论的实践诠释学解读 ……………………… 93
　　三、融合英美科学哲学与欧洲大陆科学论的努力 …………… 97
　　四、劳斯理解科学的哲学本体论 ……………………………… 98
第二节　以实践的观点理解科学 ……………………………… 101
　　一、劳斯的"实践"概念 ………………………………………… 102
　　二、实践与理论的本体论关系 ………………………………… 104
　　三、实践作为理解科学的哲学原则 …………………………… 108
　　四、对海德格尔科学观的批判 ………………………………… 111
第三节　自然科学的诠释学本质：知识是地方性的 ………… 113
　　一、地方性的实验室情境 ……………………………………… 114
　　二、去情境化与标准化 ………………………………………… 115

三、实验室情境的优先性…………………………………………… 117
　第四节　劳斯科学实践诠释学对科学哲学基础理论的意义 ……… 120
　　一、提出了理解科学的实践原则…………………………………… 120
　　二、深化了对科学实践属性的理解………………………………… 122
　　三、拓展了科学哲学的研究领域…………………………………… 123

第五章　希兰的诠释学—现象学科学哲学 ……………………… 125
　第一节　生活世界的本体论 …………………………………………… 126
　　一、希兰理解的"生活世界"概念…………………………………… 127
　　二、生活世界：希兰科学诠释学—现象学的本体论……………… 131
　第二节　知觉的诠释学—现象学 ……………………………………… 135
　　一、知觉的诠释学属性……………………………………………… 136
　　二、知觉的现象学结构……………………………………………… 142
　　三、知觉知识的必然性与多元性…………………………………… 145
　　四、知觉行为的视角和内容………………………………………… 149
　第三节　科学诠释学—现象学实在论 ………………………………… 153
　　一、视域实在论：科学的现象学实在论…………………………… 154
　　二、理论对象的实在化：对科学实在论核心问题的回答………… 159
　第四节　多元互补的科学观与世界观 ………………………………… 166
　　一、两种对立互补的视觉空间……………………………………… 167
　　二、Q 格：多元互补的一般模式…………………………………… 171
　　三、辩证发展之树…………………………………………………… 176
　第五节　希兰科学哲学思想的内在逻辑和理论价值 ………………… 180
　　一、希兰科学哲学思想的第一条线索……………………………… 180
　　二、希兰科学哲学思想的第二条线索……………………………… 182

第六章　科克尔曼斯科学诠释学的现象学 ……………………… 186
　第一节　科克尔曼斯与"科学诠释学的现象学" …………………… 186

一、科克尔曼斯其人及对他思想的研究…………………… 186
　　二、"诠释学的现象学"概念释义………………………… 190
　　三、科克尔曼斯科学诠释学的现象学的理论背景………… 192
　第二节　科克尔曼斯对哲学与科学关系的论述……………… 197
　　一、哲学对科学的批判性反思的必要性…………………… 197
　　二、哲学的历史性特征……………………………………… 200
　　三、诠释学的现象学与科学的关系………………………… 204
　第三节　科学的存在论基础…………………………………… 206
　　一、存在的意义问题的优先性……………………………… 207
　　二、基础存在论对于理解科学的优先性…………………… 208
　　三、科学是此在存在的派生样式…………………………… 210
　第四节　自然科学的诠释学本质……………………………… 212
　　一、自然科学的筹划性质…………………………………… 213
　　二、意义框架的先在性……………………………………… 218
　　三、真理离不开情境………………………………………… 221
　第五节　科克尔曼斯科学诠释学的现象学的
　　　　　哲学精神与理论价值………………………………… 227
　　一、科克尔曼斯科学诠释学的现象学的逻辑进路与哲学精神… 227
　　二、科克尔曼斯科学诠释学的现象学的理论价值………… 229

第七章　伊德技术诠释的科学现象学……………………………… 234
　第一节　伊德科学现象学的缘起与渊源……………………… 235
　　一、伊德的科学现象学与现象学…………………………… 235
　　二、伊德科学现象学的理论渊源…………………………… 242
　第二节　伊德的科学现象学本体论…………………………… 250
　　一、生活世界的本体论……………………………………… 250
　　二、"相对论的"本体论…………………………………… 257
　第三节　仪器诠释学…………………………………………… 263

  一、物质性诠释学 …………………………………………… 263
  二、视觉诠释学 ……………………………………………… 266
  三、建构论的实在论 ………………………………………… 268
 第四节 伊德对自然科学诠释学本质的揭示 …………………… 272
  一、存在论上技术先在于科学 ……………………………… 272
  二、科学在制造知识时是从技术上来体现、
    建构或诠释的 ………………………………………… 277
  三、技术—科学的"放大—缩减效应" ……………………… 280
  四、仪器是界面,仪器诠释是翻译 ………………………… 282
 第五节 伊德科学现象学对科学哲学基础理论的意义 ………… 285
  一、推动着科学哲学的"实践转向" ………………………… 285
  二、开启了"技术诠释科学"的理解路向,
    使科学哲学与技术哲学内在地关联在一起 ………… 287
  三、阐述了技术—科学的内在价值性 ……………………… 289
  四、一种可能的普遍的科学诠释学 ………………………… 292

参考文献 …………………………………………………………… 294
后记 ………………………………………………………………… 298

第一章　当代西方科学诠释学的现象学概述

科学诠释学的现象学（Hermeneutic Phenomenology of Sciences），也就是诠释学的现象学科学哲学（Hermeneutic Phenomenological Philosophy of Science）。在一些代表性著作中，也常常称为"自然科学的诠释学的现象学"（Hermeneutic Phenomenology of the Natural Science），"诠释学的和现象学的科学哲学"（Hermeneutic and phenomenological Philosophy of Science），"自然科学的诠释学的或现象学哲学"（Hermeneutic or Phenomenological Philosophy of Natural Science），"自然科学的诠释学哲学"（Hermeneutical Philosophy of the Natural Science）。由于这个科学哲学流派强调本体论上对海德格尔"诠释学的现象学"、胡塞尔的现象学等哲学的继承，强调他们对于哲学诠释学的拓展与发展，强调科学诠释学研究中现象学方法的运用，我们认为将之称为"科学诠释学的现象学"或者"诠释学的现象学科学哲学"是合适的。①

---

① 我们在第六章"科克尔曼斯科学诠释学的现象学"中，比较详细地说明了"科学诠释学的现象学"这个名词的翻译问题。

第一节　当代西方科学诠释学的现象学：代表人物与著作

科学诠释学的现象学是20世纪80年代末90年代初在欧洲和美国形成的一个科学哲学流派，它倡导用诠释学的现象学（Hermeneutic Phenomenology），即胡塞尔的经典现象学经过修改后所出现的现象学，即本体论诠释学，包括海德格尔、伽达默尔、利科等人的诠释学研究自然科学，主张对文化的、历史的和个人的因素在科学活动中的决定性作用给予本体论解释，用该派别一位代表人物希兰的话说，就是："我们的任务是在当代生活世界给现代科学一个本体论和认识论基础。"[①] 坚持从本体论理解历史的、文化的和个人的因素对于科学研究的决定意义，并明确地将胡塞尔的现象学、海德格尔的生存论、伽达默尔的诠释学等作为这种理解的理论基础，这是科学诠释学的现象学与以往的科学哲学，特别是历史主义科学哲学最显著的区别。同时，由于它强调历史文化和个人因素在科学活动中的决定性作用，用诠释学和现象学研究自然科学，可以说是历史主义科学哲学的最新发展（库恩晚年就曾将自己的科学哲学与诠释学相联系），是欧洲大陆哲学与英美哲学相融合产生的一个研究科学的新流派、新视域。

"诠释学的现象学"科学哲学的代表人物有 P. A. 希兰（Patrick Heelan）、约瑟夫 J. 科克尔曼斯（Joseph J. Kockelmans）、R. P. 克里斯（Robert P. Crease）、D. 伊德（Don Ihde）、J. 劳斯（Joseph Rouse）、E. T. 吉德林（Eugene T. Gendlin）等人，成立有"国际诠释学与科学协会"（International Society for Hermeneutics and Science）。他们中的有些人

---

① P. A. Heelan, Why a Hermeneutical Philosophy of the Natural Science, *Man and World* 30, 1997, p.273.

既是现象学、诠释学研究专家,也是科学哲学方面的专家,在这两个领域都具有较大的影响。R.P.克里斯曾在1997年出版的论文集《诠释学与自然科学》的"导论"中说:"少数受过欧洲大陆哲学教育的专业哲学家们,诸如希兰、伊德、基西尔(Theodore Kisiel)、科克尔曼斯,他们既具有诠释学—现象学背景又具有科学背景,已经开始阅读海德格尔、梅洛·庞蒂、伽达默尔以及其他正在给予自然科学实践以一种积极的重新评价的学者的著作。一些具有诠释学的现象学哲学的博学背景的专业科学家(其中之一是 M.埃杰)也开始了同样的工作。一些更具主流特点的科学哲学家,如 J.劳斯正在有效地和敏锐地利用诠释学的洞见,同时,许多运用分析哲学的术语并常常运用其假设的社会学家,在他们的著作中深刻评价了具有历史境遇的知识本质的诠释学洞见(H.科林斯、B.拉图尔、A.皮克林、S.谢弗、S.沙平以及受到社会结构主义影响的其他学者)。"①

奠定科学诠释学的现象学理论基础的,是近年来出版的一批产生了重要影响的著作,其中代表性的专著和文集主要有:

(1)Joseph J. Kockelmans, *Ideas for a Hermeneutic Phenomenology of the Natural Sciences*, London: Kluwer Academic Publishers, 1993.

(2)Joseph J. Kockelmans, *Ideas for a Hermeneutic Phenomenology of the Natural Science: Volume II: on the Importance of Methodical Hermeneutics for a Hermeneutic Phenomenology of the Natural Sciences*, London: Kluwer Academic Publishers, 2002.

(3) Joseph J. Kockelmans, *Heidegger's "Being and Time": the Analytic of Dasein as Fundamental Ontology*. (中译本《海德格尔的〈存在与时间〉》,陈小文、李超杰、刘宗坤译,商务印书馆1996年版)

(4) Joseph J. Kockelmans, *Hermeneutic Phenomenology: Lectures and Essays*, University Press of America, 1988.

---

① Robert P. Crease, *Hermeneutics and the Natural Science*, Dordrecht, Netherlands: Kluwer Academic Publishers, 1997, p. 3.

（5）Joseph J. Kockelmans, *Heidegger and Science*, University Press of America, 1985.

（6）Robert P. Crease, *The Play of Nature: Experimentation as Performance*, Bloomington: IndianaUniversity Press, 1993.

（7）Patrick Heelan, *Space-Perception and the Philosophy of Science*, Berkeley: University of California Press, 1983.

（8）Patrick A. Heelan, *Quantum Mechanics and Objectivity: a Study of the Physical Philosophy of Werner Heisenberg*, The Hague: M. Nijhoff, 1965.

（9）Joseph Rouse, *Knowledge and Power: Toward to a Political Philosophy of Science*, Cornell University Press, 1987.（中译本《知识与权力：走向科学的政治哲学》，盛晓明、邱慧、孟强译，北京大学出版社2004年版）

（10）Joseph Rouse, *Engaging Science: How to Understand its Practices Philosophically*, Cornell University Press, 1996.（中译本《涉入科学：如何从哲学上理解科学实践》，戴建平译，苏州大学出版社2010年版）

（11）Joseph Rouse, *How Scientific Practices Matter: Reclaiming Philosophical Naturalism*, Cornell University Press, 2002.

（12）Don Ihde, *Technics and Praxis*, Boston: D. Reidel Pub. Co., 1979.

（13）Don Ihde, *Technology and Lifeword*, Bloomington: Indiana University Press, 1990.（中译本《技术与生活世界：从伊甸园到尘世》，韩连庆译，北京大学出版社2012年版）

（14）Don Ihde, *Instrumental Realism: the Interface Between Philosophy of Science and Philosophy of Technology*, Bloomington: Indiana University Press, 1991.

（15）Don Ihde, *Hermeneutic Phenomenology: The Philosophy of*

Paul Ricoeur, Northwestern University Press, 1971.

（16） Don Ihde, *Postphenomenolgy: Essays in the Postmodern Context*, Evanston: Northwestern University Press, 1993.

（17） Don Ihde, *Expanding Hermeneutics: Visualism in Science*, Northwestern University Press, 1998.

（18）Don Ihde, *Postphenomenolgy and Technoscience*, 2009.（中文版《让事物"说话"：后现象学与技术科学》，韩连庆译，北京大学出版社2008年版）

（19） Don Ihde, *Consequence of Phenomenology*, Albany: State University of New York Press, 1986.

（20） Martin Eger, *Science, Understanding and Justice: The Philosophical Essays of Martin Eger*, 2006.

（21）Robert P. Crease eds., *Hermeneutics and the Natural Science*, Dordrecht, Netherlands: Kluwer Academic Publishers, 1997.

（22） Thomas M. Seebohm and Joseph J. Kockelmans, *Kant and Phenomenology*, University Press of America, 1984.

（23）Babette E. Babich, *Hermeneutic Philosophy of Science, Van Gogh's eyes, and God: Essays in Honor of Patrick A. Heelan*, Kluwer Academic Publishers, 2002.

（24） Timothy J. Stapleton, *The Question of Hermeneutics: Essaysinhonor of Joseph J. Kockelmans*, edited by Kluwer Academic Publishers, 1994.

（25）Evan Selinger, *Postphenomenology: A Critical Companion to Ihde*, Albany: State University of New York Press, 2006.

对这些学者及其著作，国内学者比较熟悉的是伊德和劳斯。E. 塞林格（Evan Selinger）在其所编的《后现象学：伊德的批判性伙伴》一书的"前言"中说:"伊德被广泛承认为美国最重要的现象学家之一。"①米切姆更直接地认为,在继胡塞尔、海德格尔和利科各自引领的现象学浪潮之后,伊德的实用主义现象学在北美开创了第四次现象学的浪潮。②对于伊德的技术现象学的研究,国内开展的较早,研究的人也较多。伊德曾先后于2004年、2006年和2007年来华做学术访问,产生了非常好的影响,甚至由伊德的四次演讲稿组成的文集《让事物"说话":后现象学与技术科学》的中文版本比英文版本出版的还早。但在伊德的现象学中,是否存在科学现象学的思想?如果存在,伊德的现象学科学哲学思想又有哪些内容?这是我们研究伊德的现象学必须注意的一个问题。对劳斯的科学哲学思想的研究,是在"实践的科学哲学"或者"科学哲学的实践学派"的框架下展开的,劳斯的代表作也有了中文版本。

事实上,除了伊德和劳斯,科学诠释学的现象学的其他学者也都很有影响。国内对约瑟夫 J. 科克尔曼斯(Joseph J. Kockelmans)(1923—2008)的了解比较少。约瑟夫 J. 科克尔曼斯于1964年至1965年在社会研究新学院(New School for Social Research)担任教授,1965年至1968年在匹兹堡大学担任教授。自1968年以后,他一直在宾夕法尼亚州立大学工作,并在1990年后成为杰出的教授。他对胡塞尔的现象学、海德格尔的生存论的发展与应用,在欧美国家产生了很大的影响。《诠释学问题:纪念科克尔曼斯文集》一书"前言"中说:"科克尔曼斯在1965年到1967年间出版的两本介绍胡塞尔和海德格尔的著作,后来成为一代研究欧洲哲学的学生的基本工具。"③科克尔曼斯还和约翰·安德森(John Anderson)、卡尔

---

① Evan Selinger, *Postphenomenology*: *A Critical Companion to Ihde*, Albany: State University of New York Press, 2006, Ⅶ.

② Evan Selinger, *Postphenomenology*: *A Critical Companion to Ihde*, Albany: State University of New York Press, 2006, p.21.

③ *The Question of Hermeneutics*: *Essays in Honor of Joseph J. Kockelmans*, Dordrecht: Kluwer Academic Publishers, 1994, ⅸ. 这里指科克尔曼斯著的《海德格尔哲学入门》和《胡塞尔现象学导论》,后者1967年出版后被再版8次。

文·舒拉格(Calvin Schrag)一同创立了蜚声国际的刊物——《人与世界》(*Man and World*)。科克尔曼斯系统阐述自己的科学诠释学思想的专著"*Ideas for a Hermeneutic Phenomenology of the Natural Sciences*"的一、二卷分别在1993年和2002年出版。其他著作如 *Edmund Husserl's Phenomenology*，*Hermeneutic phenomenology*，*Kant and phenomenology*，*On Heidegger and Language*，*Heidegger and Science* 等。评论科克尔曼斯的论著的论文很多，其中最具影响力的是 *The Question of Hermeneutics：Essays in Honor of Joseph J. Kockelmans*（《诠释学问题：纪念科克尔曼斯文集》，1994），范·弗拉森(Bas C. Van Fraassen)、希兰、凯塞尔(Theodore Kisiel)等著名学者纷纷对科克尔曼斯的思想做出了回应和评价。我国商务印书馆1996年出版了科克尔曼斯1990年的著作《海德格尔的〈存在与时间〉》中文版。

P. A. 希兰(Patrick Heelan)也是国内学术界不熟悉其思想的科学哲学家。1926年生于爱尔兰的希兰，曾受教于薛定谔和辛格，获得地球物理学博士学位，具有良好的自然科学功底。后到比利时罗万大学（该校是胡塞尔档案馆所在地）攻读哲学，研读了胡塞尔、海德格尔、梅洛·庞蒂、伽达默尔和利科等人的著作，开始了现象学和诠释学研究，获哲学博士学位，代表作是《空间知觉与科学哲学》。20世纪90年代初，施雁飞在其著作《科学解释学》中初步介绍了希兰的科学哲学思想。2005—2006年，范岱年先生再次将希兰的诠释学的现象学思想介绍给国内学者。① 但从总体上看，国内缺乏对希兰科学诠释学的现象学思想的系统研究，缺乏对希兰的知觉现象学、科学诠释学实在论、多元互补的科学观与世界观的系统阐述。事实上，希兰的《空间知觉与科学哲学》在西方科学哲学和现象学界产生的影响是比较大的。R. P. 克里斯在其著作 *The Play of Nature*：

---

① 2005年，范岱年先生在第十二届全国科学哲学学术会议上曾将 P. A. 希兰、D. 伊德等人的科学哲学命名为"现象论—诠释学科学哲学"，2006年在《自然辩证法通讯》发表了论文《希兰和诠释学的科学哲学》。

Experimentation as Performance（Bloomington：Indiana University Press，1993)中,用较长的篇幅述评了希兰在一般知觉与科学知觉之间的类比,在知觉现象学上希兰对胡塞尔和梅洛·庞蒂现象学的继承和发展,以及希兰的科学诠释学实在论。克里斯高度评价希兰通过对知觉、文本、阅读、仪器等的理解,探索科学知识的客观性,回答科学实在是如何可能的、可能性的条件又是什么等问题所表现出的创造性。克里斯说,希兰的思想让"侧显、构造、不变性以及其他的现象学工具的意义在现象学的语境中得以产生","这些意义的产生"为"对实验进行哲学研究创造了一种模式"。① 伊德的技术—科学现象学深受希兰有关仪器建构物理实在的现象学思想的影响。伊德在其著作《技术与实践》中对希兰致谢说:"当前出现的仪器现象学研究项目就是对希兰这方面洞见的回应,因此,我承认必须感恩于他。"②

在这些科学诠释学的现象学研究者中,一个比较普遍的现象,是他们往往会在多个领域进行学术探索,从而产生影响。科克尔曼斯在进行科学诠释学研究的同时,一生都保持着对教育的高度关注,他甚至喜欢称自己为教育者而非哲学家。还有的研究者在研究现象学的同时,会围绕着人的身体在多个领域解释和扩展自己的诠释学和现象学理论。比如 E. T. 吉德林(E. T. Gendlin),他是美国当代哲学家和心理学家,1962 年在芝加哥大学获得哲学博士学位,并在那里当了多年教授。吉德林的主要哲学著作有 *Experiencing and the Creation of Meaning*(《经验和意义的创造》,New York：Free Press of Glencoe，1962)，The Responsive Order：A New Empiricism(《应对秩序：一种新经验主义》,*Man and World* 30，1997)等。在科学诠释学方面,吉德林认为,世界的相互作用先于关于世界的概念;科学知识具有客观性,因为它们经过了经验的测量和检验。这种客观性的真

---

① R. P. Crease, *The Play of Nature*：*Experimentation as Performance*, Bloomington and Indianapolis：Indiana University Press, 1993, p. 82.

② Don Ihde, *Technics and Praxis*, Dordrecht：Holland/Boston：D. Reidel Publishing Company,1979, ix.

正含义,不是说它们不能发展、变化,而是说它们虽然可以许多不同的和不相容的方式得到解释,但每一种解释都有自己与经验的确切关系。因此,在科学知识的客观性问题上,吉德林超越了相对主义和后现代主义。但在美国学术界,吉德林的"体验现象学"(Experiential Phenomenology)和"聚焦心理疗法"影响更大。吉德林创办了《心理治疗》杂志,并因为"聚焦心理疗法"而三次被美国心理协会授予荣誉。吉德林的《聚焦心理:生命自觉之道》已有中文版本。

  由于以下三个方面的原因,对诠释学的现象学科学哲学进行系统的研究,在我国仍然是很有必要、有理论意义的工作:一是历史主义以后科学哲学理论如何发展,是科学哲学研究的一项重要课题。西方和我国的有识之士都认识到了现象学、存在论、诠释学对科学哲学的意义。当代西方诠释学的现象学科学哲学在这方面进行了有益的尝试,从不同的视角研究和吸收它们的学术成果对我国科学哲学的教学和研究无疑是重要的。二是对于西方科学诠释学现象学,我国尽管有了一些研究,但仍然缺乏比较系统的专门性的著作,对有些代表人物的思想仍然缺乏了解,因此在这方面进行比较系统的研究仍然是有意义和学术价值的。[1] 三是来源于西方当代科学诠释学的现象学的复杂性。R.P.克里斯甚至说,认为诠释学的现象学科学哲学是一种纲领是"不正确的",它们是"一组具有取向性的思想"。[2] 因此,在现有研究的基础上,把握他们的哲学基础,阐述他们的理论追求,分析他们的理论趋于一致的核心观念,是很有必要的。

---

  [1] 《哲学译丛》1999年第1期刊发了克里斯的《诠释学与自然科学:导论》,基西尔的《一种自然科学的诠释学?——最新争论》,科克尔曼斯的《现代自然科学的诠释学本质》等几篇论文。这是比较早的对当代西方科学诠释学的现象学论文的中文翻译的一次系统刊发。我们参考了这些论文的中文翻译。

  [2] R. P. Crease, *Hermeneutics and the Natural Sciences*, Kluwer Academic Publishers,1997, p.4.

第二节 当代西方科学诠释学的现象学：问题与观点

在科学诠释学的现象学探索中，约瑟夫 J. 科克尔曼斯、P. A. 希兰、D. 伊德和 J. 劳斯等人是理论的奠基者。他们的理论构成了当代西方诠释学的现象学科学哲学的基本内容。

R. P. 克里斯曾指出，在当代科学诠释学的现象学研究中，存在下面三种观点或"具有取向性的思想"：

"第一种观点可以称之为意义先于技术。"①它反对的是这样一种实证主义科学观，即科学理论仅仅是实验运作和实验数据计算的结果，科学家无前提地应用技术、操作实验、运用数学方法和归纳逻辑，认为只有这样才能保证科学理论的"客观性"面貌。与这种科学观相反，坚持"意义先于技术"的科学诠释学认为，科学和其他人类活动一样，意义的产生不仅是通过局部到整体的运动，而且存在从整体到部分的这种诠释学循环。科学的"诠释学循环"确认了意义框架对实验、观察、技术应用等实践活动的先在性，以及它对后者具有的限定作用，认为数据、实验结果和完成的实验室活动都是已有的意义框架限定下的解释的结果。

"第二种取向可以称之为实践比理论更重要。"②这里的"实践"，有狭义与广义之分：狭义的实践，在科学领域特指科学实验，那么这种观点就坚持，在科学诠释学的现象学领域，科学实验比理论更基本、更重要，反对实证主义科学哲学坚持的"理论优位"的科学观；广义的实践，包括人类生存的所有感性活动，那么这种观点就坚持"使现象得以解释的意义框架并不

---

① R. P. Crease, *Hermeneutics and the Natural Sciences*, Kluwer Academic Publishers, 1997, p. 4.

② R. P. Crease, *Hermeneutics and the Natural Sciences*, Kluwer Academic Publishers, 1997, p. 4.

仅由工具、文本和观念构成,而且包括先于主客体分离的由文化和历史所决定了的人与世界的关联"①。

"第三种取向可以称之为境遇(situation)先于抽象的形式化。"②这种观点反对将科学理论看作是超越了具体文化、历史和社会基础的永远不会变化的抽象真理。它认为科学工作必定是开始于与某种具体情境的关联以及人在这种情境中获得的领悟,人与世界的具体境遇先于科学的抽象演算和经验意义,"真理总是涉及在具体的历史和文化境遇中事物向某人的显露"③。

事实上,由于这三种思想取向在本体论上并无原则性的区别,要明确将它们归于我们上面列举的那些代表人物是困难的。大体上可以这样说,对于第一类观点,科克尔曼斯有较多的论述,第二类观点在P. A. 希兰、J. 劳斯和D. 伊德的科学哲学中论述较多,然后他们都认同第三类观点。尽管这些代表性理论在叙述和观念表达上表现出种种的不同,但它们之所以能够被称为一个派别性的科学哲学团体,是因为他们在认识论上对科学的历史性的诠释学本质的确认,并且力图从本体论上以首尾一贯的方式使这种认识论观念得到论证。因此,R. P. 克里斯概括的这些具有取向性的思想或观点,与其说是从内部将科学诠释学的现象学者分成了不同的派别,不如说是它们表现了科学诠释学的现象学的一些认识论主张,它们共同从认识论的角度揭示出了自然科学的诠释学本质。事实上,除了认识论上的主张,科学诠释学的现象学最引人瞩目的是对于本体论在哲学论证上的基础地位的强调,正由于这样,我们在科学诠释学的现象学中看到的,往往不是像科学历史主义那样没有得到本体论论证的科学认识论主张,而是本体

---

① R. P. Crease, *Hermeneutics and the Natural Sciences*, Kluwer Academic Publishers, 1997, p. 4.

② R. P. Crease, *Hermeneutics and the Natural Sciences*, Kluwer Academic Publishers, 1997, p. 4.

③ R. P. Crease, *Hermeneutics and the Natural Sciences*, Kluwer Academic Publishers, 1997, p. 4.

论与认识论以哲学首尾一贯的方式展现的科学诠释学的理论整体。

我们需要在代表性人物思想的叙述和论证中,寻找和概括科学诠释学的现象学都力图解决哪些问题?他们在这些问题的研究中都形成了哪些理论共识?

一、自然科学探讨意义

自然科学需要理解,科学探讨意义,不存在"自然—解释"、"精神—理解"的两分法。这是科学诠释学的现象学的一个基本观念。

意义是诠释学的核心概念,理解是对意义的理解,解释文本就是阐述文本的意义。海德格尔、伽达默尔以前的诠释学的一个基本观点,就是以有无意义来区分自然与精神,进而区分自然科学与"精神科学"、自然的解释与人文理解,坚持自然科学是与理解、意义无关的。但意义究竟是什么,这却是诠释学和语言哲学中最复杂的问题。列维-斯特劳斯在《神话与意义》一书中写道:"在语义学里,有一件非常奇怪的事,那就是在整个语言里,对'意义'这个词,你要找出它的意义恐怕是最难的了。"[①]美国语义学家奥格登和瑞恰兹在《意义的意义》一书中列举了人们实际使用的"意义"的16种意义,如语言的一种功能、与其他东西不可分离的联系、内涵、意向、可依据经验推断出的情况、理论结果、事件在系统中的"地位"、符号所揭示的东西等。在西方诠释学的发展中,人们也一直围绕着文本意义,陷入在"作者的原意"、"作品或文本的含义"、"作品或文本的意味即重要性"等概念认识的混乱中。这说明,当人们将有无意义作为标准划分自然科学与人文、社会科学的时候,对作为意义之基础的意义概念的认识还不是确定、明晰和没有争论的。尽管如此,意义的基本意义还是确定的。一般来说,含义与指称、意味或者重要性是人们谈到意义概念时首先想到的。

事实上,逻辑实证主义也讨论科学的"意义"。逻辑实证主义拒斥形而

[①] 转引自俞建章、叶舒宪:《符号:语言与艺术》,上海人民出版社1988年版,第217页。

上学,不是因为它认定形而上学是错的,而是认为形而上学没有意义。意义标准同时是科学划界的标准,这是贯穿于逻辑实证主义哲学观和科学观的一个基本主张。当逻辑实证主义说科学有意义的时候,首先指科学理论、定律和概念含义与指称的客观性(与人无关),进而由此认定科学与科学事实的重要性。当狄尔泰等浪漫主义诠释学坚持自然科学没有意义的时候,不是否认自然科学的重要性(对此他们持充分肯定的立场),而是因为科学理论、定律和概念含义与指称具有客观性。在狄尔泰等人看来,这里的情景就像诠释学与作为其早期发展阶段的神学诠释学的关系。用现在的语言来说,文本是否具有意义,谈论的不是重要性的问题,而是其含义与指称是发现的还是理论建构的,是与人无关的抽象物还是一定历史、文化的社会存在物,是固定的不变的永恒真理还是历史文化语境中的具有主体间性的客观知识。

因此,自然科学是否有意义,这是一个关系到理解科学的哲学原则,从而决定了科学哲学走向的大问题。当代西方科学诠释学的现象学在这个原则性问题上的认识是一致的。比如,R. P. 克里斯说:"因为科学知识也像一切知识一样,涉及对某人揭示(诉说)某事。科学探讨意义,这些意义就是体现在语言中的,在经验中修改或实现的,并在实验室的实践中和科学文献中传递的社会存在物。"[1]劳斯说:"意义可以被理解为最基本的认识论问题,肯定比真理更为基本。首先,意义问题产生于科学理解的各个层次,不仅仅与研究结果的编写有关。它们包括如下问题:哪些计划值得采纳,进行这个计划必须考虑哪些结果,需要做哪些实验和计算,应该获得哪些设备和技术,哪些结果值得发表? 理解这些问题是如何回答的,就是相当详细地把握科学知识是如何建构和合法化的。"[2]希兰也说:"科学是一种探索和研究意义的人类文化形式,意义出现在对生活世界的预先理解

---

[1] R. P. Crease, *Hermeneutics and the Natural Sciences*, Kluwer Academic Publishers, 1997, p.1.

[2] 约瑟夫·劳斯:《涉入科学:如何从哲学上理解科学实践》,戴建平译,苏州大学出版社2010年版,第152页。

的公共表达中,它具有历史性、确凿性、暂时性。"①正是这种社会存在物将科学与历史、文化、传统等连接起来,为科学活动提供了基础。科克尔曼斯还从本体论上分析了自然科学中意义丧失的原因,认为这是此在优先地位的被遗忘与物质实在优先地位的逐步获得共同作用的结果,因此这就不仅是科学哲学的问题,还是整个现代化时期人类知识与文明的共同弊端。

二、自然科学诠释学是"两大哲学传统"的互动、交融

诠释学向自然科学领域的扩展,是分析哲学与欧洲大陆哲学的互动与交融,也是诠释学与现象学在自然科学领域的互动与交融。一般来说,"诠释学哲学为把历史与文化重新引入自然科学哲学提供了哲学基础"②,而现象学则为对当代科学的技术具身的分析提供了方法论。

科学哲学同语言哲学、逻辑哲学一样,是分析哲学研究和发展的主要领域之一。分析哲学反对传统的思辨哲学,认为哲学的主要问题是哲学语言的歧义性、模糊性和混乱,因此将哲学的首要任务规定为对语言的逻辑分析。这种在逻辑分析基础上建构形成的哲学理论,关注细节,重视具体问题,以及对具体问题和悖论的形式化分析,反对抽象思辨的普遍性综合。分析哲学与大陆哲学的对立,集中表现在分析的科学哲学与诠释学的对抗。德国哲学家卡尔-奥托·阿佩尔将历史上的"理解—解释争论"分为三个阶段③:第一阶段是作为"精神科学"普遍方法论的诠释学与实证主义(孔德、穆勒等)的唯科学论还原论之间的对抗;第二阶段是建立在科学语言的句法—语义学分析基础上的科学哲学与诠释学因海德格尔的"本体论转向"而向"真理发生"的前科学领域的"退却";第三阶段则是包括科学哲学、科学方法论、科学逻辑等在内的"科学学"与诠释学从"对立"走向"互

---

① P. A. Heelan, Why a Hermeneutical Philosophy of the Natural Science, *Man and World* 30, 1997, p. 18.

② R. P. Crease, *Hermeneutics and the Natural Sciences*, Kluwer Academic Publishers, 1997, p. 1.

③ 阿佩尔:《解释:理解争论的历史回顾》,《哲学译丛》1987年第6期。

补"。阿佩尔对历史上的"理解—解释争论"的这个划分,主要是出于构建其先验语用学的哲学意图(因为上面的"科学学"、诠释学最终将与"意识形态批判"一起包含在阿佩尔构建的以"交往共同体"为中心观念的先验语用学框架中),但比较清楚地表现出了分析的科学哲学与诠释学从对立到融合的过程。在分析的科学哲学与诠释学的对抗中,诠释学采取了一种将自然科学领域完全让位于分析哲学的做法和态度。一方面,诠释学批判和抵制实证主义及其自然主义向精神领域的扩张,反对科学哲学强调的普遍定律在事实解释中的基础地位,以及定律解释(用普遍定律"覆盖"被解释事实)的认识价值;另一方面又承认自然科学的认识价值,承认自然科学知识绝对的客观性,承认实证主义科学哲学对自然科学的属性、特征和本质的描述是恰当的,是符合自然科学的实际的。其实质就是,虽然自然科学和精神科学在本体论、认识论和方法论上被分裂成两个独立的领域,但诠释学在对实证主义的批判中,却承认和坚持了实证主义科学观。

科学诠释学的现象学对导致哲学的这种发展状况的原因有深刻的理解。R. P. 克里斯说:"分析的科学哲学家们把他们的工作看作是使自然科学方法形式化,他们的兴趣不是专注于那些社会的、文化的和个人因素能够成为决定性因素的发现过程和其他领域。"[1]而揭示了这些因素和过程在理解与解释中的意义的诠释学,对于实证主义、自然主义从自然科学向人类精神、文化和社会领域推进的"霸权"的反应,只是对人文学科特殊性进行辩护,它"含蓄地认可了实证主义者具有自然科学性质的自画像"。因此,在1997年出版的论文集《诠释学与自然科学》的"导论"中,R. P. 克里斯开宗明义地说:"20世纪欧洲大陆思想发展中一直有一种最为怪癖的现象,就是对自然科学缺乏研究。"[2]诠释学对自然科学研究的缺失,既是科学哲学的损失,也是诠释学发展中的遗憾。科学诠释学的现象学要承担起

---

[1] R. P. Crease, *Hermeneutics and the Natural Sciences*, Kluwer Academic Publishers, 1997, p. 1.

[2] R. P. Crease, *Hermeneutics and the Natural Sciences*, Kluwer Academic Publishers, 1997, p. 1.

这个任务。

科学诠释学的现象学首先面临的任务,是批判地考察诠释学对于自然科学的合理性。被科学诠释学的现象学用作哲学基础的,是胡塞尔的现象学、海德格尔的存在论、伽达默尔的哲学诠释学,还有梅洛·庞蒂的现象学和利科的诠释学等。在这里,尽管胡塞尔的"生活世界"概念、知觉理论以及其他现象学方法被一再运用,但居于核心地位的无疑是海德格尔的存在论。这一方面在于海德格尔对现象学的发展,即海德格尔对此在的现象学分析改变了现象学的发展路径,是使现象学转向诠释学的现象学的主要推动者,同时促进了胡塞尔后期转而强调生活世界的概念;①另一方面则在于海德格尔是使诠释学在本体论层面发生了质的飞跃的哲学家。这就是伽达默尔说的:"海德格尔对人类此在的时间性分析已经令人信服地表明:理解不属于主体的行为方式,而是此在本身的存在方式。本书(指《真理与方法》——引者注)中的'诠释学'概念正是在这个意义上使用的。它标志着此在的根本运动性,这种运动性构成此在的有限性和历史性,因而也包括此在的全部世界经验。"②正如我们后面将会看到的,尽管科克尔曼斯早期也曾受到胡塞尔和梅洛·庞蒂的影响,但科克尔曼斯是直接从海德格尔的此在之基础存在论出发理解科学、批判实证主义的。劳斯曾明确说自己的"整个研究都深深地受到海德格尔和福柯著作的影响"③。伊德将其现象学称为"后现象学",意指是在传统现象学基础上修正了的现象学。这里的"后"和"修正",表明了伊德现象学与海德格尔的此在现象学之间的理论渊源。在伊德看来,海德格尔对此在的基础存在论分析,使现象学超越了

---

① 对此,伊德是这样说的:"《存在与时间》实际上早于胡塞尔的《欧洲科学的危机与超越论的现象学》(1936),它是对比海德格尔年长的同事的著作所做的回应和批判。它也促进了胡塞尔在后期转而强调生活世界的概念。"(唐·伊德:《技术与生活世界:从伊甸园到尘世》,韩连庆译,北京大学出版社 2012 年版,第 32 页)

② 伽达默尔:《真理与方法》(上卷),洪汉鼎译,上海译文出版社 1999 年版,第 6 页。

③ 约瑟夫·劳斯:《知识与权力:走向科学的政治哲学》,盛晓明、邱慧、孟强译,北京大学出版社 2004 年版,第 Ⅳ 页。

主体与客体的二元分离而达于前概念、前逻辑的领域,使"生活世界"的历史文化维度得以显现,现象学在胡塞尔那里具有的主体风格被克服。在1983年出版的那本著名的代表作《空间知觉和科学哲学》的开头,希兰明确说自己的科学哲学受到了三位哲学家的影响:胡塞尔、海德格尔和梅洛·庞蒂。从希兰的科学哲学理论看,希兰从胡塞尔那里继承了严谨的数学逻辑兴趣(如他对双曲视觉数学模型的引入和Q格模式的构建)、生活世界的概念以及将知觉作为现象学分析的基础等观念;希兰现象学分析中的具身化、主体身体、知觉视域等概念,都明显受到了梅洛·庞蒂的启发。但对希兰来说,具有理论基础地位的,是海德格尔的生存论。希兰将科学探究者理解为被抛于生活世界之中的存在者,并以此理解"生活世界"概念和知觉实践。

总之,科学诠释学的现象学是在两大哲学传统的碰撞、互动和融合中产生的。除了上述诠释学、现象学理论,科学诠释学的现象学还深受美国实用主义的影响,并且,库恩的科学历史主义从科学哲学方面最先确认历史、文化、个人和实践因素对科学发展的决定作用,从而为之提供了进一步研究文本。正是这些作为背景和基础的哲学理论,使科学诠释学的现象学哲学家们,比较深刻地理解了诠释学与实证主义科学哲学对立的深层原因,在继承了海德格尔的此在之基础存在论基础上,力图在自然科学中论证海德格尔阐述的理解的存在论结构的普遍性,揭示自然科学的诠释学本质,并在对知觉和科学仪器的现象学分析、科学实在论的诠释学重建中继承和发展传统的现象学。但是,正像D.C.霍埃在《批评的循环》中说的:"诠释学哲学向人类探索的一切领域提供了适用的理解与释义理论,然而个别的领域又有其独自的方法论上的难题。"① 尽管有了这些基础的哲学理论,但科学的诠释学现象学研究无疑仍然是一项艰巨的创造性工作,也正因如此,我们才有了形形色色的科学诠释学的现象学理论。

---

① D.C.霍埃:《批评的循环》,兰金仁译,辽宁人民出版社1987年版,第10页。

三、此在之基础存在论、"生活世界"在科学哲学中的基础地位

科学诠释学的现象学普遍确认海德格尔的此在之基础存在论在科学哲学中的理论基础地位，同时也确认"生活世界"在科学哲学中的本体论地位。"生活世界"是科学的出发点和归宿，是科学诠释学现象学的基点。用希兰的话说，"我们的任务是在当代生活世界给现代科学一个本体论和认识论基础"①。在科学诠释学的现象学中，此在和"生活世界"概念具有哲学解释原则的意义和作用，它意味着对科学的诠释学、现象学理解具有不从任何哲学命题出发的彻底的批判性。在这里，我们强调"生活世界"与此在之现象学在科学诠释学的现象学中的理论关联。科学哲学的生活世界本体论，将此在之基础存在论置于科学哲学的理论基础的地位。

希兰的"生活世界"概念来源于胡塞尔，但他又将"生活世界"概念连同现象学方法在海德格尔生存论基础上进行了改造。基本内容是：①生活世界是知觉者被抛于其中的世界。希兰说："人类探究者在一种哲学反思中发现自己无从选择地，偶然地'被置于'人类历史的某个时空"，也就是说"意识到自身仅仅是一生'被抛于'生活世界当中"②。②生活世界奠基于人的知觉。③人类个体"被置于""此"的生活世界，是一个先于具体实践者而存在的世界，它作为其存在论上的条件，无条件地限定着"此在"的包括知觉在内的一切实践的和理论的活动。希兰说："每个个体都继承了一种语言，一种文化，一个社会共同体，一组操心（可能，每个个体还继承了不只一种），它们赋予他或她所共享的生活世界以意义结构和目的。而且，虽然生活世界不是每个个体自身创造和选择的，却依然渗透进个体生活经验的

---

① P. A. Heelan, Why a Hermeneutical Philosophy of the Natural Science, *Man and World* 30, 1997, p.273.

② P. A. Heelan, After Post-Modernism: The Scope of Hermeneutics in Natural Science, *Conference on After Postmodernism*, 1997. http://www.focusing.org apm_papers/heelan.html.

有意识的和无意识的层面。"①希兰还说:"生活世界更确切地是一种通过将我们反思的关注引向先于我们对一切事物、机制之范畴和一切观念理论之思考的前理论的、前判断的、前概念的活动,来历史地展示在日常世界之实践的现实中的人类理解和劳作中的存在。这样的展示是一种作为人类经验的本体论维度的存在……且每一个人类个体都是作为如海德格尔所说的此在(在世之在)的存在。"②我们认为,希兰将科学与"生活世界"及"此在"的"被抛境遇"结合,对于科学哲学具有重要意义。它意味着希兰将海德格尔的"诠释学的现象学"作为他的科学哲学的本体论基础,意味着希兰为自己用"生活世界"、"具身化主体"、"知觉行为"、"文本阅读"以及"视域"等概念现象学理解科学实践从本体论上找到了和胡塞尔的"作为严格科学的哲学"不一样的合法性,意味着希兰有可能在科学实在论问题上走出一条既不同于"镜像反映"的传统实在论,也不同于主张科学是主体建构的主观主义、相对主义的诠释学实在论的理解路径。

在第六章,我们把科克尔曼斯的科学诠释学的逻辑进路概括为:科学是且仅是此在生存的样式之一,人的源初性的生存是科学的前提→科学活动不是人获取关于世界之"科学知识"(scientific knowledge)的活动,而是人科学地(scientifically)理解世界的活动,是将世界如其所是地揭示、开展出来的活动→科学知识是对世界进行"专题化筹划",把世界纳入"科学理论框架"下考察的产物,因此科学理论的客观性与真理性直接是由理论框架所规定的。这里的逻辑起点,是科克尔曼斯坚持的此在对于科学具有逻辑的优先性,此在之基础存在论对于科学哲学具有优先性。正是这个逻辑起点,保证了科克尔曼斯的科学哲学在哲学精神上对科学形而上学基础

---

① P. A. Heelan, After Post-Modernism: The Scope of Hermeneutics in Natural Science, *Conference on After Postmodernism*, 1997. http://www.focusing.org apm_papers/heelan.html.

② P. A. Heelan, After Post-Modernism: The Scope of Hermeneutics in Natural Science, *Conference on After Postmodernism*, 1997. http://www.focusing.org apm_papers/heelan.html.

的追问,对当代科学哲学的无思状态与虚无主义的抵制和反抗。

　　生活世界是伊德现象学的出发点。在《技术与生活世界:从伊甸园到尘世》一书中,伊德说:"有点哲学常识的人都知道,'生活世界'(Lifeworld)是爱德蒙德·胡塞尔在他的《欧洲科学的危机与超越论的现象学》中使用的一个术语。尽管我会对这一术语的含义做出必要的修正才会使用它,但是它却将探究置于现象学及其相关的诠释学的根源的传统中。"①伊德这里说的与现象学"相关的诠释学",是海德格尔的存在论诠释学。伊德说:"如果胡塞尔是现象学的中心人物,那么比他年轻的同事马丁·海德格尔则是使现象学转向诠释学的主要推动者。"②伊德指出,他的现象学探究会把胡塞尔的现象学与海德格尔的诠释学"合二为一"。实质上,在这种"二合一"的"现象学综合体"中,尽管伊德从胡塞尔那里继承了包括"变更理论"、知觉理论等在内的基本现象学方法,但在哲学解释原则的高度,海德格尔的存在论对伊德来说更重要。伊德在描述现象学从胡塞尔到海德格尔的发展时说:"从更深层次意义上来说,对于经验,现象学并没有将自己局限于心理学。相反的,现象学进一步做出了更强烈的存在论(ontological)的主张。在现象学后来的发展中,海德格尔在《存在与时间》中强调了这一点。事实上,海德格尔对胡塞尔早期的经验科学的存在论化,是对我愿称之为人类生存的相对论的存在论(relativistic ontology)的发展。"③伊德这里用的"相对论的"一词,是从爱因斯坦的相对论那里借用来的,意指关于"关系的"存在论。在爱因斯坦的相对论中,相对论的解释同时考虑到了观测者和观察到的东西,因而是一种关系的解释。将相对论作为隐喻,伊德得到了他对现象学的理解:"现象学的说明,就像勾画出来

---

① 唐·伊德:《技术与生活世界:从伊甸园到尘世》,韩连庆译,北京大学出版社2012年版,第23页。
② 唐·伊德:《技术与生活世界:从伊甸园到尘世》,韩连庆译,北京大学出版社2012年版,第23页。
③ 唐·伊德:《技术与生活世界:从伊甸园到尘世》,韩连庆译,北京大学出版社2012年版,第25页。

的相对论的说明一样,总是把人类经验者和经验领域的相关性作为首先考虑的问题。从这个意义上说,现象学的说明是严格的相对论的说明。现象学家们宣称,人—世界关系的相关性是所有知识和经验的一个存在论的特征。"①由于以海德格尔的存在论为理论基础,伊德的"生活世界"一开始就具有和胡塞尔的"生活世界"不同的含义,即伊德说的进行了修正。事实上,正是在海德格尔存在论视域获得的现象学理解和"生活世界"概念的新含义,才保证了伊德获得了他现象学地研究"人—技术"的关系所需的理论视域与创造空间。因为,正像《欧洲科学的危机与超越论的现象学》表明的,胡塞尔的生活世界,仅仅是指前科学的和基础性的物质—感觉的世界,科学的世界只是生活世界派生出来的。伊德对胡塞尔"生活世界"概念进行了修正,认为知觉分为"微观知觉"(即通常意义上的感觉知觉)和"宏观知觉"(即伊德所说的文化的或诠释的知觉),这两种知觉都属于生活世界。伊德认为,"微观知觉和宏观知觉的关系不是派生的;相反,它更像是图形和背景的关系。在这种关系中,微观知觉是在它的诠释的—文化的情境中发生的;但是,所有这些情境只有在微观知觉的可能性的范围内才能得以形成"②。伊德的这种修正,使对"人—技术"关系的现象学研究发生了改变,它除了要求有日常的感觉知觉研究外,还要求在微观知觉的和身体的经验的限度内,必须有人—技术关系的文化诠释学。总之,与胡塞尔将科学世界排除出生活世界不同,伊德认为"科学及其看的模式已经成为我们的宏观知觉世界的组成部分。这是一种文化习得,处于我们所保有的身体知觉中"③。伊德技术—科学现象学阐述的物质性诠释学、视觉诠释学、仪器实在论等,都是以之为基础的。

---

① 唐·伊德:《技术与生活世界:从伊甸园到尘世》,韩连庆译,北京大学出版社2012年版,第27页。
② 唐·伊德:《技术与生活世界:从伊甸园到尘世》,韩连庆译,北京大学出版社2012年版,第32页。
③ 唐·伊德:《技术与生活世界:从伊甸园到尘世》,韩连庆译,北京大学出版社2012年版,第41页。

四、自然科学诠释学本质的多角度阐述

自然科学的诠释学本质（hermeneutical nature of natural science），是科学诠释学的现象学从此在的存在论和生活世界本体论出发必然具有的认识论观念。"前理解"概念是将科学诠释学的本体论与认识论连接起来的概念。生活世界是诠释学的、前理解的公共文化境遇，它赋予了包括科学在内的人类理解的"前理解"、"前占有"，无条件地决定着科学实践的可能性条件。就像希兰指出的，具身化的人类实践者"被置于""此"的生活世界，是一个先于具体个体而存在，为其提供了生存条件的世界。生活世界无条件地以存在论上的这种条件性，通过具体的语言、文化、社会共同体、信仰、形而上学的信念，以及工业、仪器等物质基础等，渗透个体生活经验的有意识的和无意识的层面，赋予他或她所共享的生活世界以意义结构和目的，规定和限定着人类个体的实践与理解。

自然科学的诠释学本质，就是科学哲学描述和表达人的生存本体论对认识活动的这种规定和限定的认识论概念。它一般表述形式是："（基于人的生存）前理解→科学理解（解释）"，一般含义是：科学活动本质上是一个诠释学循环过程，它不仅包括从局部（如科学数据）到整体的认识过程，而且包括从前理解这个整体到科学活动这个局部的理解过程。

前理解对于理解的先在性和无条件性，最先是由海德格尔阐述的。海德格尔在《存在与时间》中说："把某某东西作为某某东西加以解释，这在本质上是通过先行具有、先行视见与先行掌握来起作用的。解释从来不是对先行给定的东西所作的无前提的把握。"[①] 伽达默尔也一再强调，在海德格尔这里得到揭示的，由先行具有、先行视见和先行掌握构成的"前理解"或理解的"前结构"或"前见"对于一切理解与解释的先在性，它本质上根源于人存在的历史性，包含理解与解释得以完成的条件和方式，这是哲学诠释

---

① 海德格尔：《存在与时间》（修订译本），陈嘉映，王庆节译，三联书店1999年版，第176页。

学根本基础和出发点。在这种一般的诠释学理解基础上,科学诠释学的现象学必须结合科学实践,揭示科学"前理解"的具体内容。比如,希兰曾具体阐述了科学的"前理解"的三重结构:"①前见,一套公共的描述范畴,它是一种公共描述语言;②前有,一系列实践(praxe)、具身化物(embodiments)、技巧等介于描述范畴(项)和其涉及之物间的中介;③前把握,关于正在讨论之问题的特定假说。"①希兰这里的"前见",是一定历史语境下的社会共同体拥有的公共的、蕴含独特含义的语言、文化和思维逻辑,个体成员依赖这样的描述语言和范畴去理解、表达和交流。"前有"表现了希兰科学诠释学的现象学特征,实践、仪器、具身化物都涉及人运用作为身体之扩展的可读技术表现对象的感性过程。希兰这样描述"前有":"此在通过对体现于人类大脑状态和环境的上手性之中的信息理论编码(information-theoretic codes)的揭示去理解;后者是一组特定的仪器扩展,诸如钟表、温度计或其他可以被经验性的人所'阅读'的'可读技术',因为它们对环境做出响应,并提供了一种文本——从其中可以读出科学所陈述世界的状况。此在通过学着去阅读自身'拥有的'或由'可读'仪器扩展所生成的编码揭示了存在。在两种情况下,这种对编码的占有就是前有——对某种'前理解'的'前占有'——在其中,主体在明确理解的预期里同客体联系起来。"②

在科克尔曼斯看来,科学是"彻头彻尾的诠释学事业","具有彻头彻尾的诠释学本质"。科克尔曼斯曾说,"我并不认为诠释学的成分主要存在于观察、实验和证实的过程中,或者存在于发现或进一步的发展所涉及的过程中,而是认为,科学事业从始至终就是彻头彻尾的诠释学事业"③。科克

---

① P. A. Heelan, *Space-Perception and the Philosophy of Science*, Berkeley and Los Angeles: University of California Press, 1983, p. 194.

② P. A. Heelan, Natural Science and Bing-in-The-World, *Man and World* 16, 1983, pp. 212-213.

③ Joseph J. Kockelmans, On the Hermeneutical Nature of Modern Natural Science, *Man and World* 30, 1997, p. 299.

尔曼斯认为,他的《自然科学的诠释学的现象学观念》就阐述和解释了这样一个主题。在《论现代自然科学的诠释学本质》一文中,科克尔曼斯将自然科学的诠释学本质总结为下面三个"最重要的方面":一是"科学的所有形式的描述、说明和理解都是解释的复杂形式。科学家并不说明某物是什么,而只说明在一定数量的假设下它将有什么表现,因此,科学家的工作总是从典型的前有(fore-having)、前见(fore-sight)和前概念(fore-conception)等诠释学局面开始着手的"①。二是,科学家总是依据一个先在于科学活动的意义框架来阐明他们所探讨的现象的。三是,科学的诠释学本质并不意味着"科学家无法对'那是什么'做出真的陈述,也不意味着这些陈述中没有一个总是绝对的或永恒的、决定性的或全面的。他们陈述了一些真的东西,但是并没有穷尽关于'那是什么'的真理"②。

在这里,我们已经从希兰和科克尔曼斯身上看到了在"前理解→科学理解"这样的共同观念下,科学诠释学的现象学对于科学的诠释学循环、前理解的具体内容等所做的多角度的阐述。对科学诠释学中的诠释学循环的不同论证,正是对自然科学诠释学本质的多方面的揭示和阐述。

1. 意义框架先于理论

在上面我们已经看到了科克尔曼斯把科学家依据的概念框架先在于具体的科学实践与科学理论这种科学诠释学境遇,看作是自然科学诠释学本质三个最重要的表现中的一个。科克尔曼斯是这样说的:"无论科学家们是否仅仅是观察、测量、描述、归纳推导经验概括,并阐明所谓的'自然规律',也无论他们是否给出解释,他们总是依据一个意义框架(a framework of meaning)来阐明他们所研究的现象,这个意义框架是优先接受下来的,

---

① Joseph J. Kockelmans, On the Hermeneutical Nature of Modern Natural Science, *Man and World* 30,1997, p.312.

② Joseph J. Kockelmans, On the Hermeneutical Nature of Modern Natural Science, *Man and World* 30,1997, p.313.

而且至少在一定程度上,接受这种意义框架与所观察到的现象是无关的。"①科克尔曼斯指出,这种意义框架可以是从教科书学来的,也可以来源于哲学或神学,还可能是科学家依据以前的知识所独创的等。科克尔曼斯曾详细分析了近代自然科学的几位代表人物,如哥白尼、第谷、刻卜勒、伽利略以及牛顿等人的科学创造,认为他们的科学研究都依据一种先在的意义框架。在1543年哥白尼发表《天体运行论》以前的1300多年中,人们对观察到的天体现象的解释,是以从托勒密的"地心说"理论而来的作为预先判断的概念框架为基础的。哥白尼的著作发表后,第谷对哥白尼的批评主要是以宗教和《圣经》方面的理由为依据,刻卜勒则因哥白尼体系在数学上的简洁、和谐而接受了它。作为深层次的意义结构,刻卜勒持有的神学的和源于毕达哥拉斯、柏拉图的神秘主义和数学的哲学信念,支撑着他对哥白尼理论以及当时存在的天文学数据的解释。伽利略对其观察结果的解释,是以预先接受的亚里士多德的运动观念(或关于运动的哲学)作为前见的。在科学进入微观和宇观层面后,科学活动变得更加复杂微妙,由科学信念和科学传统等构成的意义框架对于科学的先在性和条件性就更为显著。自从量子力学诞生后,人们对于量子力学数学形式系统的物理解释,关于量子力学的完备性的争论充分证明了这一点。量子力学的所有非正统解释(即通常理论以外的量子力学解释),如多世界解释、一元波动解释、双重解释理论、系综解释等,都有一个先在于具体的解释理论,并对之起解释和支撑作用的意义框架。

意义框架先于理论,不仅意义框架对于具体的科学理论来说是预先存在的,它是科学家预先继承下来的,而且更重要的是,意义框架预先假定了一种内在的意义统一性来筹划和统摄人的科学活动,它包含着使具体的科学活动展开,从而使科学理论得以产生的先天条件和动力。意义框架使具体的科学活动因其产生的意外、生疏、异己感而成为必要,也使人在具体科

---

① Joseph J. Kockelmans, On the Hermeneutical Nature of Modern Natural Science, *Man and World* 30,1997, p.312.

学活动中有期望、有意向、有知识储备、有判定能力。这是所有科学活动都具有的内在的诠释学境遇。所以,科克尔曼斯说,"所有科学工作都是在诠释学的范围内进行的,没有哪一门科学能够超越这一点"①。

2. 实践优位于理论

实践优位于理论,因实践的广义和狭义之分,而有两种相互联系的含义:在广义上,实践优位于理论,是指对于理论具有构造作用的意义框架,涉及主客体分离以前人在世的所有经验;在狭义上,实践优位于理论,是指科学观察、测量等科学实践比科学理论更基本,科学是通过仪器和技术诠释的。前者与科克尔曼斯阐述的此在对于科学具有优先性的诠释学观点本质上是一致的,我们这里说的实践优位于理论,主要是指后者,科学的这种诠释学特征在伊德和劳斯的科学哲学中都有充分的阐述。

在对科学的哲学理解中,"理论优位于实践"还是"实践优位于理论",劳斯据此将科学哲学分成"理论诠释学"和"实践诠释学"。对理论优位科学观的批判,是劳斯的科学实践诠释学的发轫点。在劳斯看来,传统的科学哲学在对科学的哲学理解中赋予理论以无上的地位,观察和实验只有在科学理论的背景下才有意义,科学实验的目的是获得建构理论的经验数据或者使理论获得验证,从实验中获得的经验知识与理论有本质的区别,而且它们只有在一定的理论框架中才是有意义的,理论是科学最终的目的。因此,这种理论优位的科学哲学,尽管非常重视科学实践,承认科学实践在科学发展中具有不可或缺的价值和意义,"但是当我们思考科学的哲学意义或本体论意义时,它很大程度上可以忽略不计"②。也就是说,在劳斯看来,理论优位的科学哲学,在本体论上把科学理解为理论性的活动,认为科学的本质是统一性的理论;在认识论上,坚持理论性问题是科学应该关注的核心,是对科学发展具有决定性的难题,实验室的组建、实验的构建、实

---

① Joseph J. Kockelmans, On the Hermeneutical Nature of Modern Natural Science, *Man and World* 30,1997, p.313.
② 约瑟夫·劳斯:《知识与权力:走向科学的政治哲学》,盛晓明、邱慧、孟强译,北京大学出版社2004年版,第101页。

验中的实践性难题、实验运作的技术设施以及实验人员所处的社会关系等，都被认为是偶然的、不是能够决定科学发展的因素。劳斯的实践诠释学认为，在科学本体论上，在理解科学的哲学原则上，实践优位于理论。劳斯认为，"科学研究是一种寻视性的活动，它发生在技能、实践和工具（包括理论模型）的实践性背景下，而不是发生在系统化的理论背景下"①；科学实质上是一种实践活动，这里的"实践活动并非以应用为目的，而是指实践的技能和操作对于其自身所实现的成果而言是决定性的"②。因此，劳斯旗帜鲜明地说，"我的诠释学的核心，是把科学理解为诠释性的实践领域"③。

伊德也批判理论优位的科学哲学。实质上在他看来，正是坚持理论优位的科学观，才使传统的科学哲学陷入了理论困境。伊德说："新的科学哲学的产生，部分是由于对非具身的（disembodied）、本质上是观念论的以及抽象观念的科学的不满造成的，而主流的传统科学哲学就是建基于这些观念之上的。"④和劳斯一样，伊德也认为，科学哲学要走出传统的理论优位科学哲学的理论困境，必须在本体论上恢复实践的优先位置，伊德具体指的是实验技术和仪器等。伊德说："任何充分的科学哲学都必须严肃地考虑仪器的作用。"⑤从内容来看，伊德的后现象学科学哲学，一方面从本体论阐述仪器对于科学具有的存在论上的先在性，提出了仪器是人与世界的

---

① 约瑟夫·劳斯：《知识与权力：走向科学的政治哲学》，盛晓明、邱慧、孟强译，北京大学出版社2004年版，第101页。

② 约瑟夫·劳斯：《知识与权力：走向科学的政治哲学》，盛晓明、邱慧、孟强译，北京大学出版社2004年版，第Ⅳ页。

③ 约瑟夫·劳斯：《知识与权力：走向科学的政治哲学》，盛晓明、邱慧、孟强译，北京大学出版社2004年版，第Ⅵ页。

④ Don Ihde, *Instrumental Realism—the Interface between Philosophy of Science and Philosophy of Technology*, Bloomington and Indianapolis: Indiana University Press, 1991, p.11.

⑤ Don Ihde, *Instrumental Realism—the Interface between Philosophy of Science and Philosophy of Technology*, Bloomington and Indianapolis: Indiana University Press, 1991, p.96.

界面,仪器的具身关系是一种存在论上的"人—机联合体"等观点;另一方面,从认识论上具体揭示了科学对象的仪器诠释过程,提出了"物质性诠释学"、"视觉诠释学"等科学诠释学的现象学理论。伊德说:"占统治地位的科学实证主义的形象通常可充分地宣称'已死了',但是,作为理解科学的重置框架的任务总是没有被担负起来。这里,我试图展示诠释学、解释活动是如何在科学内部发生的。不只是任何的解释活动,也不只是更可能被当作文本和人文主义语境中的诠释学,而是科学已经能够创造一种视觉主义的诠释学(visualist hermeneutics),我正在科学实践的分析中证明这种独特的方式。这种视觉主义的诠释学在作用方式上类似于许多较早发明的书写,通过不同维度的物质视觉化而起作用。"[①]实质上,伊德的"科学"概念,就蕴含着这种科学的技术诠释学、仪器诠释学观念。伊德所理解的科学,不是人们通常在知识论意义上所说的科学,而是"技术—科学"(technoscience),是蕴含着他对技术与科学关系的存在论理解的科学。有人把"technoscience"译为"技术科学",我们认为它没有反映出蕴含在"technoscience"一词中的伊德的科学诠释学思想,而且该译法容易和人们常说的与基础科学、工程科学并列的技术科学相混淆。所以,我们认为,将其译为"技术—科学"更合适。伊德的"technoscience"是一个应该作存在论理解的概念,它确切地表现技术、仪器在存在论上先于科学,科学在存在论上是技术支撑着的科学这种意义。这是对科学与技术关系的存在论的颠覆,反对那种认为技术仅仅是科学的应用的观念,坚持科学是以技术建构、体现和诠释为基础的,强调没有仪器设备、实验室、具身化技术就没有科学。

3. 科学是地方性知识

"科学是地方性知识",这是劳斯在"实践优位于理论"这个基本的诠释性原则下面,把握到的科学的诠释学本质。对于理论优位论者来说,理论

---

① Don Ihde, *Expanding Hermeneutics: Visualism in Science*, Northwestern University of Press, 1998, p. 137.

知识从不涉及认知者及其实践设备、实践背景等因素,其主体只是抽象的一般性主体。而劳斯认为,普遍的科学知识是不可理解的,知识必须与具体的实践背景结合才能被理解,这种与具体实践背景结合的知识就是地方性知识。通常,我们发现"许许多多的科学知识都涉及对情境的预先准备,以便规律能够运用,也涉及学习按照规律所能适用的方式来描述它。这种预先准备和描述往往构成了地方性知识的形式"①。知识的地方性、实践对世界组成的介入,显示了科学的诠释学属性。

劳斯的逻辑是这样的:科学研究是介入性的实践活动——科学活动植根于对专门构建的处于社会中的地方性情境(典型的是实验室)的技能性把握——特定制备的科学问题、工具、程序和结果的"标准化"——"普遍"理论。这里的"标准化",不同于"去情境化",后者是消除科学知识与特殊实验制备的关联,而前者却不是。劳斯说,"在任何情况下我们都要记住,消除科学成果的情境性起源的痕迹,反映了人们在更大的实践性介入领域所做的选择,一种得失权衡,而不是从地方性的实践性介入走向普遍的'理论'立场"②。在劳斯看来,实验室是用以建构、操纵和制造现象,从而使之得到解释的场所。知识与实验制备的关联,是消除不掉的,而只能在特定制备的工具、程序、结果等的"标准化"后得到拓展。但科学知识在实验室之外的拓展,不是抽象地适应任何地方情境,而是"地方性实践经过'转译'(translation)以适应新的地方性情境"③。地方性知识的获得和转译,构成了一个完整的科学实践诠释学过程。

4. 真理离不开境遇

真理离不开境遇,这是科学诠释学的"前理解—理解"的诠释学本体论

---

① 约瑟夫·劳斯:《知识与权力:走向科学的政治哲学》,盛晓明、邱慧、孟强译,北京大学出版社2004年版,第124页。
② 约瑟夫·劳斯:《知识与权力:走向科学的政治哲学》,盛晓明、邱慧、孟强译,北京大学出版社2004年版,第122页。
③ 约瑟夫·劳斯:《知识与权力:走向科学的政治哲学》,盛晓明、邱慧、孟强译,北京大学出版社2004年版,第124页。

在认识论上的表达,也是科学诠释学的现象学普遍认同的真理观。这里的"境遇"就是境况和遭遇,即真理所处的具体环境。真理离不开境遇,反映了在科学诠释学的现象学看来,真理是在具体的文化、历史背景和实践境况中向某人揭示某种存在。

科学诠释学的真理观的逻辑是:

①科学对象不是与作为认知者的"我"绝对对立的客观对象世界,而是处于"我的世界"中的与"我"以各种方式照面的存在者,与"我"没有发生关系的实体对我来说只具有抽象的意义;

②科学所要揭示的意义,是我与作为对象的实体发生关系所产生的意义,它不是对象本身固有的所谓"本来意义";

③我的"前理解"筹划着我对对象的探究,在理论和实践上把对象"作为什么"显露出来就是科学理解,这是一个诠释学循环过程;

④真理是主、客体双方共同作用的结果,它在实在世界与我们的对话、交流中趋向一致。

科克尔曼斯曾指出,科学的诠释学本质并不意味着"科学家无法对'那是什么'做出真的陈述,也不意味着这些陈述中没有一个总是绝对的或永恒的、决定性的或全面的"[①]。希兰也说:"这并不是说我们不能获得真理,但是我们拥有的真理,甚至科学真理,总是被人类语言和文化所介导(emdiated),而不是处于人类历史之外。"[②]因此,在科学诠释学的现象学中,"真理离不开境遇",不是说没有真理,它只是表明我们的科学探究所处的诠释学境况:我们获得的真的知识,不是关于自然界的"本来面目",而是在我们的科学筹划中自然对象向我们敞开的存在意义。

5. 多元化的科学观与世界观

"前理解—理解"的诠释学模式,暗含着多元化的科学知识观。在科学

---

① Robert P. Crease, *Hermeneutics and the Natural Sciences*, Kluwer Academic Publishers, 1997, p. 55.

② P. A. Heelan, Why a Hermeneutical Philosophy of the Natural Science, Man and World 30, 1997, p. 19.

诠释学的现象学中,系统阐述多元化的科学观与世界观的,首推希兰。在希兰的科学诠释学中,知觉的现象学处于重要地位。希兰以知觉为切入点,首先论证了两种典型的视觉知觉空间,即欧氏视觉空间和双曲视觉空间的对立与互补关系。

欧氏视觉空间是以欧几里德几何原则构建起来的三维线性视觉空间。这种视觉空间的本质是,观察者是一个"普遍的观察者"(universal observer),它位于以(x、y、z)标定的线性三维空间中的某一处所,却拥有一个外在于世界空间的特权位置,即世界空间中的一切点对于它都是均一、等同的。而双曲空间就是人们实际在视觉上知觉到其所生活的日常世界的样子,它往往与欧氏空间视觉知识告诉我们的不同。希兰举例说,当我们在一定高度俯瞰大海时,大海仿佛一只中间低、四周高的碗,而非一个球体的广袤的平面;在地上仰视布满云彩的天空时,云层也变成中间高四周低的盖子。因此,与自然科学中欧氏空间所标榜的先验必然性不同,双曲空间是存在论的、第一人称的诠释学空间。这里所说的双曲空间的"第一人称"性质,是相对于欧式空间的"第三人称"性质而言的。双曲空间的"诠释学"性质,是说双曲空间中的观察者不是具有"上帝之眼"的抽象的普遍观察者,而是被抛于知觉世界之中,在视觉空间拥有一个优先的具身化位置的现实观察者。希兰将这种观察者称为"本地观察者"(localized perceiver)。这种"优先的具身化"位置决定了观察者的本地标准(local standard),观察者正是以本地标准而非抽象的均一、等同的刚性尺去理解、构建空间中的一切"远客体"的。因此,希兰指出,双曲空间中的观察者对物理刺激的响应和解释,是同现实世界具体的物理、历史、文化环境和主体的实践、选择密不可分的,因而归根结底是一个诠释学过程。希兰指出,自然科学诞生后,欧氏空间成为科学测量的基础,我们就生活在一个遍布欧氏长度的工业的人造环境中,但我们不能由此否定前科学的双曲视觉空间的真实性。在日常的生活经验中,在自然科学和现代工业统治人类社会以前,人类就生存在一个天然的有限的双曲世界,这是一个人文的世界。希兰认为,这两种知觉空间的对立与互补关系,最终将辩证地发展出一个超越了二者的综合世界。一个具有这个综合世界视域的人,将可以自由地在欧氏视觉知觉空间与双曲视觉空间中穿梭,获得对世界的更全面的理解。

希兰认为,多元互补性不仅存在于两种空间知觉,而且具有普遍性的规律。多元世界(如视觉世界、理论、文化、科学传统等)中的每一元,都建立在一组实际存在的前理解结构和社会实践基础上,有自己的视域,并在自己的视域内具有实在性、必然性和有效性;每一元之间互不相容,它们相互对立,并最终辩证地发展到更高级的形态。这是事物发展的辩证之路。

伊德也提出了多元稳定的世界观理论。确认生活世界中知觉具有历史文化性,被科学技术和工具具身,是伊德与胡塞尔在生活世界和知觉问题上的一个重要区别。本书前面已涉及这一点。在伊德看来,生活世界中的知觉实践有两种,即微观知觉和宏观知觉,前者是我们通常的感觉知觉,后者则是后天的,负载着历史文化和科学技术知识,被科学技术和仪器具身的文化的和诠释学的知觉。这两种知觉互相对立,又相互作用。微观知觉是在宏观知觉提供的诠释学的、文化的情境中发生的,而宏观知觉的"所有这些情境只有在微观知觉的可能性的范围内才能得以形成"①。由于人的微观的身体知觉具有多维度的结构,这种结构与多样的不同文化的—诠释的宏观知觉情境相匹配,就会形成多元的知觉世界和知识世界。因此,伊德说,在宏观知觉与微观知觉的相互关联中,"清晰地隐藏着多系统的含糊性","这些含糊性不是简单的多形态,而是'具有结构化的多重稳定性'"②。

五、科学诠释学的现象学与科学实在论

在科学哲学中,科学实在论集中回答科学对象的实在性和科学知识的

---

① 唐·伊德:《技术与生活世界:从伊甸园到尘世》,韩连庆译,北京大学出版社2012年版,第32页。

② Don Ihde, *Postphenomenology——Essays in the Postmodern Context*, Northwestern University Press, 1993, p.77.

客观化问题,是科学哲学问题的集结点。以科学对象的知觉现象学分析来回答科学实在论问题,是科学诠释学的现象学一个非常重要的理论特征。这种理论特征,同时也说明了科学诠释学为什么必然是现象学的。

在科学实在论问题上,科学诠释学的现象学可以分成两种理论取向,一是希兰、伊德、劳斯等人坚持的,诉诸仪器、技术、知觉等的现象学分析的道路,二是科克尔曼斯对海德格尔哲学中的专题化、筹划等客观化过程的进一步阐述。我们首先看看科克尔曼斯的科学客观化理论。

我们已经知道,在科克尔曼斯看来,科学是彻头彻尾的诠释学的事业,而且,科学的诠释学本质,不是表现在其中的某一部分或阶段,而是"发现、实验、观察以及寻找对观察到的现象的解释连在一起,都内在的是诠释学的"①。在科克尔曼斯的科学诠释学中,将这些科学研究过程作为整体得到理解的,是"客观化的专题化"(objectifying thematization)。科克尔曼斯认为,专题化将日常生活世界中以完美姿态出现的存在者抽象化,在使存在者"贫困化"的同时,也意味着客观化。专题化在把某种对象纳入研究论题的同时,预先存在的概念框架给予客观化解释以指引,明确哪些关于对象的假设和目标是合理的,以及实现这些目标的合理的方法。专题化的这种整体性,突出地表现在物理学中自然的数学筹划、实验测量、科学预言与实验检验等的一致性。物理学中把某物纳入研究的论题,也就是把它限定为这样一类物体,即它只能被可以测量的物理量来描述,这些物理量是与测量它的仪器一起得到定义的,从而我们可以用数学形式描述隐藏在这些可观察量之间的不变性,即自然规律,并实现预言和实验检验。因此,科克尔曼斯说,"科学家并不说明某物是什么,而只是说明在给定的一定数量的假设下它将会有什么表现"②。

---

① Robert P. Crease, *Hermeneutics and the Natural Sciences*, Kluwer Academic Publishers, 1997, p.54.

② Robert P. Crease, *Hermeneutics and the Natural Sciences*, Kluwer Academic Publishers, 1997, p.54.

对于科克尔曼斯的科学客观化理论,伊德会将其归入理论优位的科学哲学之列。① 与科克尔曼斯强调专题化即客观化的方式不同,伊德将科学对象的知觉现象学作为讨论科学诠释学问题的突破口和理论重心。伊德曾说:"我将进行的论证计划可叫作'物质性诠释学'(hermeneutics of things),在更窄和更具体的意义上说,甚至可叫作'科学对象的诠释学'(hermeneutics of scientific objects)。该计划一方面看,深深嵌入了(embedded)有关诠释学的科学的前理解,这表明它能算作诠释学;另一方面,它以一种新的眼光看待科学实践,因为当代的科学整个的处在核心,所以当把我所说的仪器实在论与技术建构论(technological constructionism)连结在一起时,就产生了一种深刻的诠释学的知识论。"② 伊德这里的仪器实在论和技术建构论,都是关于实验室用仪器将科学对象以可视化的、可读化的方式显现和阅读的知觉实践。总结起来,伊德的"物质性诠释学"或"科学对象诠释学"有如下理论基本点:

第一,科学诠释学就是以基于生活世界的知觉为基础,将科学对象用仪器、技术以视觉的方式呈现出来,成为可以阅读的"视觉文本"的过程。科学对象的知觉现象学是科学诠释学的重心。

第二,与传统诠释学是关于文字文本的理解与解释不同,当代科学诠释学是追逐视觉主义的物质性诠释学。具身化仪器、可视化技术等使不可见的科学对象变成知觉对象。伊德指出,"成像技术展示出来的结果,不管是类似于人类的经验,还是将人类不能经验到的东西转化和转译成视觉图像,它们都是'可视化'的","在我进行的十多年的研究中,我逐渐认识的,

---

① 伊德曾说过这样一段话:"最近几年有太多关于伽利略的著作,很多著作讨论的是理论和实验之间关系的传统问题。我不想介入这些争论,而是想讨论两个其他解释性的话题,这两个话题与本次研究中的生活世界和对知觉的强调相一致。"(唐·伊德:《技术与生活世界:从伊甸园到尘世》,韩连庆译,北京大学出版社2012年版,第54页)按照伊德的看法,科克尔曼斯以伽利略为例,对概念框架与物体运动的解释之间关系的阐述,也仍然是传统问题。

② Don Ihde. Thingly hermeneutics/ Technoconstructions. *Man and World* 1997, 30, p.369.

成像的实践所造就的恰恰是一种复杂的视觉诠释学。"①

第三,追逐视觉主义的物质性诠释学,保留了传统诠释学中的"文本阅读"和"文本解释":设备的仪表板"从知觉的角度,将刻度盘、量表或者其他'可读技术'展示在人与世界的关系中。尽管它们是用来指示的,但是人却是'阅读'人工物,而所读到的东西是身体和知觉意义上的"②。伊德说:"'诠释学'这个术语有很长的历史。在最广泛和最简单的意义上,它意味着'解释',但是在更特殊的意义上,它是指文本解释,从而涉及阅读。我将采取这两种含义,把诠释学作为一种技术情境中的特殊的解释活动。这种活动需要一种特殊的行为和知觉模式,这种模式类似于阅读的过程。"③

第四,由成像技术和具身化仪器转译成的视觉图像是实在的,它指称与对应着对象实在。这是以知觉现象学为基础的科学诠释学的实在论,它是建构,同时也是实在论。伊德说:"如果'实在的'意味着传感器只有在实际探测到一些辐射后才开始运转,那么借助于技术来实现的知觉就仍然是'实在的'。同时,这也是一个建构和干涉的过程,因为这个过程是有意设计的。这使得以前不可知的现象得以呈现。"④

希兰的科学诠释学实在论也是以知觉现象学为基础的。希兰的代表性著作是《空间知觉和科学哲学》,可见知觉现象学在希兰科学诠释学中的重要地位,伊德认为这是一本"完全从诠释学的角度解释知觉的著作"⑤。希兰的科学诠释学实在论主要有两个内容:一是视域实在论,它回答的主

---

① 唐·伊德:《让事物"说话":后现象学与技术科学》,韩连庆译,北京大学出版社2008年版,第98页。
② 唐·伊德:《让事物"说话":后现象学与技术科学》,韩连庆译,北京大学出版社2008年版,第56~57页。
③ 唐·伊德:《技术与生活世界:从伊甸园到尘世》,韩连庆译,北京大学出版社2012年版,第86页。
④ 唐·伊德:《让事物"说话":后现象学与技术科学》,韩连庆译,北京大学出版社2008年版,第91页。
⑤ 唐·伊德:《技术与生活世界:从伊甸园到尘世》,韩连庆译,北京大学出版社2012年版,第129页。

要问题是,我们凭什么说生活世界中的某种东西是实在的。希兰将从胡塞尔那里借用来的"视域"概念进行了修正,将视域看作是由人的知觉实践建构和呈现出的事物的客观领域,因而它变成了事物实在性的判据。二是理论客体的实在化,它回答了具身化主体借助于仪器和可读技术如何判断科学中的理论客体是实在的这个科学哲学的核心问题。希兰的回答是,理论客体实在化的途径是"阅读"仪器"文本"以及由知觉呈现理论客体。"阅读"仪器文本(如温度计),这种"直接的读",是一个直观的诠释学的知觉过程,它不同于阅读将温度计的读数写下来的文本,后者不是一个知觉过程。阅读仪器文本,在对仪器显示状况的知觉行为中,科学的理论对象就通过知觉作为当下在场的实在显现给知觉者,融入此在的知觉视域,理论客体也因之转化为理论实体。对希兰认为仪器阅读是一种特殊的知觉活动和实践的诠释学观点,伊德给予高度评价,认为希兰"进一步发展了"类似于他的观点的阐述。①

在《知识与权力:走向科学的政治哲学》中,劳斯评价了希兰的视域实在论或现象学实在论,认为希兰的知觉现象学相对于现象学的先驱如梅洛·庞蒂来说有哲学假设上的根本性发展,但劳斯仍然认为,"赋予知觉以中心地位,没能充分地突出把科学理解为对世界的实践性参与所带来的根本性的变化"。劳斯说,"在我看来,事物只有在我们与之实践性地打交道的过程中才是'可知觉的',科学的核心效果是使我们能(而且也迫使我们)在实践中考虑这些事物。希兰强调的是操作活动中的知觉因素。我认为,在这里强调实践而不是知觉是很重要的。"②

正如我们在后面将会详细看到的,劳斯在《知识与权力:走向科学的政治哲学》中把实践看作是介入世界的活动,在《涉入科学:如何从哲学上理解科学实践》中则明确把实践看作是情境化的重构世界的事件、过程。很

---

① 唐·伊德:《技术与生活世界:从伊甸园到尘世》,韩连庆译,北京大学出版社2012年版,第129页。
② 约瑟夫·劳斯:《知识与权力:走向科学的政治哲学》,盛晓明、邱慧、孟强译,北京大学出版社2004年版,第155页。

显然,劳斯这种"实践第一位"的哲学本体论观念,不同于本体论上强调世界对于我们独立存在,认识论强调科学理论的真、假取决于它们所描述的对象是否实际存在的传统实在论,也不同于工具主义和社会建构论等反实在论。劳斯说,"我的立场与各种研究文献广泛讨论的实在论和反实在论都不相吻合。……我倡导的科学观将能够同时避免实在论和反实在论的核心主张,同时又不会危及我们对大多数当代科学主张的常识性认同"①。从科学观的内容上看,我们认为,劳斯的科学观是建构论的实在论,它有三个基本方面的坚持:一是实践第一位的哲学原则;二是"对于说明自然科学的实际成功来说,实在论是必要的";三是必须反对"世界本身独立于我们的理论和实践"的实在论主张,同时又广泛吸收了实在论和反实在论的一些合理因素。正由于这样,劳斯才能一方面向传统实在论的本体论宣战,另一方面又说"我的观点并不是反实在论的";一方面承认自己的科学观与反实在论具有诸多相似性,另一方面又论证"为什么我不是一个工具主义者"。在《知识与权力:走向科学的政治哲学》中,劳斯用了一章的篇幅来论证自己的实践诠释学对于实在论和反实在论的超越(即第五章"超越实在论与反实在论")。

在劳斯的实践诠释学中,实践是第一位的哲学概念,构成实在论和反实在论主题的诸如世界、主体、对象等概念都不具有独立的哲学地位,它们都要从实践获得规定。实践是世界的重构,因此世界就是我们参与其中的那个东西,"只有通过我们与世界的目的性互动及其成败方式,我们的解释才能获得意义,世界才能确定下来。实在就是我们所操作的东西,抵制我们的东西,我们所注目的东西"②。这里说的实在,包括对象和建构的控制对象的"微观世界"。科学家操纵、控制和追踪的"微观世界",构成我们通常说的现象,它的确是人类建构的,但劳斯同时指出,"我的意思并不是说,

---

① 约瑟夫·劳斯:《知识与权力:走向科学的政治哲学》,盛晓明、邱慧、孟强译,北京大学出版社2004年版,第138页。

② 约瑟夫·劳斯:《知识与权力:走向科学的政治哲学》,盛晓明、邱慧、孟强译,北京大学出版社2004年版,第165页。

呈现于这些现象中的实体也是我们建构出来的"①。这是劳斯对实在论的坚持。此外,实体对象只有在我们建构的微观世界中才是可理解的,离开了我们建构的条件,对象就成为不可捉摸、不可理解的东西,因此"存在什么的确又依赖于我们在实践中能够呈现什么"②。这是劳斯的实践建构论。如果我们注意到劳斯对实践情境优先性的论述,就会进一步理解劳斯的这种建构论的实在论。实践情境是由实践的行动者、对象、实践环境、仪器、技能等所有实践因素相互作用构成的,而又在概念上处于所有这些因素之上的关系综合体。劳斯把实践情境解释为"为可能行动而有意义组织的环境中的行动者的关系综合体"③。行动者成为实践主体,事物成为对象,仅仅是因为它们被处境于特定的实践情境。在时间上延伸的实践情境,面向未来开放,它在反对抵抗和差别中维系、发展着,遵循类似于"自然选择的法则";我们关于对象的信息包含在实践情境中,知识是对实践情境的叙事,实践情境的地方性和情境化保证了科学知识的普遍性品格,解释了科学的应用,等等。一句话,我们有的只是历史地行进着的实践情境。总之,劳斯的实践建构论的实在论,是以实践情境为中心,而不是主体或者对象客体为中心。这是他与实在论和反实在论者在哲学解释原则上的区别。

---

① 约瑟夫·劳斯:《知识与权力:走向科学的政治哲学》,盛晓明、邱慧、孟强译,北京大学出版社2004年版,第166页。

② 约瑟夫·劳斯:《知识与权力:走向科学的政治哲学》,盛晓明、邱慧、孟强译,北京大学出版社2004年版,第154页。

③ 约瑟夫·劳斯:《涉入科学:如何从哲学上理解科学实践》,戴建平译,苏州大学出版社2010年版,第138页。

第二章 胡塞尔的科学论与先验现象学

现象学是由德国哲学家埃德蒙德·胡塞尔（Edmund Husserl）开创的具有广泛影响的哲学思潮或哲学运动。胡塞尔现象学的奠基性著作有：《逻辑研究》（1900），《哲学作为严格的科学》（1910），《纯粹现象学和现象学哲学的观念》（简称《观念Ⅰ》，1913）、《笛卡儿的沉思》（1931）和《欧洲科学的危机与先验现象学》（1936）等。还有一些很重要的著作，如《纯粹现象学和现象学哲学的观念》的第二、三卷，胡塞尔的一些讲稿、随笔和札记，在胡塞尔生前没有出版。

现象学作为一种广泛的哲学运动，本身不是一种统一的哲学理论或学说。马克斯·舍勒的《伦理学中的形式主义和实质性价值伦理学》（"第一卷"1913年发表，"第二卷"1916年发表）、海德格尔的《存在与时间》（1927）、萨特的《存在与虚无》（1943），以及梅洛·庞蒂的《知觉现象学》（1945）等，都是造就现象学运动的经典著作。今天，现象学既可以指胡塞尔的先验现象学，也可以是舍勒的本体现象学、海德格尔的存在论现象学或者梅洛·庞蒂的知觉现象学。《中国大百科全书》的"现象学"条目说，现象学思潮从20世纪初以来，"按时序可分为三个阶段，即：胡塞尔的现象学时期（20世纪初至30年代中），存在论现象学时期（20年代末至50年代末）和综合研究时期（40年代以后）。三个时期互有交叉，各时期均包括一些主要代表人物"。海德格尔、萨特和梅洛·庞蒂是上面说的"存在主义现象学"的主要代表人物；而现象学作为方法，广泛应用于人文、社会科学和临床医学、精神病理学等学科，出现了形形色色的现象学，如社会现象学、宗教现象学、体验现象学、现象学自我学、现象学伦理学、现象学美学、现象学经济学、现象学建筑学等，这是现象学综合研究时期的一个主要内容。

现象学的发展及其研究，已经成为哲学中的显学，并形成了巨大的文献。胡塞尔的现象学怎么能够成为影响当代科学哲学发展的一个重要的哲学理论，这涉及海德格尔对现象学的存在论转向，以及伽达默尔将海德格尔阐述的理解的存在论结构的普遍性在精神科学领域进行论证等内容。而我们首先要讨论的是胡塞尔本人的科学论及其对当代科学技术哲学可能具有的影响。

第一节 胡塞尔的科学概念与科学论

"科学论"，德文为 wissenschaftslehre，英文中与它对应的词组为"theory of science"或"science of knowledge"，意为"关于科学的学说"、"知识科学"。从字面意义来看，wissenschaft 既可以指知识，也可以指科学。作为"科学"，wissenschaft 兼具知识的双重含义：一方面，它表明知识是主体的一种心智活动；另一方面，知识就是真理，与"意见"相区别。[①] 德国哲学家如费希特、博尔查诺（Bernard Bolzano）、胡塞尔等在谈论有关知识或科学的问题时，常将自己的理论称为 wissenschaftslehre。在翻译这些哲学家的著作时，我国学者将它翻译为"知识学"或者"科学论"。[②]

---

① 文德尔班：《哲学史教程》（下卷），罗达仁译，商务印书馆1993年版，第799页。
② 王玖兴先生将费希特的"wissenschaftslehre"翻译为"知识学"；倪梁康先生、王炳文先生等将博尔查诺及胡塞尔的"wissenschaftslehre"翻译为"科学论"。

胡塞尔早期将自己的"科学论"称为"纯粹逻辑学",晚期称为超越论现象学。在这位用笔思考的哲学家的身后,留下了丰富的学术著作和研究手稿。这些著作和手稿向我们展示,尽管胡塞尔对自己一生所从事的被他本人称为"科学论"的哲学事业有过怀疑,其思想也经历了多次转向,但是,他的哲学事业所要解决的基本问题是一致的,这个问题就是认识(包括科学知识)何以可能的问题。用他的话来说,就是要解决认识的切中性问题,即:"认识如何能够确信自己与自在的事物一致,如何能够'切中'这些事物?"①

一、胡塞尔的科学概念

科学是"客观真理的观念统一"②,这是胡塞尔所理解的"科学"。从《逻辑研究》来看,胡塞尔对科学的这种观点,包含以下三个方面的含义:

一是,"科学的目的在于知识","在知识中我们拥有真理",真理的标志是知识的"明证性",即"这样一种明白的确定性:我们承认的东西是存在的,我们否认的东西则不存在"③。胡塞尔将"严格意义上的知识"(区别于日常用语中的知识)的真理性等同于明证性,力图为知识概念提供一个较广的却并不松散的意义,使之与无根据的意见和信仰区别开来。胡塞尔说:"正确性的最完善的标志是明证性,对于我们来说它就是对真理本身的直接拥有。……任何真正的认识,尤其是任何科学的认识最终都要建立在明证性的基础上,明证性伸展得有多远,知识的概念伸展得也有多远。"④

二是,科学并不就只是知识,"科学所要求的东西显然要更多,即要求

---

① 埃德蒙德·胡塞尔:《现象学的观念》,倪梁康译,人民出版社2007年版,第3页。
② 埃德蒙德·胡塞尔:《逻辑研究》第一卷,倪梁康译,上海译文出版社1994年版,第183页。
③ 埃德蒙德·胡塞尔:《逻辑研究》第一卷,倪梁康译,上海译文出版社1994年版,第9页。
④ 埃德蒙德·胡塞尔:《逻辑研究》第一卷,倪梁康译,上海译文出版社1994年版,第10页。

在理论意义上的系统联系,其中包括对知识的论证以及论证的顺序上的合理的衔接和调整"。"系统形式""是知识观念的最纯粹的体现"①。在胡塞尔看来,系统的知识中,不仅个别的认识,而且论证本身以及被我们称为理论的论证之更高组合,都获得系统的统一。知识的系统性,意味着统一性、规律性、明证性和真理性。胡塞尔注意到,在科学实践中,有许许多多的经验定律,仅就定律的思想内容而言,它们已经得到了确证,人们能够依之做出合乎判断的决定,但明证性却往往没有随着这种经验上的确证而出现。但一旦人们从某种认识出发,走上一条通往这个被考察的定律的道路,"合乎判断的决定与明证性两者便会同时出现"。因此,胡塞尔说,"无数真实的定律只是在受到方法上的'论证'之后才被我们视为真理"②。

三是,科学理论的统一,是本质性的统一,以与各门科学之间的非本质性的统一相区别。"一门科学的诸真理的本质统一就是解释的统一","解释的统一就意味着理论的统一"。③ 具有统一性的科学理论,作为"客观真理的观念统一",具有演绎的逻辑形式。胡塞尔说,"确切意义上的科学,即一种理论解释的统一。理论意义上的解释是从普遍规律出发去解释个别之物并从基本规律出发去解释普遍规律"④。

就科学的类型而言,胡塞尔把科学区分为"实在科学"或"事实的科学"和"观念科学"或"先天的科学"。胡塞尔说:"在观念科学和实在科学之间存在着一个根本的、始终无法克服的区别。观念科学是先天科学,实在科

---

① 埃德蒙德·胡塞尔:《逻辑研究》第一卷,倪梁康译,上海译文出版社1994年版,第11页。
② 埃德蒙德·胡塞尔:《逻辑研究》第一卷,倪梁康译,上海译文出版社1994年版,第12页。
③ 埃德蒙德·胡塞尔:《逻辑研究》第一卷,倪梁康译,上海译文出版社1994年版,第203页。
④ 埃德蒙德·胡塞尔:《逻辑研究》第一卷,倪梁康译,上海译文出版社1994年版,第18页。

学是经验科学。"①胡塞尔认为,前者阐述的是"观念规律性的普遍性",后者则确定"实在规律性的普遍性";前者的对象是"观念的类",后者则是"经验的事实"。他指出,在这两类科学之间,存在"自然规律和观念规律","关于事实的普遍规律和真正的总体规律","经验的种属概念和观念的属性概念"等的本质区别。胡塞尔还说:"在事实的领域中我们所从事的是这样一些认识:在各种状况的现有顺序中发生的事情,是必然的、即按照自然规律而发生的。在先天的领域中我们所从事的则是:从全面总体的必然性出发去理解低阶段上的特殊关系的必然性。"②"实在科学"即"事实的科学",亦即"经验科学";"观念科学"即先天的形式科学,如数学以及胡塞尔自己倡导的作为"最普遍的认识论"或"纯粹形式的认识论"的纯粹逻辑学。

综上所述,胡塞尔的科学不仅是知识,还要求具有某种柏拉图式的最终的、绝对的基础——明证性,从而达到论证根据上的统一。因此,胡塞尔的科学是以明证性为基础的具有统一性的知识体系。这种科学概念与胡塞尔所说的"'严格意义上的哲学'是同义的",在类型上科学可分为关于事实的精确的自然科学和关于观念的严格的现象学科学,"'欧洲科学'在胡塞尔那里实际上是真正意义上的科学之标志"③。

二、自然科学的"不完善状态"与科学论的必要性

科学论的对象是科学。胡塞尔的"科学论",作为"一门关于科学的科学","目的就在于研究那些使科学成为科学的东西"。④ 胡塞尔认为,科学论探讨在形式上将科学规定为科学的条件,在内在性上将科学划分为不同区域和相对封闭的理论的要素,有效论证和有效理论的特征和标准,以及

---

① 埃德蒙德·胡塞尔:《逻辑研究》第一卷,倪梁康译,上海译文出版社1994年版,第155页。
② 埃德蒙德·胡塞尔:《逻辑研究》第一卷,倪梁康译,上海译文出版社1994年版,第18页。
③ 倪梁康:《胡塞尔现象学概念通释》,三联书店2007年版,第526页。
④ 埃德蒙德·胡塞尔:《逻辑研究》第一卷,倪梁康译,上海译文出版社1994年版,第8页。

科学方法等。①

对于为何需要一门"科学论"来研究"使科学成为科学的东西"这个问题,胡塞尔从以下两个方面给出了答案:

一方面,正如我们上面看到的,胡塞尔认为,科学是对真理的认识,它必须建立在绝对的明证性基础之上。"任何真正的认识,尤其是任何科学的认识最终都建立在明证性的基础上,明证性伸展得有多远,知识的概念伸展得也有多远。"②因此,科学的本质在于其具有论证根据上的统一性,只有这样的知识才是具备完善性的理想科学。

另一方面,从现实层面来看,我们时代的自然科学,因为缺乏彻底的批判性而未能明察自身的最终根据和彻底解决自身的理论基础问题,以致一直处在"不完善状态"。这种不完善性不是具体科学对对象的认识在内容上的不完整性,而是指科学家们"在从事这些研究时所缺乏的内在明晰性和合理性",后者"恰恰是我们独立于科学的传播而要求的东西"。③ 在胡塞尔看来,具体科学缺乏的这种"内在明晰性和合理性",主要表现在科学家在具体的科学活动中,对科学推理的最终前提、科学方法的理论基础、科学评价的最终根据等理论思维的前提缺乏明确的考察和批判。胡塞尔指出,"即使是数学家、物理学家和天文学家,为了实施哪怕最重要的科学计划也无须明察它行动的最终根据,并且即使已获得的成果对于他和其他人具有理性信念的力量,它也不会要求证明他的推理的最终前提以及要求探讨那些作为他的方法之基础的原则。"④胡塞尔还说,"所有自然科学就其出发点而言都是素朴的。对它来说,它所要研究的自然是简单的在此存在

---

① 埃德蒙德·胡塞尔:《逻辑研究》第一卷,倪梁康译,上海译文出版社1994年版,第20页。

② 埃德蒙德·胡塞尔:《逻辑研究》第一卷,倪梁康译,上海译文出版社1994年版,第10页。

③ 埃德蒙德·胡塞尔:《逻辑研究》第一卷,倪梁康译,上海译文出版社1994年版,第7页。

④ 埃德蒙德·胡塞尔:《逻辑研究》第一卷,倪梁康译,上海译文出版社1994年版,第6~7页。

的。不言自明,事物存在着,作为静止的、运动的、变化的事物而存在于无限的空间之中,并且作为时间性的事物而存在于无限的时间之中。我们感知它们,我们在素朴的经验判断中描述它们。自然科学的目的就在于,以客观有效的、严格的方式来认识这种自明的给予性"①。正由于以这种直接的自然给予性为基础,自然科学虽然"得到了发展并且帮助我们控制了以前从未想控制过的自然,但它们在理论上却总是无法满足我们。它们不是那样一种清澈透彻的理论,在这种清澈透彻的理论中,所有概念和定律都应该是完全理解的,所有前提都应受到分析,因而,整个理论都应排除任何理论性的怀疑"②。

在此,需要澄清的是,胡塞尔并未完全否定自然科学的批判性。胡塞尔发现,自然科学在自身的方式中本身就包含了某种批判精神,但是,这种批判,只是为了在方法上"排列和联结"分散的经验,区分"有效和无效的经验",得到客观有效的"自然认识",因而是不彻底的,它缺乏"对整个经验一般提出质疑并且同时对经验科学的思维提出质疑的批判",也就是说,缺乏对自身存在的根据和理论合理性的批判。③ 这种局限性导致自然科学无力将个体的信念与普遍有效的真理区分开来,无法回答下列问题:"作为意识的经验如何能够给予一个对象或切中一个对象;经验如何能够通过经验来相互证明或相互纠正,而不仅仅只是主观地扬弃自身或主观地加强自身;一个经验逻辑意识的游戏如何会意味着客观的有效,意味着对自在、自为存在事物的有效;意识的游戏规则为何对事物并非无关紧要;为什么自然科学应当在任何地方都是可以被理解的,只要它以为在其中每一个步骤中都设定了并认识了自在存在的自然——相对于意识的主观河流而言的自在存在——一旦反思严肃地朝向这些问题,它们便都变成了谜。"④这些

---

① 胡塞尔:《哲学作为严格的科学》,倪梁康译,商务印书馆1999年版,第13页。
② 埃德蒙德·胡塞尔:《逻辑研究》第一卷,倪梁康译,上海译文出版社1994年版,第7页。
③ 胡塞尔:《哲学作为严格的科学》,倪梁康译,商务印书馆1999年版,第15页。
④ 胡塞尔:《哲学作为严格的科学》,倪梁康译,商务印书馆1999年版,第15页。

认识之谜,只能由一门认识论的科学即科学论来回答。

三、科学论与纯粹逻辑学和现象学的关系

在清楚了胡塞尔对科学论的必要性论证之后,我们还必须回答,在胡塞尔那里,科学论作为研究使科学成为科学的"科学",它与纯粹逻辑学和现象学是什么关系?

在胡塞尔那里,作为"关于科学一般的科学"的"纯粹逻辑学",是科学论的核心部分,因此,胡塞尔将自己的第一部著作命名为《纯粹逻辑学导引》。胡塞尔认为,"纯粹逻辑学是观念规律和理论的科学系统,这些规律和理论纯粹建基于观念含义范畴的意义之中,也就是说,建基于基本概念之中,这些概念是所有科学的共同财富,因为它们以最一般的方式规定着那些使科学在客观方面得以成为科学的东西,即理论的统一性。在这个意义上,纯粹逻辑学是关于观念的'可能性条件'的科学,是关于科学一般的科学,或者,是关于理论观念的观念构成物的科学。"[①]在《逻辑研究》中,胡塞尔认为,自己倡导的作为科学论的纯粹逻辑学是一门规范科学,是科学的工艺学。胡塞尔指出,他将作为科学论的逻辑学界定为科学认识的工艺论,不仅突破了将逻辑学定义为关于正确判断的工艺论的传统定义,还突破了施莱尔马赫虽然将逻辑学定义为关于科学认识的工艺论,却没有包含划分科学和建立科学的规则,也没有包含科学认识的目的的看法。在一般意义上,胡塞尔说,自己的"逻辑研究"的目的是,"最终澄清一门纯粹逻辑学","它构成一门关于科学认识的工艺论的最重要基础并具有一门先天的和纯粹论证性科学的特征。它便是康德以及其他'形式的'和'纯粹的'逻辑学代表人物所企图建立的科学"[②]。

科学论和纯粹逻辑学的阐明基础在于现象学,这是胡塞尔关于科学

[①] 胡塞尔:《哲学作为严格的科学》,倪梁康译,商务印书馆1999年版,第255页。
[②] 埃德蒙德·胡塞尔:《逻辑研究》第一卷,倪梁康译,上海译文出版社1994年版,第5页。

论、逻辑学与现象学关系的总的观点。在胡塞尔看来,既然将纯粹逻辑学的任务规定为确定并澄清那些赋予所有认识以客观意义和理论统一的概念和规律,那么,"现象学打开了'涌现出'纯粹逻辑学的基本概念和观念规律的'源泉',只有在把握住这些基本概念和观念规律的来历的情况下,我们才能赋予它们以'明晰性',这是认识批判地理解纯粹逻辑学的前提"①。胡塞尔在一般意义上说:"任何认识论的研究都必须在纯粹现象学的基础上进行。"②因为,胡塞尔认为,一般认识论所研究的"思维和认识的本质、类型和形式","思维和认识的对象关系的内在结构","像有效性、论证、直接与间接的明见性的含义,以及它们相对于可能的认识对象的区域而言具有的特殊性"等,如果要提供的不是一种单纯的意见,而是一种明晰的知识,那么"它就必须在被给予的思维体验和认识体验的典范性的基础上作为纯粹的本质直观来进行"③。而从现象学来说,对科学、知识之可能性条件的探索是其题中应有之意。胡塞尔说,"现象学包括一切本质的(因此是无条件的和普遍有效的)知识,借助这些知识任何所考察的知识和科学之'可能性'这一根本问题,将得到回答。作为应用现象学,它因此必然对每一种特殊科学提供最终评判性的批判;而且它特别为其对象提供着其'存在'的最终意义规定和其方法的基本阐明"④。

综上所论,我们可以看出,胡塞尔的科学论与纯粹逻辑学、现象学实质上是三位一体的,它的核心问题就是研究知识和科学的"可能性条件",为科学的意义奠基。科学论或纯粹逻辑学要研究、发现科学中所存在的推理形式及其合理性根据,并将它推广扩展到全部科学领域之中,这种可能性,

---

① 埃德蒙德·胡塞尔:《逻辑研究》第二卷第一部分,倪梁康译,上海译文出版社1998年版,第2页。
② 埃德蒙德·胡塞尔:《逻辑研究》第二卷第一部分,倪梁康译,上海译文出版社1998年版,第16页。
③ 埃德蒙德·胡塞尔:《逻辑研究》第二卷第一部分,倪梁康译,上海译文出版社1998年版,第17页。
④ 胡塞尔:《纯粹现象学通论》,李幼蒸译,商务印书馆1992年版,第160页。

在胡塞尔那里,是通过现象学还原的方法来达到的。胡塞尔通过本质还原与超越论还原两条道路,揭示了世界的统一性和内在结构,建基于这一世界及其结构之上的科学必然是统一的。

四、科学论的任务

胡塞尔为科学论规定的任务就是在实事中发现科学所具有的系统性,从而避免科学沦为"建筑学的游乐场"。在其中,理所当然地包含规范的任务和具体实践的任务。从规范的角度看,它要确立科学的本质形式与本质规范;从实践的层面看,它要研究个别科学的理论与方法、确立各门具体科学之间的领域界限,等等。具体地说,我们可以将胡塞尔科学论的任务归纳为以下几个方面:

(1)研究科学知识论证的形式和规律,以及它们在论证关系层次上的系统统一性。在他看来,在对论证进行研究之前,要想研究作为系统统一的科学是不可能的。因此,科学论不应该仅仅只是探讨在科学中出现的知识方法,它还应当包括对那些本身也叫作科学的知识方法的探讨。科学论不仅要区分有效和无效的论证,还应当区分有效和无效的理论与科学。因为对有效的和无效的理论与科学的区分在很大程度上取决于对有效和无效的论证区分。[①] 胡塞尔说,"科学论当然不仅仅研究个别的论证(以及隶属于它的辅助手段)的形式和规律。……要构成一门科学还需要有在论证关系上的某种统一,某种论证层次上的统一;而要达到所有科学都在追求的最高目标,这个统一形式本身具有崇高的方法论意义;在我们对真理的研究中……它会给我们带来可能的促进"[②]。胡塞尔指出,"科学论确定,在科学的最高目的方面,在人的精神的实际构造方面以及在其他被考察的东西方面,有这些和那些方法,如 M1、M2……得以形成,通过这种确定,它陈述出这样一个形式定律:任何精神活动,如 α、β……只要它们在复合形

[①] 胡塞尔:《逻辑研究》第一卷,倪梁康译,上海译文出版社1994年版,第20~21页。
[②] 胡塞尔:《逻辑研究》第一卷,倪梁康译,上海译文出版社1994年版,第20页。

式 M1（或者说 M2……）中进行，它们的方法就是正确的；或者我们也可以这样表述这个定律：任何一个以 M1（或 M2……）形式进行的（所谓）方法操作都将是正确的操作。"①

（2）探究在形式上将科学规定为科学的东西，即科学自身的形式标准，以及由此所产生的各门科学之间的界限。② 他要求，在科学论的任务中，不仅要"探讨作为这种或那种系统统一的科学，或者是说，它要探讨：哪些东西在形式上将科学规定为科学，哪些东西决定了科学内在地划分为各个区域、各个相对封闭的理论，哪些东西是科学根本不同的种类和形式等等。"③

（3）除了上述两类规范性任务之外，胡塞尔提出，科学论还应该向"工艺论"拓展，为自身提出更加深入的任务。这些任务包括："研究那些作为我们的支配力之基础、作为现实有效的方法之前提的各种条件，并且，提出如下的规则：我们如何用机智的方法去获得真理，如何确切地为科学划界并建立科学，尤其是如何发明或使用各种在科学中有用的方法，以及我们应当如何在所有这些方面避免犯错误；如果科学论为自己提出以上这些任务，那么它就成为一门关于科学的工艺论"④。

（4）在后期，胡塞尔对于一门作为"科学论"的科学哲学有了新的认识，为"科学论"提出了新的任务，即找回被遗忘了的科学的意义。

在胡塞尔看来，欧洲科学最典型的代表当属伽利略物理学。这种物理学的最高成就就是将自然数学化、理念化：自然是用数学语言表述的，自然的多样性表现为有规律性的数学的集，自然的实在性完全被包容在数学公理的算术推演系统之中。胡塞尔说："通过伽利略对自然数学化，自然本身在新的数学的指导下被理念化了；自然本身成为——用现代的方式来表

---

① 胡塞尔：《逻辑研究》第一卷，倪梁康译，上海译文出版社1994年版，第22页。
② 胡塞尔早期关注科学的形式本质，但是，随着其现象学研究的进一步发展，他也试图从质料上对科学进行划界。
③ 胡塞尔：《逻辑研究》第一卷，倪梁康译，上海译文出版社1994年版，第20～21页。
④ 胡塞尔：《逻辑研究》第一卷，倪梁康译，上海译文出版社1994年版，第22页。

达——一种数学的集。"①

这种数学化导致的直接后果主要有：第一，自然是作为数学的宇宙这个观念被当成自明的预设。然而纯数学的自明性在应用到现实世界中却没有这种自明性，对现实事物的归纳结果仅是相对的精确而非绝对的精确，无论测量技术如何提升，现实世界永远只是趋近数学存在的观念而不等于数学的世界。所以伽利略"自然是作为数学性的宇宙"的假设永远是一种缺乏自明性而必须不断被证明的假设。而整个自然科学是以新的理论替代旧的理论，或者说是以较正确的理论替代较不正确的理论，也意味着自然科学的特质便是无穷无尽的假设和无穷无尽的证实。胡塞尔说，"无穷无尽的假设和无穷无尽的证实就是自然科学的特有本质，就是它的先天的存有形式"②。第二，在自然数学化的过程中，数学既被当作认知自然世界的方法，又被当成自然的本质结构，数学完成了从知识论向方法论和本体论的转型，使得自然科学被观念化，披上了一件"理念的外衣"。第三，这件"理念的外衣"遮蔽了人的经验世界，将主体性弃置一边，使得科学因远离了生活世界而失去意义的根基，此乃所谓的"意义的抽空"。在胡塞尔看来，"伽利略在从几何的观点和从感性可见的和可数学化的东西的观点出发考察世界的时候，抽象掉了作为过着人的生活的人的主体，抽象掉了一切精神的东西，一切在人的实践中物所附有的文化特征"③。胡塞尔认为这是一件十分严重的事情，因为它"以用数学方式构成的理念存有的世界暗中取代了作为唯一实在的，通过知觉实际被给予的、被经验到并能被经验到的世界，即我们的日常生活世界"④。这就是胡塞尔所说的"科学

---

① 胡塞尔：《欧洲科学危机和超验现象学》，张庆熊译，上海译文出版社1988年版，第27页。

② 胡塞尔：《欧洲科学危机和超验现象学》，张庆熊译，上海译文出版社1988年版，第50页。

③ 胡塞尔：《欧洲科学危机和超验现象学》，张庆熊译，上海译文出版社1988年版，第71页。

④ 胡塞尔：《欧洲科学危机和超验现象学》，张庆熊译，上海译文出版社1988年版，第58页。

危机",它表现为科学的意义已经丧失其与人性和人的价值的联系,随着科学进步一同而来的是科学世界与日常生活世界的远离和隔离。

基于这种认识,胡塞尔试图建立一门超越论的现象学,采用本质还原和先验还原相结合的方法,来揭示生活世界的本质结构,并澄清建基于此一世界结构之上的科学的起源和意义,消除附加其上的种种自然主义预设,为科学奠定基础。

第二节 胡塞尔与实证主义、逻辑实证主义科学哲学的关系

胡塞尔现象学与实证主义的关系,以《逻辑研究》为界,有前期和后期之分。在《逻辑研究》及以前的论著中,胡塞尔基本采用了实证主义科学观;而在此后的《作为严格科学的哲学》和晚期的《欧洲科学的危机和超验现象学》等著作中,胡塞尔对实证主义特别是自然主义持批判的、否定的态度。胡塞尔说:"从历史上看,我们时代的实证主义的科学概念是一个残缺不全的概念"①,"实证主义在扼杀哲学"②。

一、胡塞尔对实证主义的批判

(1)实证主义将科学限定为事实的科学,排斥科学对人生意义和价值的研究,其科学观"残缺不全"。

胡塞尔认为,理性主义科学观应该揭示世界即所有存在者的统一性,"这种统一性在于它们(不管是鲜明的还是含蓄的)都包含理性"。"理性是认识论(指真正的认识论,即理性的认识论)的主题,是关于真正的价值(指

---

① 胡塞尔:《欧洲科学危机和超验现象学》,张庆熊译,上海译文出版社1988年版,第9页。
② 胡塞尔:《欧洲科学危机和超验现象学》,张庆熊译,上海译文出版社1988年版,第10页。

作为理性的价值的真正的价值)学说的主题,是关于伦理行为(指真正的善的行为,即从实践理性出发的行为)的学说的主题。"①而实证主义在人的问题及价值理性等方面,坚持了自然主义的态度,"竭其精力而试图在自然和精神的所有领域中、在理论和实践中实现严格科学的原则,它竭其精力而追求对哲学的存在问题和价值问题作出科学的——在它看来是'精确科学的'——解决"②。这实际上就是排除了人生意义和价值问题对于自然的独立性,这样构造的只表现为自然科学理性的科学观只能是"残缺不全的"。

(2)实证主义是抽象的理性主义

胡塞尔认为,对待人及主观性的问题,实证主义除了将其排斥在科学之外,还排除在科学性和客观性之外。实证主义坚持的科学性和客观性,是排斥人的主观性、人的价值和文化的科学性和客观性,因而是抽象的理性主义。胡塞尔说,实证主义"严格的科学性要求研究者必须小心排除一切作为价值判断的立场,排除一切对作为研究对象的人及其文化构造是理性还是非理性的探问。科学的、客观的真理只是确证:物理和精神世界到底是怎样的"③。胡塞尔还说,"那种客观性在方法论方面支配了我们的实证科学,并且它的影响远远超出科学本身的范围,成为支持和广泛传播一种哲学的和世界观的实证主义基础"。然而,"特殊的人的问题在过去也并不始终被排除在科学领域之外,它们跟一切科学的内在关系,其中包括跟不以人为对象的科学(比如自然科学)的内在关系,在过去也并不总是不加以考虑的"④。

---

① 胡塞尔:《欧洲科学危机和超验现象学》,张庆熊译,上海译文出版社1988年版,第9页。
② 胡塞尔:《哲学作为严格的科学》,倪梁康译,商务印书馆1999年版,第11页。
③ 胡塞尔:《欧洲科学危机和超验现象学》,张庆熊译,上海译文出版社1988年版,第6页。
④ 胡塞尔:《欧洲科学危机和超验现象学》,张庆熊译,上海译文出版社1988年版,第7页。

(3)实证主义是"朴素的"理性主义

胡塞尔对自然主义"素朴性"的批判,针对的就是作为自然主义主要代表的实证主义(另一个是实用主义)。实证主义拒斥形而上学,这种对待形而上学的态度,和胡塞尔现象学将形而上学悬置是完全不同的。实证主义拒斥形而上学,是因为在它看来形而上学命题既不是分析命题,也不是综合命题,而是伪命题。由于实证主义将科学认识主体假定为只具有理性的科学认知能力,人的价值等实践因素不影响科学认识过程,这样实证主义只是关注命题的逻辑分析和经验证实原则,所有那些使科学认识成为可能的思维前提、认识基础等问题,要么被视为无意义的伪命题而被排斥,要么被当作自明的从自然科学中素朴地接受了下来。胡塞尔指出:"所有自然科学就其出发点而言都是素朴的。对它来说,它所研究的自然是简单地在此存在的。……我们感知它们,我们在素朴的经验中描述它们。自然科学的目的就在于,以客观有效的、严格科学的方式来认识这种自明的被给予性。"①实证主义将自然科学的这种素朴性以非批判的方式确立了下来,重复着"在自然科学中可以说是不朽的素朴性",即"所有经验科学的方法最终都恰恰会回归到经验之上",而没有对"经验科学的思维"和"整个经验一般"提出质疑和批判。② 从理论上说,对科学思维的理论前提进行反思和批判,这就是哲学的任务,也是哲学与科学的本质区别(它们在经验层次还有本质区别)。在思维方式上,一切科学研究都会把一些概念和关系,如对象的客观实在性和可认识性、思维与存在的统一性等,当作理论思维的不言而喻的前提并从之出发,这些前提在科学活动中充当了使科学成为可能的条件、尺度和基础,这是科学研究的一般特点。而这也正是科学哲学的出发点。实证主义科学哲学非批判地接受了自然科学当作科学思维的那些前提,非批判地接受了科学的立场和方法,它在哲学立场上是不彻底的,只能是"朴素的"哲学。

---

① 胡塞尔:《哲学作为严格的科学》,倪梁康译,商务印书馆1999年版,第13页。
② 胡塞尔:《哲学作为严格的科学》,倪梁康译,商务印书馆1999年版,第15页。

(4)实证主义"在扼杀哲学"

胡塞尔说,"实证主义丢掉了一切人们在时宽时狭的形而上学概念中所考虑的问题,其中包括一切被不清楚地称之为'最高的和最终的问题'"①。这里的"最高的和最终的问题",指的是"绝对的"、"永恒的"、"超时间的"、"无条件的"有效的理性的信念、理念和理想。实证主义将理性的问题限制在纯粹事实的世界,而哲学讨论的理性的观念问题却本质地超越于纯粹事实的领域,它在哲学问题的序列中比事实的问题"等级"要高。正因为这样,胡塞尔说,实证主义立足于自然科学的成就,不恰当地用自然科学的理性规定哲学,就是在扼杀哲学,特别是形而上学。在胡塞尔看来,不能用自然科学的理性来规定哲学、形而上学,恰恰相反,应该用形而上学的"绝对的"理性来理解自然科学理性。胡塞尔说:"形而上学,即关于最高的和最终的问题的科学,应享有科学皇后的荣誉,它的精神决定了一切其他的科学所提供的知识的最终意义。"②

(5)实证主义造成了哲学的危机,也造成了科学的危机

胡塞尔认为,实证主义坚持自然主义,认为一切存在的东西要么本身是物理的,隶属于物理自然的统一联系,要么是依赖于物理自然因素而变化的东西(如心理因素),属于物理自然派生的"平行的伴随性事实"。这种自然本体论和纯粹事实的科学观,在文化和社会生活中"造成了只见事实的人","现代人漫不经心地抹去了那些对于真正的人来说至关重要的问题",即"人面对命运攸关的根本变革所必须立即作出回答的问题:探问整个人生有无意义"。而这个问题,"对于整个人类来说是普遍的和必然的问题",它"归根到底涉及人在与人和非人的周围世界的相处中能否自由地自

---

① 胡塞尔:《欧洲科学危机和超验现象学》,张庆熊译,上海译文出版社1988年版,第9页。

② 胡塞尔:《欧洲科学危机和超验现象学》,张庆熊译,上海译文出版社1988年版,第10页。

我决定","人能否自由地在他的众多的可能性中理性地塑造自己和周围世界的问题"。① 在胡塞尔看来,自然科学理性对于这个问题什么也回答不出,这种状况首先是哲学的危机,同时也是科学的危机。说它是科学的危机,当然不是说这种危机触及自然科学已取得的成就,而是说它危机到了对科学的评价和科学未来的发展。胡塞尔说,"这种危机不接触到特殊科学在其理论和实践上的成功,但是却彻底动摇它们整个真理的意义。"因此,在总体上,胡塞尔认为,"哲学的危机意味着作为哲学总体的分支的一切新时代的科学的危机,它是一种开始时隐藏着,然后日渐显露出来的欧洲的人性本身的危机,这表现在欧洲人的文化生活的总体意义上,表现在他们的总体的'存在'上"②。

二、胡塞尔与逻辑实证主义科学哲学的理论联系

尽管胡塞尔对实证主义总体上持批判否定的态度,但他在哲学旨趣、"科学的哲学"的任务等方面,与实证主义特别是作为实证主义第三代的逻辑实证主义表现出一定的理论联系。胡塞尔的时代,正是实证主义思潮在科学和思想界流行的时代,也正是逻辑实证主义蓬勃发展的前后时期(1922年石里克接替马赫担任维也纳大学归纳科学哲学教授,形成了维也纳学派),而且胡塞尔现象学属于认识论,是力图为科学知识奠基自明性基础的先验认识论。胡塞尔科学论与逻辑实证主义科学哲学表现出的理论联系具有时代的特征,是他们那个时代哲学精神的体现。

(1)胡塞尔在哲学上终生矢志不移的奋斗目标是使哲学成为一门严格的科学。谈到胡塞尔的先验现象学,一般会出现"面向事物本身"、"意向性行为"、"先验还原"、"生活世界"等关键词。这些关键词都部分地从某一侧面表征和显示着胡塞尔现象学的理论实质与方法指向,但只有"哲学作为

---

① 胡塞尔:《欧洲科学危机和超验现象学》,张庆熊译,上海译文出版社1988年版,第5～6页。
② 胡塞尔:《欧洲科学危机和超验现象学》,张庆熊译,上海译文出版社1988年版,第13页。

严格的科学",作为胡塞尔终生追求的哲学目标,才是决定胡塞尔现象学的走向,组建着胡塞尔现象学的结构,对于胡塞尔现象学具有整体决定性的关键词。胡塞尔说:"哲学是严格的科学,这个信念必须再一次得到鲜明而真诚的表述,并且恰恰是在这里,在《逻各斯》的起始阶段,它将会为哲学的一个重要变革提供见证,并且为未来的哲学'体系'奠定基础。"① 尽管对于哲学严格的科学性和科学基础,胡塞尔和逻辑实证主义具有不同的理解,如胡塞尔坚持哲学不能以实证科学为基础,认为实证主义所实践的自然主义是根本错误的,但他们都将使哲学成为严格的科学作为哲学探究的宗旨。胡塞尔说,"人类文化的最高兴趣在于要求造就一门严格科学的哲学;因此,如果我们这个时代的一种哲学变革是合理的,那么它无论如何必须从这样一个意向中获得活力,即:对一门在严格科学意义上的哲学进行新论证。这个意向对于当代来说绝不是陌生的。它恰恰充分地活跃在流行的自然主义之中"②。

(2) 奠定科学的理性基础,必须批判地澄清科学的基本概念,使其明晰性得以显现,这是胡塞尔确认的哲学的基本任务。这一点与逻辑实证主义具有相似性。逻辑实证主义是通过对科学概念进行逻辑分析来澄清概念意义的,逻辑分析的工具是数理逻辑。与此不同,胡塞尔始终强调"直观"在澄清概念意义方面不可替代的作用。但他们都共同认为,要奠定科学的理性基础,哲学的一个基本任务是批判和澄清科学概念的意义。泰奥多·德布尔说,"包括《逻辑研究》在内",胡塞尔哲学"遵循着这样一个思想线索",那就是"哲学的任务是澄清科学的基本概念"。③ 胡塞尔的第一部著作《算术哲学》,就力图通过分析算术中的基本概念并澄清算术中的符号方法来稳定数学的基础。胡塞尔认为,尽管数学的发展硕果累累,但基本概念缺乏明晰性,这已经使数学走了弯路。胡塞尔提出,数学必须回到源头,

---

① 胡塞尔:《哲学作为严格的科学》,倪梁康译,商务印书馆1999年版,第4页。
② 胡塞尔:《哲学作为严格的科学》,倪梁康译,商务印书馆1999年版,第6页。
③ 泰奥多·德布尔:《胡塞尔思想的发展》,李河译,三联书店1995年版,第63页。

回到最初的观念得以出现的现象上去。将数学的基本概念奠基于直观,胡塞尔力图从对数学最基本的概念分析入手,然后在符号观念的构成中达到它的最高结果。① 我国学者倪梁康教授认为,"这种以数学和逻辑学为例,对基本概念进行澄清的做法以后始终在胡塞尔哲学研究中得到运用,成为胡塞尔现象学操作的一个中心方法。"②

(3)数学和逻辑是胡塞尔与逻辑实证主义追求作为严格科学的哲学的共同出发点。我们知道,为科学知识奠定绝对理性基础是实证主义"科学的哲学"的目标,而逻辑与回溯到观察语词的科学经验就是逻辑实证主义为绝对理性主义认识论找到的两个知识基点。无独有偶,与逻辑实证主义同时代的胡塞尔,也将追求纯粹而绝对的知识,为科学奠定纯粹而绝对的理性基础,作为自己的作为科学的哲学的理论追求,而被视为绝对确定知识的数学理性为这种纯粹而绝对的知识理想提供了科学范例。胡塞尔的这种科学思想,首先来源于他的学术背景。胡塞尔最先学习天文学,后改学数学,1883年以"关于变量演算"的论文成为数学博士。因此,当胡塞尔研究哲学时,最初的兴趣就集中在数学哲学尤其是算术哲学。在对科学所做的早期的哲学分析中,胡塞尔接受了他的老师布伦塔诺对"诉诸归纳方法"的经验科学与"纯粹从概念上加以澄清"的包括算术、几何、逻辑以及运动学等在内的先天科学的划分,将先天科学区分为"形式的和实质的(分析的和综合的)科学",区别了两种"直接的明证性":一是逻辑的纯粹分析的明证性,"各种纯粹演绎的法则构成了这种明证性";二是"依赖着判断内容的特殊性质的明证性。例如,颜色的存在依赖于某种具有颜色的东西,没有质量便不可能谈论密度的存在"③。在这里我们可以清楚地看出,胡塞尔为科学找到的明晰的逻辑基点也是两个:一是包括数学在内的逻辑,二是直观。因此,泰奥多·德布尔说,"胡塞尔思想依据的是追求绝对确定知

---

① 泰奥多·德布尔:《胡塞尔思想的发展》,李河译,三联书店1995年版,第64页。
② 倪梁康:《现象学及其效应》,三联书店1994年版,第12页。
③ 泰奥多·德布尔:《胡塞尔思想的发展》,李河译,三联书店1995年版,第82～83页。

识的数学理想","他坚持着传统的几何式的理想"。①

总之,胡塞尔哲学与实证主义、逻辑实证主义之间,在历史上存在一定的理论交锋,在逻辑上它们表现出既有本质区别又在某些方面具有一致性的复杂关系。胡塞尔既反对实证主义,认为"实证主义是科学的哲学的一种错误形态",又批评当时出现的作为实证主义的否定的非理性主义的历史主义,因为胡塞尔认为后者"放弃了启蒙和文艺复兴的理想","是人们必须以理性的名义加以反对的东西"②。坚持理性主义,反对实证主义的自然主义和历史主义的非理性主义、相对主义,为规范科学奠基理性主义的认识论基础,是胡塞尔的现象学在科学论上的一个基本任务。

第三节 四种现象学概念与科学诠释学的现象学

通过上面的论述,我们清楚地看到了历史上胡塞尔现象学与科学哲学之间的理论联系。同时我们还必须看到,胡塞尔的现象学已造就了一种广泛的哲学运动,形成了巨大的现象学文献,出现了多种不同的现象学。这些不同含义的现象学概念,表现出了现象学的发展。技术现象学就是当代现象学发展的重要标志之一,而且诠释学与现象学的结合使科学诠释学的现象学成为当代科学哲学的重要发展。这些都是胡塞尔及其现象学运动影响的结果。

一、四种现象学概念

倪梁康教授认为,现象学史学家施皮格伯格提出的四个现象学概念,

---

① 泰奥多·德布尔:《胡塞尔思想的发展》,李河译,三联书店1995年版,中文版前言第6页。
② 泰奥多·德布尔:《胡塞尔思想的发展》,李河译,三联书店1995年版,第108页。

有其合理之处,但要进行一定的修改和说明。① 这四个现象学概念是"最广义的现象学"、"广义现象学"、"严格意义上的现象学"和胡塞尔本人的现象学。

一是最广义的现象学概念,包括所有符合现象学标准的理论、学说和人物。这里的"现象学标准",意味着一种接近哲学问题的方式,具体就像施皮格伯格说的,"非常执拗地努力查看现象,并且在思考现象之前始终忠实于现象"。凡是接受这个"现象学"标准,即使主观上没有参加现象学运动或者使用现象学概念的人或理论,都可归入现象学。正是在这种意义上,施皮格伯格认为,胡塞尔的老师布伦塔诺、施通普夫等人都在一定程度上是现象学运动的成员。

二是广义的现象学概念,即以胡塞尔1913年期间设想的"现象学"纲领为标准和根据界定的现象学。这个纲领,包含着胡塞尔对作为哲学方法论的现象学的两个基本理解:"其一,现象学排斥中介的因素,把直接的把握或这个意义上的直观看作是一切知识的来源和检验一切知识的最终标准;其二,现象学在经验的事实的基础上要求通过直观来获取本质洞察,即获得对本质因素以及它们之间的本质关系的把握。"② 以"直观的源本源泉"和"本质洞察"为核心的这种现象学纲领,倡导了一种特殊的哲学思维和哲学方法,海德格尔认为它是对哲学研究的可能性的发现,因而具有哲学的方法论的意义。以此为根据,把凡是接受和符合认识、知识的"直观的源本源泉"和"本质洞察"要求的研究及理论,都划入现象学的范畴。施皮格伯格认为,按此标准,历史上的尼古拉·哈特曼、萨特、海德格尔,甚至包括以后的伽达默尔、施密茨以及某个时期的德里达,都是自觉地进行现象学实践的哲学家。

三是严格意义上的现象学概念。这种意义的现象学限定的是现象学

---

① 倪梁康:《现象学运动的基本意义》,倪梁康主编:《面对实事本身:现象学经典文选》,东方出版社2000年版,第5页。

② 倪梁康:《现象学运动的基本意义》,倪梁康主编:《面对实事本身:现象学经典文选》,东方出版社2000年版,第7页。

的内容,主要关注的是意识现象,尤其是事物的主观显现方式。早期现象学运动中的哥廷根学派、慕尼黑学派的现象学家以及以后的梅洛·庞蒂、古尔维奇等,都属于这种"严格意义上"的现象学范围。

四是最严格意义上的现象学概念,也就是胡塞尔本人的现象学,简称"胡塞尔现象学"。

这四种现象学概念,为我们讨论现象学与当代科学诠释学的现象学的理论关系提供了一种思路。当代的技术—科学诠释学、现象学与上面列出的几种现象学,都存在不同程度的理论联系:

第一种是"紧密联系",即与现象学运动有紧密关系。伊德的技术—科学现象学、希兰的诠释学—现象学与胡塞尔的现象学、海德格尔的现象学、梅洛·庞蒂的现象学存在理论上的紧密联系。它们的理论接受了现象学进入哲学问题的非中介的思维方式,广泛使用现象学方法(比如直观、变更方法)和现象学概念(如视域、内视域、外视域、知觉、生活世界等),直接可以归入"广义的现象学"范围。尽管它们往往以海德格尔的存在论为理论基础,但也与胡塞尔的现象学保持密切关系。

第二种是"比较紧密的关系",即与某种现象学有紧密关系。科克尔曼斯的科学诠释学是直接在海德格尔的存在论基础上对科学进行哲学理解的,可以看作是对海德格尔的理解的存在论结构在自然科学哲学中的进一步阐发。这种类型的科学哲学理论,往往接受的是某种现象学理论,比如海德格尔的存在论现象学;这些理论的提出者往往不会强调自己的科学哲学与整个现象学运动的理论关系,尽管像科克尔曼斯等人本身就是研究胡塞尔现象学的专家。

第三种是"有一定关系",即存在一定的理论借鉴和吸收。如劳斯的实践诠释学科学哲学,海德格尔存在论是其理论基础之一。一般来说,海德格尔的存在论,胡塞尔的"生活世界"概念及其对欧洲科学的批判对当代科学哲学有非常重要的影响,其他的现象学理论,如梅洛·庞蒂的知觉现象学也产生了一定的影响。

二、胡塞尔现象学对科学诠释学的现象学的影响

胡塞尔现象学对当代科学诠释学的现象学的直接影响,主要表现在两个方面:一是现象学的思维方式的影响,二是具体的现象学概念及方法的影响。

1. 胡塞尔反思科学的现象学思维方式的影响

胡塞尔反思科学的现象学思维方式,就是胡塞尔为现象学奠基的进入哲学反思的哲学思维方式,即坚持"无前提性"原则,强调通过"面向实事本身"式的直观分析,在直观中把握事情的本质,从而为科学和哲学的明证性奠定基础。

在西方哲学传统中,充斥着主客之分、心物之分,现象与本质、一般与个别等这样的分割,并且用一般、本质来规限个别、现象。这种哲学纲领在人们的自然认识之中,尤其在实证科学中得到彻底贯彻。在科学哲学中的影响是,传统的主客体二元论、理论优位的观念成为主流,科学认识论被等同于科学哲学本身。这种科学哲学,在将人排除出理论范畴以后,也丧失了对科学意义基础的考察。面对科学哲学的这种现状,胡塞尔现象学的意义是,它告诉我们,要突破传统哲学的藩篱,为科学和哲学的明证性奠基,光有对实证主义和自然主义的批判是不够的,还必须找到一条通向为科学的明证性奠基的道路。这条道路就是向人的回溯(在胡塞尔那里是主体意识),为科学奠定确定性的根基和批判反思的基点。

胡塞尔认为,要通向科学的明证性,对科学的批判就要向主体意识回溯。所以如此,在胡塞尔看来,理由很简单,因为自然科学所处理的自然"是由理念化而产生的理念,被假定取代了现实直观的自然的理念",或者换用胡塞尔的另一种表述,"在伽利略自然科学的意义上,数学的—物理学的自然是客观的—真实的自然;这种客观的—真实的自然应该是在纯粹主观显现中显示出来的那个自然。因此,很清楚,精密自然科学的自然并不

是现实地体验到的自然,生活世界的自然"①,因此,自然科学的意义及其明证性基础并不在这种"客观的—真实的自然"之上,我们只有在向使得这种"客观的—真实的自然"显现出来的"纯粹意识"的回溯中才能得到自然科学的明证性。而要对主体意识有所认识,就必须摆脱经验主义心理学的羁绊,消除任何心理主义的预设,面对实事本身,直面现象,在直观中发现意识的本质结构。在这里,"实事本身"是指"意识及其对象性";"'现象'一方面是指在意识中'显现出来的东西'(意向相关项),另一方面是指意识的'显现活动本身'(意向活动)"②。胡塞尔现象学要求,通过"内直观"将意识中的经验意识排除,留下"纯粹意识",也就是说,将反思的目光从对象转向让对象被给予出来的纯粹意识本身,发现对象是如何被给予的,解决"认识是如何切中对象的"这个"认识之谜"③。尽管人们对胡塞尔现象学的先验性多有批判,但胡塞尔现象学的这种"即事穷理"的思维方式却产生了重要影响。总结起来,这种思维方式的特征是:"通过直观分析来突破传统的个别与一般的那种硬性区别,实现出一个更活泼、更带有生活本身的思想性的研究方式和思维天地来。现象学也不是只描述事实,而是要通过描述事实或事态,来暴露出这些事实是怎么构成的,或者依据这些事实再去暴露更高层次的构成。"④

胡塞尔现象学揭示的这种接近哲学问题的哲学方法论,伊德称其为源初的"看"的战略。海德格尔的存在论也是从现象学的这个最基本意义开始的。这种告诉人们彻底的批判性哲学研究应该如何去进行的哲学方法论,不仅在伊德的科学—技术现象学中有充分的体现,而且在注重现象学方法的科学哲学家那里大都得到了应用。比如劳斯,他反对把知识看作是理论抽象的产物,认为知识来源于实践性的寻视,这实质上就是此在之现

---

① 胡塞尔:《欧洲科学的危机与超越论的现象学》,张庆熊译,商务印书馆2001年版,第265页。
② 倪梁康:《理念人:激情与焦虑》,北京大学出版社2007年版,第248~249页。
③ 埃德蒙德·胡塞尔:《现象学的观念》,倪梁熊译,人民出版社2007年版,第3页。
④ 张祥龙:《朝向事情本身:现象学导论七讲》,团结出版社2003年版,第22页。

象学方法。

2. "生活世界"概念的理论影响

胡塞尔后期从生活世界对欧洲科学危机的批判,对科学诠释学的现象学有直接的重要影响。"生活世界"这个概念在20世纪20年代之前就被胡塞尔间或使用过,到了20世纪20年代,这个概念在胡塞尔那里获得了中心的意义。① 伊德认为,"生活世界"概念是胡塞尔在海德格尔对现象学的存在论转向影响下产生的。但无论如何,"生活世界"是科学诠释学的现象学的一个重要的概念,实质上它构成了当代科学诠释学的现象学研究的一个重要的理论视域。

胡塞尔没有对"生活世界"概念进行明确的理论界定。但一般认为,在胡塞尔那里,"生活世界"概念相当于"直观地被给予的周围世界"②,即就是我们每个人实际生活于其中的现实而又具体的世界。生活世界具有"非课题性"、"奠基性"、"直观性"和"主观性"的特征。③ "非课题性"指生活世界对人的生存来说始终是在先被给予的、在先存在着的不言而喻的现实前提;"生活世界"作为奠基性的世界,是一切意义的源泉,"生活世界"态度先于科学、哲学的态度并构成这两种态度的基础;"直观性"意味着生活世界的日常性和具体性,即它是非抽象的周围世界;"主观性"即"相对性",它不是说生活世界不包括客观的物质的内容,而是说不同人的生活世界往往是不同的,因而生活世界的真理是相对于个人而言的。这样,胡塞尔的生活世界就可以看作是人类生存的非课题性的、奠基的、直观的和主观相对的世界。

对科学哲学、技术哲学的发展来说,胡塞尔的生活世界概念产生了如

---

① 倪梁康:《现象学及其效应》,三联书店1994年版,第130页。
② 胡塞尔:《欧洲科学危机和超验现象学》,张庆熊译,上海译文出版社1988年版,第29页。胡塞尔的生活世界概念,"大体是指人们生活于其中的现实、具体的周围世界,是唯一实在的、通过知觉实际地被给予的、被经验到并能被经验到的世界"。见黄颂杰主编:《现代西方哲学辞典》,上海辞书出版社2007年版,第298页。
③ 倪梁康:《现象学及其效应》,三联书店1994年版,第131～132页。

下理论意义：一是将对科学的哲学反思奠基于人类生存的意义。人的生存及其意义优先于科学知识的客观意义，生活世界的态度和真理优先于科学的态度和科学真理，这些都是当代科学诠释学的现象学坚持的可以追溯至胡塞尔的科学本体论观念。

二是揭示了没有本体论的科学哲学是不完整的哲学形态。在对科学的哲学反思中，没有本体论层次的批判，没有对科学的意义进行深刻分析，科学与人的存在的联系就会被割断。恢复人的存在的意义和生活世界在科学哲学中的地位和价值，是科学诠释学的现象学的一个重要的理论出发点。

三是胡塞尔将"生活世界"与"科学世界"对立的观点，成为科学哲学维护科学世界或者进一步阐述生活世界与自然科学关系的发轫点。

四是胡塞尔对现代文化的危机和哲学危机的认定。在胡塞尔看来，欧洲科学是人类真正的科学的标志，欧洲科学的"危机"实质上是哲学和文化的危机。胡塞尔批判的价值，随着人类社会科学技术化的日益加深而越发体现了出来。人们一方面知道科学是人类知识的典范，科学不仅直接改变着人们的视野和认知，而且通过技术和工业深刻地改变着人类的生存方式；另一方面人们又深深地处于对科学异化的担忧中。当代科学诠释学的现象学对科学价值、科学真理等事关科学发展的重大问题的深入研究，秉承了胡塞尔对科学意义奠基于人类生存及生活世界的观念，可以看作是胡塞尔对欧洲科学批判的进一步发展。

3. 其他一些被科学诠释学、现象学运用的概念

胡塞尔现象学中还有一些概念和方法，在当代科学诠释学、现象学研究中被广泛应用，这也是胡塞尔思想影响的重要表现。

（1）"意向性"。意向性是胡塞尔现象学的基本概念，也是科学诠释学的现象学研究中广泛使用的概念。如在希兰的知觉现象学中，意向性代表着知觉者的意识建构作用的能动性。在胡塞尔的现象学中，意向性表明意识的意指功能，即意识总是关于某物的意识。胡塞尔认为，所有的意识活动都以意向性为根本特征。更具体地说，意向性是意识的内在特征，它表

明人的意识能够直接指向对象,而不是当意识受到对象影响才产生的外在关系。意识的意向活动即意指活动,与意向对象,构成了意识的意向结构。由于意向性一方面与人的意识相联系,另一方面与被意指的对象相联系,因此,意向性具有构造功能。科学诠释学对意向性在自然科学实践中的构造作用的阐述,可以看作是胡塞尔的意识的意向性理论在自然科学领域的应用。

(2)"变更"、"本质变更"、"变项"。在胡塞尔那里,变更是获得共相即本质认识的直观方法。一方面,胡塞尔在其"现象学的心理学"讲座中明确定义此方法为:"通过自然想象而进行的本质变更。"①在变更分析中,胡塞尔将直接经验性的事物以及想象的替代物都称为"变项"(或变体),而将从中抽象出来的不变本质称为"常项","变项"是经验性事物以及想象的替代物,是在本质变更过程中必须最终被抽象掉的东西,"以便精神的目光能够集中到作为常项的本质之上"②,其目的就是要从"变项"中得出"常项"。另一方面,为了从经验层次上升到抽象概念的本质层次,胡塞尔认为要经过三个主要步骤:"①变更之杂多性的生产性贯通;②在持续的吻合中的统一性联结;③从里面直观地、主动地认同那不同于差异的全等之物。"③概言之,变更就是从千差万别的"变项"中找出共同的属概念来。伊德说,"在胡塞尔的早期用法中,变更(最初来源于数学中的变更理论)是用来确定本质的结构或'本质'的。变更可以用来确定什么是变项、什么是常项。我同时也发现,这种技巧在任何现象学分析中都有无限的价值——但是,在使用这种技巧时,我发现一些比胡塞尔的'本质'更多的东西。从这种技巧中显示出来的,或者说'自身显示'出来的,是一种多元稳定的复杂结构"④。

---

① 倪梁康:《胡塞尔现象学概念通释》,三联书店2007年版,第483页。
② 倪梁康:《胡塞尔现象学概念通释》,三联书店2007年版,第483页。
③ 埃德蒙德·胡塞尔:《经验与判断》,邓晓芒、张廷国译,三联书店1999年版,第401~402页。
④ 唐·伊德:《让事物"说话":后现象学与技术科学》,韩连庆译,北京大学出版社2008年版,第12页。

伊德从事物在变更中显示出来的多元稳定结构,发展出一种多元稳定的知识观和世界观。

(3)"知觉"、"视域"、"内视域"、"外视域"。在胡塞尔的现象学中,知觉与感知是同义语。知觉是最具奠基性的意识行为,所有意识行为最终都可以回溯到知觉上去。知觉(这里主要讨论"感性知觉"或"外知觉")的首要特征有两个:"完全一般地说,知觉是原本意识";"知觉是存在意识"[①]。知觉的原本性是指,每一个知觉都对其对象进行自身的或直接的把握,但反过来说,当一个对象被知觉(如一张桌子),并不是说对象(如桌子)的所有部分都具有原本性,而只有在知觉中显现出来的那个部分(如看到的桌子的正面)才具有原本性;"知觉是存在意识",指知觉是关于存在着的(现在存在着的,这里存在着的)对象的意识。知觉的这个特征表明了知觉行为的质性,即知觉具有设定一定对象作为自己的质的行为。"'感知'是第一性的行为,它与'想象'一起构成'直观'的行为类型。而'直观'行为又与'符号'行为一起进一步构成'表象'的行为类型。而后,'表象'再与'判断'一起构成'客体化行为'的类型。最后,与'客体化行为'相对立的是'非客体化行为'类型。整个意识行为的总属据此可以说是由'客体化行为'和'非客体化行为'共同构成的。"[②]

与感性知觉概念一同被借鉴的还有"视域"、"内视域"、"外视域"等概念。胡塞尔的"视域"概念因为伽达默尔的沿用而成为诠释学的一个基本概念,它表现一个人的具有组建作用的理论视野。在胡塞尔的现象学中,视域的最初含义是指一个感性知觉对象的背景,"它意味着那个与感性知觉对象一同在感性知觉过程中被给予、并且本身从属于这个对象之意义的'晕'。这个'晕'既是指时间性的'晕',也是指空间性的'晕'"[③]。"内视域"与"外视域"是对空间知觉的表达,是从被知觉物的体验核心出发展开

---

① 倪梁康:《胡塞尔现象学概念通释》,三联书店 2007 年版,第 503 页。
② 倪梁康:《胡塞尔现象学概念通释》,三联书店 2007 年版,第 502 页。
③ 倪梁康:《胡塞尔现象学概念通释》,三联书店 2007 年版,第 220 页。

的两个方面:"或是从一个初次被看到的事物出发,不断地进入它的本己自身被给予性之中,或是在连续地向一系列的个别经验的过渡过程中达到一个唯一的、开放无限的经验。"①比如,在对桌子的感知中,人们往往知觉到的不是作为对象的桌子,而是桌子的某一边,但这时桌子的其他面和边都以从属于桌子的意义而被共现出来。也就是说,人们看到的是桌子的某一边,却意指整个桌子。因此,内视域包含着先把握。随着人的视域在空间的扩展,知觉对象的范围不断从部分丰富到整体,这是一个外视域不断转化为内视域,从而使内视域不断得到规定的过程。胡塞尔的知觉及其视域的概念,被希兰和伊德等人应用于知觉现象学、技术现象学的研究中。当然,他们的应用是批判性的,但也正因为如此,希兰的知觉现象学和伊德对胡塞尔知觉理论的批判和扩展才会那么引人注目。

---

① 倪梁康:《胡塞尔现象学概念通释》,三联书店2007年版,第220页。

第三章　诠释学的发展与科学诠释学

对当代西方科学诠释学的现象学来说，海德格尔、伽达默尔和利科（Paul Ricoeur）等人就是"诠释学经典的重要人物"。① 其一，他们的理论被广泛接受，成为科学诠释学的现象学的理论基础；其二，诠释学在这个阶段实现的"把诠释学问题嫁接到现象学方法上去"或"把诠释学奠基在现象学之中"（利科语），成为科学诠释学的现象学的普遍的思维方式和哲学原则；其三，利科将哲学诠释学向社会科学领域的扩展，客观上对科学诠释学是一种鼓励。在这一章，我们的研究重心，不是重温诠释学的历史，而是诠释学的历史发展与自然科学诠释学的产生之间的关系。

第一节　诠释学与实证主义科学哲学的对抗

诠释学有悠久的历史。施太格谬勒曾说，"诠释学起初既不是被理解为科学，也不是被理解为哲学，而是被理解为技巧，即解释的技巧，主要是

---

① R. P. Crease, *Hermeneutics and the Natural Sciences*, Kluwer Academic Publishers, 1997, p. 10.

解释书面文献的技巧"①。这也就是利科所说的"诠释学问题起初是存在于解经学"②。我们无意追溯神学诠释学的发展,对于自然科学的哲学来说,感兴趣的是狄尔泰时期诠释学与实证主义科学哲学的复杂关系,即一方面在精神科学领域强烈抵抗实证主义,另一方面又承认实证主义科学哲学对自然科学描述的恰当性和合理性。但诠释学作为一种学术传统,科学主义统治时期形成的诠释学与实证主义科学哲学的复杂对抗关系,在其早期的历史发展中已经蕴藏着某种必然性。解经学以及一般的文献学,是关于文本解释的学科,它围绕的中心是蕴含客观意义的文本,这种客观意义作为理解和解释的对象,是作者(对神学文本来说就是上帝)表达在文本中的。这实质上就是诠释学成为一种哲学后,在相当长的时期占统治地位的"原意说"的来源。

诠释学经过"十八世纪末、十九世纪初的古典语文学和历史科学的发展才能产生一般诠释学。在施莱尔马赫和狄尔泰的努力下,诠释学问题才成为哲学问题"③。施莱尔马赫不仅是神学家、文献学家,而且还是哲学家。作为神学家和文献学家,施莱尔马赫出版了《宗教演讲录》(1799)和《基督教信仰》(1821)等著作,并在《圣经》文本和古代文献的解释中积累了大量问题和经验;而作为哲学家,施莱尔马赫则将神学解释和历史解释相结合,超越具体的文本和解释技巧,进而考察有效解释可能性的普遍条件。然而,施莱尔马赫的诠释学思想,只是因为后来狄尔泰的著作引起了学术界注意,他的诠释学著作迟至 1958 年才由伽达默尔的一名弟子整理出版。这些手稿大都撰写于 19 世纪初期。施莱尔马赫的贡献,首先是使诠释学成为哲学上研究理解的一般条件的方法论。在之前的解经学和文献学中,诠释学只有对于复杂文本,如《圣经》、《罗马法典》、《荷马史诗》等才会是必要的。而施莱尔马赫则认为,由于历史距离和文化间隔,误解是理解的普

---

① 施太格谬勒:《当代哲学主流》(下卷),王炳文等译,商务印书馆 1992 年版,第 102 页。
② 保罗·利科:《解释的冲突》,莫伟民译,商务印书馆 2008 年版,第 1 页。
③ 保罗·利科:《解释的冲突》,莫伟民译,商务印书馆 2008 年版,第 3 页。

遍现象,需要研究把握作者原意的有效解释的方法论,从而使诠释学从局部技巧上升到关于一切文本解释的普遍方法论。其次是施莱尔马赫建立了作者历史情境的"心理重建方法论"。为了克服历史的和文化的间距异化以重新恢复和创造作品原初的客观意义世界,施莱尔马赫提出了两种消除误解、重建原意的解释方法,即语法解释和心理的解释。语法解释立足于作为思想交流工具的语言的公用性,从语法的一般规则确定作品语言的字面意义和语义变化。这是一种传统的、客观的、本质上类似于结构解释的解释方法。心理的解释也就是心理的转换和心灵的领会,它强调作者主观意图的重建是通过心灵和精神的直观的体验与再体验实现的。这是后来被狄尔泰发挥为"生命移情"的理解方法。虽然语法解释和心理的解释都是达到理解的方法,但施莱尔马赫在它们之间还是做了区分:相对于后者前者是表面的、次要的;"诠释学的真正任务是在这第二类解释中完成的"[①]。不仅如此,在施莱尔马赫那里,这两种方法还是互斥的,它们不能同时应用:考虑共同语言就是忘记作者,而理解一个作者就是忘记他的语言,即要么理解共同性,要么理解特殊性。在施莱尔马赫这里,诠释学已经成为与实证主义哲学不同的方法论。

狄尔泰实现了诠释学作为精神科学方法论与实证主义的尖锐对抗。在狄尔泰生命哲学中,诠释学服从于狄尔泰提出的这样一个基本任务,即"诠释学必须寻求它与一般认识论任务的关系,以阐明一种关于历史世界的关联的知识的可能性,以及实现它的方法"[②]。具体地说,诠释学所要"完成"的这一任务,就是要回答历史知识何以可能这个类似于自然科学的"康德问题"的问题。这也是诠释学成为精神科学方法论的原因。利科指出,"这个问题把我们带到了贯穿于狄尔泰著作的那个重大对立面前,这就是自然的'解释'与历史的'理解'之间的对立。这个对立对于解释学来说

[①] 保罗·利科:《解释学与人文科学》,陶远华等译,河北人民出版社1987年版,第45页。

[②] 狄尔泰:《对他人及其生命表现的理解》,何兆武主编:《历史理论与史学理论:近代西方史学著作选》,商务印书馆1999年版,第333页。

产生了某些重大结果"①。我们曾指出,结果至少有两个②:一是诠释学脱离了实证主义或者更广泛地说自然主义的解释(方法和观念),而被推回到心理直观的领域。这是从施莱尔马赫以来方法论诠释学发展的必然结果。正是在心理学领域,狄尔泰找到了人文理解的逻辑,即"我们借助诸个体彼此间的相似,即它们的共同性来理解它们。这个过程以普遍人性和个体化的联系为前提,这种个体化过程在其基础上展开于精神存在的各种各样的形式中"③。二是在本体论、认识论和方法论上,自然科学和精神科学被彻底分裂成两个独立的领域,实证主义科学哲学和诠释学成为这两个对立的不同领域的哲学。

狄尔泰对立自然科学与精神科学的出发点是本体论上的区别,即认为自然界的现象和过程表现为外在于人的纯粹客观性,而精神的领域则相反,它所指向的是人的行为、意志、思维、情感等。狄尔泰进一步认为,自然科学在认识论上追求确定性、普遍性和客观性,和自然科学相比,精神科学的对象具有独特性(即人的内在精神情感),方法具有独特性(即内省的、体验的等),目标追求具有独特性(即追求"个别性"而不是普遍性),因此,"自然与精神"、"解释与理解"、"自然科学与精神科学"、"实证主义与诠释学"等种种对立,既成为诠释学作为精神科学方法论的理由,也成为在自然和自然科学领域外抵抗实证主义哲学侵略的理由。

狄尔泰对诠释学与实证主义、精神科学与自然科学所做出的对立性区分,逐步成为科学历史主义崛起之前的一种标准的认识论观念。这种对立,结果表现在方法论,根源在认识论和本体论。当人们说"自然科学本质上是解释的,精神科学本质上是理解的",这在方法论上意味着:自然科学是对客观对象运动规律的系统化阐述,自然科学方法论集中处理如何从客

---

① 保罗·利科:《解释学与人文科学》,陶远华等译,河北人民出版社1987年版,第47~48页。
② 曹志平:《理解与科学解释》,社会科学文献出版社2005年版,第93页。
③ 何兆武主编:《历史理论与史学理论:近代西方史学著作选》,商务印书馆1999年版,第328页。

观经验抽象出普遍规律,再用普遍定律以"覆盖论证"(即证明被解释现象是普遍规律的一个特例)的形式对自然现象做出科学解释;精神科学是对人的内在精神、文化的探究,在这里对普遍规律的追求和"覆盖论证"式的科学解释已不再适用,精神科学的方法论集中要处理的是如何通过个人"生活的体验"和对"生命同情"的理解来认识文化和历史,揭示生命的意义。自然科学与精神科学的这种方法论对立是尖锐的、直接的,一方面把自然科学的解释归于完全排除个人因素的逻辑论证过程,另一方面把精神科学的解释归于心理学方面的个体生活体验和生命移情的理解,涉及的是从一个心理生活到另一个更宽广的陌生的心理生活。就像利科说的,"对于一个有限存在而言,理解便是想象自己置身于另一生命之中"①。

我们可以进一步从亨普尔关于历史解释的论证,来看待来自逻辑实证主义对精神科学理解的方法论的批判。亨普尔的《普遍规律在历史中的作用》发表于1942年。这篇论文的核心是,如何将自然科学的解释,即覆盖律贯穿于历史领域。亨普尔提出了如下命题:第一,和自然科学一样,历史学也只有依靠普遍概念才能说明它们的课题,历史学正如物理学和化学一样能够"把握"它的研究对象的"独特个性"。第二,使用普遍经验假设作为解释原则,可把历史解释中的真解释与假解释区别开来。第三,任何科学性的解释,因而包括历史解释,都是服从于客观检验的。这些检验包括:对阐明限定条件的语句的经验检验,对解释赖以成立的普遍假设的经验检验,对解释在逻辑上是否确立的审查。第四,历史解释的目的在于表明,所研究的事件不是"偶然的事",而是鉴于某些先行条件或同时性条件而被料想到的,因而它是建立在普遍规律的假定之上的科学预见,而不是占卜。因此,"与经验科学的其他任何领域一样,在历史学中,对一个现象的解释在于把现象纳入普遍经验规律之下;解释的可靠性的标准不在于它是否诉诸我们的想象,也不在于它是根据有启发的类比提出来的,或是使它显得似乎真实的其他方法——这一切在假解释中也可以存在——而唯一地在

---

① 保罗·利科:《解释的冲突》,莫伟民译,商务印书馆2008年版,第3页。

于它是否依赖于有关初始条件和普遍规律的被经验完全证实的假设"①。这就是历史解释的覆盖律或者归入论观点。亨普尔进一步提出,"在历史学和各门自然科学中,普遍规律具有非常相似的作用,它们成了历史研究的一个必不可少的工具,它们甚至构成了常被认为是与各门自然科学不同的具有社会科学特点的各种研究方法的共同基础"②。针对狄尔泰等人坚持用"移情理解法"理解、解释人的行为及其历史现象的做法,亨普尔说:"外行人和历史学家无疑都运用移情法。但它本身并不构成解释;从本质上讲,说它是一种启发手段更为合适;它的作用是提出在思考时可以作为解释原则的心理学假设。"因此,"使用这个方法也并非是历史解释所不可缺少的。……一个历史学家能否与历史人物自我认同和他的解释的正确性无关;重要的是所运用的普遍假设的可靠性,不管它们是由移情法提出的还是根据严格的行为主义方法提出的"③。也就是说,被狄尔泰看作是对精神科学具有原则性作用的"生活的体验"、"生命同情"的理解方法,在亨普尔看来,至多不过是一种提供动机假说的、与心理学相关的对作为解释项的普遍规律的发现有用的助发现法,它与自然科学发现中的心理因素起的作用并没有本质区别。

这说明,在解释与理解、自然科学方法论与精神科学方法论对立的背后,有更为复杂的认识论原因。在狄尔泰这里,作为精神科学方法论的诠释学,在认识论上接受和承认了实证主义科学认识论的核心内容。首先,面对实证主义的"侵略",狄尔泰等人只对精神科学进行哲学辩护,在自然领域和对自然科学的理解中实际上承认了实证主义科学观和认识论的正当性。就像克里斯说的,"别插手人文科学",这实际上就是"含蓄地认可了实证主义者具有自然科学性质的自画像"。伊德把科学领域这种方法论对

---

① 亨普尔:《普遍规律在历史中的作用》,《哲学译丛》1987 年第 4 期。
② 亨普尔:《普遍规律在历史中的作用》,《哲学译丛》1987 年第 4 期。
③ 亨普尔:《普遍规律在历史中的作用》,《哲学译丛》1987 年第 4 期。

峙描述为"H/P"（Hermeneutic-Positivist）二元复合体。① 其次，狄尔泰等人不仅在自然科学的理解中承认了实证主义的正当性，而且事实上也承认了实证主义在认识论领域的合理性。我们可以在诠释学的发展历史中看出，使作为精神科学方法论的诠释学走入困境的，是两个相互联系的东西，一是诠释学从解经学时期就坚持的"原意说"的诠释学传统，二是诠释学循环。如果进一步分析就会看到，在这两个核心问题上，浪漫主义者恰恰和实证主义走在了一起，即都坚持非历史的直观认识论。"原意说"预设了一个与实证主义认识论中的客体相似的解释对象，假定文本中有存在于理解之先并独立于理解的体现作者意图的客观意义，这个绝对的不随时间变化的客观意义成为方法论诠释学一切问题的集结点。为了实现"克服异化以重新恢复作品原初的意义世界"这个诠释学的任务，浪漫主义引入了主观性的参与，把个人的生活体验和生命理解作为通向理解和解释人的历史和社会现实存在的方法论原则，但是他们同时又认为，对于客观意义的认识目标来说，不得不介入理解过程的主观性是必须清除的认识障碍。这与实证主义把价值、意义、需要、目的、心理动机等因素剔除科学认识过程，具有相同的哲学认识论和本体论本质。这就是本体论上对人这个认识主体的抽象理性主义的理解，认识论上对主观与客观关系的直观反映论的坚持。利科也曾将狄尔泰诠释学的核心问题，归于认识论上的"历史性悖论"，即"一个历史的存在者如何历史性理解历史?"这个认识论难题的破解，是海德格尔在本体论层面对理解的理解，核心就是对人的历史性理解。在认识论上，则是科学历史主义对实证主义科学观的批判，它也是以人的历史性和科学的历史性为突破口的。科学历史主义提出的观察渗透理论、经验负载理论、理论的不可通约性、人的历史性对科学具有的决定作用等，颠覆了过去实证主义确立的科学事实与科学理论是客观的与人无关的，经验能够无条件地决定科学理论的命运等观念。这种通过不同道路取得的理论突

---

① R. P. Crease, *Hermeneutics and the Natural Sciences*, Kluwer Academic Publishers, 1997, pp. 2-3.

破,正是诠释学与科学哲学超越浪漫主义在方法论诠释学与实证主义之间树立的直接对立而走在一起的力量。

第二节 诠释学成为普遍的哲学

在诠释学的发展中具有里程碑式意义的,是海德格尔对理解的本体论理解。之所以说具有里程碑式意义,既是因为海德格尔在本体论上化解了阻碍诠释学发展的诠释学循环,同时更重要的是,海德格尔把诠释学奠基于现象学之上,改变了诠释学的思维方式,也使诠释学从精神科学的方法论成为关于理解的普遍的哲学。

一、诠释学奠基于现象学

现象学是由胡塞尔创立的,但将诠释学和现象学联系起来的却是海德格尔。对于诠释学在海德格尔那里实现的转变,利科是这样说的,"我们要用'一个存在在于理解的存在者是什么样的存在者?'这样的问题来代替'认识主体在什么条件下才能理解文本或历史?'那样的问题。诠释学问题由此成了对这个存在者,对通过理解而生存的此在进行分析的一部分"[①]。这是诠释学用理解的存在论对解释的认识论和方法论的超越。利科认为它具有"思想革命的意义",导引了诠释学的革命。[②]

海德格尔认为,真正的形而上学必须把对存在意义的追问放在首位,而要追问存在的意义就必须预先承认存在一种优先的能够发问的存在者,即此在。海德格尔说,"此在是这样一种存在:它在其存在中有所理解地对这一存在有所作为"[③]。理解不再是描述人的认识能力或认识状态的概

---

① 保罗·利科:《解释的冲突》,莫伟民译,商务印书馆2008年版,第5页。
② 保罗·利科:《解释的冲突》,莫伟民译,商务印书馆2008年版,第5、9页。
③ 海德格尔:《存在与时间》(修订译本),陈嘉映,王庆节译,三联书店1999年版,第61~62页。

念,而是"此在本身的本己能在的生存论意义上的存在"①,此在就是通过理解而生存的存在者。此在通过理解在自身中显现自身,这种现象学就是此在之诠释学。因此,海德格尔说,"现象学描述的方法论意义就是解释。……通过诠释,存在的本真意义与此在本己存在的基本结构就向居于此在本身的存在之领会宣告出来。此在的现象学就是诠释学"②。基于此在的特殊性及其与世界的关系,海德格尔揭示了诠释学的三重意义。

首先是此在之基础存在论诠释学。这是诠释学的"首要意义",它是哲学上对生存的生存论建构的分析,阐发存在的意义和此在基本结构的意义。

其次是诠释学对一切存在论探索所以可能的条件的揭示。此在在存在论上比一切其他存在者更优越,它是"能在的存在"。此在之存在论诠释学,"整理出一切存在论探索之所以可能的条件","为进一步对非此在式的存在者进行种种存在论研究提供了视野"③。

最后是"只可在派生方式上称为'诠释学'的那种东西,亦即具有历史学性质的人文科学的方法论,就植根于这第三重意义下的诠释学"④。

和一切非此在的存在者相比,此在的特殊性在于它是"能在",即理解的此在向着可能性筹划它的存在。这种理解的筹划活动本身具有使自己成形的可能性。海德格尔把"理解使自己成形的活动称为解释"。解释与理解的关系是,解释是理解的展开,"理解在解释中有所领会地占有它所理解的东西。理解在解释中并不成为别的东西,而是成为它自身"。因此,

---

① 海德格尔:《存在与时间》(修订译本),陈嘉映,王庆节译,三联书店1999年版,第168页。
② 海德格尔:《存在与时间》(修订译本),陈嘉映,王庆节译,三联书店1999年版,第44页。
③ 海德格尔:《存在与时间》(修订译本),陈嘉映,王庆节译,三联书店1999年版,第44页。
④ 海德格尔:《存在与时间》(修订译本),陈嘉映,王庆节译,三联书店1999年版,第44页。

"在生存论上,解释植根于理解"①。植根于理解的解释,总是受到此在对世内存在者领会的因缘整体性的组建和引导。因此,海德格尔说,"把某某东西作为某某东西加以解释,这在本质上是通过先行具有、先行视见与先行掌握来起作用的。解释从来不是对先行给定的东西所作的无前提的把握"②。海德格尔这里所说的,是理解性的解释得以完成的方式与条件。一切理解与解释都开始于由"先行具有"、"先行视见"和"先行掌握"构成的"前理解"或理解的"前结构"或"前见"。

上面我们看到了海德格尔的存在论对诠释学的革命性引导:把诠释学奠基于现象学,改变了诠释学的思维方式,揭示了诠释学的三重含义或者三个层次的诠释学及其关系,回答了被浪漫主义作为精神科学方法论的诠释学的理论地位,阐述了理解的先于概念认识的前理解结构,破解了诠释学循环等。

二、哲学诠释学

伽达默尔在《真理与方法》中说,"海德格尔对人类此在的时间性分析已经令人信服地表明:理解不属于主体的行为方式,而是此在本身的存在方式。本书中的'诠释学'概念正是在这个意义上使用的。它标志着此在的根本运动性,这种运动性构成此在的有限性和历史性,因而也包括此在的全部世界经验。"③因此,秉承海德格尔的诠释学的现象学,伽达默尔的"哲学解释学"探究先于人类的一切理解行为并使之得以可能的基本条件,并在人类有限的历史性存在方式中发现人类与世界的根本关系和最基本状态。在巨著《真理与方法》中,伽达默尔以艺术经验里真理问题的展现为出发点,进而探讨精神科学的理解问题,并发展了一种与语言紧密相关的

---

① 海德格尔:《存在与时间》(修订译本),陈嘉映,王庆节译,三联书店1999年版,第173页。
② 海德格尔:《存在与时间》(修订译本),陈嘉映,王庆节译,三联书店1999年版,第176页。
③ 伽达默尔:《真理与方法》(上卷),洪汉鼎译,上海译文出版社1999年版,第6页。

哲学解释学的认识和真理的概念。这三个问题的展开对应着《真理与方法》的三个部分。着重在第二、三部分，即"真理问题扩大到精神科学里的理解问题"和"以语言为主线的诠释学存在论转向"中，伽达默尔阐述了我们现在称作哲学解释学基础的东西，如理解的历史性和前结构的积极意义、视域融合、效果历史以及理解的语言性等问题。

"人的历史性悖论"是困扰浪漫主义诠释学的最大障碍，海德格尔的此在之基础存在论为解决这个悖论提供了哲学视野。伽达默尔说："一切理解都必然包含某种前见，这样一种承认给予诠释学问题尖锐的一击。"[①]因为在海德格尔这里，诠释学获得了全新的思维方式。"历史性的问题不再被理解为方法之历史认识的问题"，而是"生存者借以与诸存在者'共在'的方式"[②]。"先行具有"、"先行视见"和"先行掌握"就表达了人的历史性，表达了历史和文化对生存于其中的人类个体的占有。人既是人的历史、文化的创造者，又是历史、文化的结果。这不仅是指每个人都生存于一定的历史、文化中，还是指在我们意识到它们之前历史与文化已经占有了我们。这种存在上的占有体现了人作为人的基本特征，构成了人的理解与解释的先决条件。"前理解"不仅使人的理解、解释有知识储备、有视域、有期望、有立场，还实际地引导、组建、限制着理解和解释。它指明了理解和解释的前结构或前状态，从生存论上说明了人的诠释学视域，表征着人的"诠释学处境"。这就像利科总结海德格尔"理解的存在论所引导的革命"时说的："历史性特征的阐明先于任何方法论。过去曾是科学的限制的——即存在的历史性——现在成了存在的一个结构。过去曾是悖论的——即诠释者之从属于其对象——现在成了存在论的一个特征。"[③]

伽达默尔是诠释学发展中的一个关键人物。他将海德格尔阐述在存在论中能够给予诠释学的革命性引导，以延续诠释学理论传统的方式，做

---

① 伽达默尔：《真理与方法》（上卷），洪汉鼎译，上海译文出版社1999年版，第347页。
② 保罗·利科：《解释的冲突》，莫伟民译，商务印书馆2008年版，第8页。
③ 保罗·利科：《解释的冲突》，莫伟民译，商务印书馆2008年版，第9页。

出了系统阐述。伽达默尔的哲学诠释学,一方面使诠释学超越了传统的精神科学方法论的限制而成为关于理解的普遍的哲学,另一方面也使诠释学成为影响欧洲哲学发展的一个重要的理论取向。因此,伽达默尔的哲学诠释学"普遍地被认为是自海德格尔《存在与时间》以来,对哲学最具划时代的贡献之一"①。

三、诠释学与现象学、自然科学哲学的关系问题

但是,在伽达默尔的哲学诠释学之后,关于诠释学与自然科学哲学、现象学的关系问题,仍然没有得到根本的解决。我们可以提出这样几个问题:

第一,诠释学的革命是海德格尔在本体论层次实现的,那么本体论的诠释学是否要回到认识论和方法论?如果诠释学从本体论的普遍的关于理解的哲学回到认识论和方法论,那么它如何回答"狄尔泰问题",即狄尔泰在认识论和方法论上对自然科学与精神科学的本质区分。这个问题最初是哲学家利科提出的。

第二,诠释学是以与自然科学哲学对立的精神科学方法论的"面貌"和"角色"进入哲学舞台的,那么,在海德格尔的革命性、奠基性工作和伽达默尔的进一步发展之后,诠释学是否改变了其角色定位?它和自然科学的哲学是什么关系?

第三,哲学诠释学之后,诠释学和作为方法论的现象学是什么关系?现象学的存在论转向后,现象学与自然科学哲学之间是什么关系?

上面这三个问题,不是可有可无的,而是具有根本性的理论问题。因为,如果哲学诠释学像伽达默尔所说的那样,不是关于精神科学的方法论,而是关于人类一切领域获得真理的经验的,是普遍的理解的哲学,那么,它就应该把自然科学及其认识活动包括在内;在海德格尔之后,本体论的诠释学与胡塞尔的现象学方法之间会不会发生关系?现象学变成了描述和

---

① 让·格朗丹:《哲学解释学导论》,何卫平译,商务印书馆2009年版,第198页。

分析人的存在活动的方法,那么,在这种现象学理论中有没有科学技术现象学的理论地位?正如我们在哲学史上看到的,在自然科学的诠释学、现象学产生以前,对于这样一些根本性问题,不论是将自己局限于精神科学领域的哲学诠释学,还是专注于描述和分析人类生存和命运的现象学,都没有从理论上进行深入的讨论,给予恰当的回答。

伽达默尔之后的诠释学,先后发生了伽达默尔与贝蒂关于文本诠释的作者原意说及精神科学的解释的客观性的争论,伽达默尔和哈贝马斯关于诠释学与意识形态、社会科学方法的争论,等等。这些争论,涉及科学理性,但仍然限制在人文、社会科学领域。就是备受关注的利科的文本诠释学,也是将诠释学拓展到社会科学。贝蒂要求诠释学考虑精神科学的认识论和方法论问题,但由于其"原意说"的核心观念,被看作是诠释学的倒退。

哲学诠释学是派生于现象学运动,又在与其他哲学派别的对话中形成的。和哲学诠释学具有基本相同情境的还有存在主义哲学。现象学在海德格尔的本体论转向后,深入到了对人的存在和命运的描述和分析,极大地促进了存在主义思潮在20世纪50年代及60年代初期的流行。在这个哲学思潮中,产生了梅洛·庞蒂的知觉现象学。梅洛·庞蒂采用胡塞尔的描述的现象学方法,力图说明人是如何认识实在事物的。对客体的认识,重要的是体验,而不是科学和知识,强调知觉的基础性地位和作用,这是梅洛·庞蒂现象学的基本观点。一般认为,梅洛·庞蒂在海德格尔影响下清楚阐述了胡塞尔的现象学,是胡塞尔的最好解释者。在对待自然科学及逻辑实证主义科学哲学的问题上,梅洛·庞蒂基本沿用了胡塞尔的观点。梅洛·庞蒂说,"逻辑实证主义处在胡塞尔思想的对立面,不管把词语和意识概念当作语言的获得交给我们的意义转移可能是什么,我们总有一种直接的手段来理解词语所指称的东西,我们有我们自己的体验,有我们之所是的这种意识的体验,正是基于这种体验,语言的所有意义才得以比较,正是这种体验才使语言能恰如其分地为我们表示某种东西"[①]。很显然,在对

---

① 梅洛·庞蒂:《知觉现象学》,姜志辉译,商务印书馆2001年版,第11页。

待科学哲学的问题上,梅洛·庞蒂并没有超过胡塞尔,他沿用现象学方法,深入到前概念的生活世界领域,认为生活世界中的人的体验比自然科学对实在事物的认识更根本,但同时也将自然科学及科学理性看作是一个专属领域而不予讨论。这就像克里斯说的,欧洲哲学的一个怪癖,是对自然科学缺乏研究。一般的做法是,在哲学观上批判实证主义及其自然主义,但在自然科学问题上无保留地接受了实证主义的科学观,承认实证主义描述的自然科学的面貌是合乎自然科学的理论和科学实践的实际情况的。

实现诠释学、现象学和自然科学哲学的关系理解的重大转变的,是科学诠释学的现象学。它在对自然科学的哲学理解中,将理解的存在论结构作为普遍理论,应用现象学方法,一方面实现了诠释学从本体论向认识论和方法论的回归,回答了"狄尔泰问题",另一方面也实现了现象学、自然科学哲学和诠释学传统的紧密结合。甚至可以说,自然科学领域是诠释学与现象学在哲学的解释原则和方法两个方面都能够充分结合起来的最适合的地方。

第三节 "诠释学的回归"与诠释学领域的拓展

在我们上面提到的三个问题中,最基本的是利科提出的"诠释学的回归"问题,即诠释学在本体论转向后,是否要回到认识论和方法论?如果像海德格尔、伽达默尔那样,认为诠释学就是一种本体论的哲学,不需要讨论和关心理解的认识论和方法论问题,不需要关注历史上的理解—解释之争,那么,其他两个问题也就不重要了。而如果认为诠释学的回归是必要的,人们就可以进一步追问,这种从普遍的关于理解的哲学回到认识论和方法论,是否为自然科学的诠释学留下理论空间?自然科学的诠释学是否为现象学方法的应用提供理论舞台?因此,我们要研究,在哲学史上,自然科学的诠释学属性的研究是如何开启的?

一、"诠释学的回归"与利科

"诠释学的回归",即诠释学从本体论回到认识论、方法论,直接涉及当把海德格尔和伽达默尔的本体论诠释学视为普遍性的关于理解的哲学,那么它如何面对不同认识领域理解与解释在认识论上的特殊性?进而如何化解狄尔泰树立在精神科学方法论与自然科学方法论之间的对立?

因此,"诠释学的回归"的基本问题是,诠释学有没有必要从本体论回到那个备受关注和争议的理解与解释的认识论和方法论?利科指出了这个问题的重要性。利科说:"凭着海德格尔的激进询问方式,促进我们进行研究的那些问题,不仅依然悬而未决,而且消失的无影无踪。我们问,如何为解经学,即文本的理解提供一种工具?如何创立与自然科学相抗衡的历史学科?如何为相互竞争的解释之间的冲突进行仲裁?在基础诠释学里,这些问题并没有被适当地思考;这是故意的:这种诠释学并不准备解决这些问题,而是要废除这些问题;此外,海德格尔也从未想要考虑任何有关这个或那个存在者之理解的特殊问题。他是想要重新操练我们的眼睛,重新定位我们的视线:他想要我们把历史认识从属于存在论的理解,就像从源初形式中衍生出来的一种形式一样。"①

在利科看来,海德格尔的这种有意抛弃了解释的认识论和方法论的此在之基础存在论诠释学,割断了诠释学的现象学与诠释学传统的理论联系,因而是一个对诠释学的发展有重要意义的问题。在1969年出版的《解释的冲突》中,利科把海德格尔的此在之基础存在论诠释学看作是把诠释学奠基于现象学之上的"短程途径",以区别于自己经由语义学来把反思提升到存在论的层次实现的,将诠释学奠基在现象学之上的"长程途径"②。利科指出,自己非常赞成将诠释学问题嫁接到现象学方法上去,并且自己的"长程途径"明确把理解的存在论与解释的认识论结合了起来。

---

① 保罗·利科:《解释的冲突》,莫伟民译,商务印书馆2008年版,第9页。
② 保罗·利科:《解释的冲突》,莫伟民译,商务印书馆2008年版。

在1981年出版的《诠释学与人文科学》中,利科提出了"文本诠释学",来具体解决解释的方法论以及诠释学适用范围的拓展问题。在利科看来,"诠释学是关于与文本相关连的理解过程的理论。其主导思想是作为文本的话语的实现问题"①。所谓"文本","就是任何由书写固定下来的任何话语";"由书写固定是文本本身的构成因素"。② 一般地说,言谈和书写都是表达话语的合理形式,但由书写固定的话语,远离了言谈话语的即时情况,衍变出一系列与后者不同的特征,利科用"间距化"这个概念概括了这些特征。第一种形式的间距化是"意向外化"或者意义固化,即意义被写进文字中。这里的"固化"即铭记,不是对先前言谈话语的复述和抄录,而是直接以书写字母的形式铭记话语的意义,即创作。经过这种创造性的劳动,文本表现为有结构的整体;而且书写固定的,是关于思想外化指明的事物,是话语的思想。也就是说,我们所写的,"是话语事件的意义,不是作为事件的事件"③。第二种形式的间距化表征着文本的一种自主性,它涉及文本的意义与作者主观意图的分离。在日常言谈话语中,言谈者往往借助声调、手势、演技、模仿等来帮助口语的理解,而在书写的话语中,"文本所指的意义和作者的意思不再一致了,从此以后,文本的意义和心理学的意义就有了不同的命运";"书写使文本对于作者意图的自主性成为可能"④。第三种形式的间距化涉及文本的开放性,即文本面向未来开放而成为无数次可读的对象。书写话语的作者与读者的关系不同于言谈话语的说者与听者之间的关系,前者不具有后者的共同环境的特征。也正由于这样,文本作为话语构成的具有独立性的作品,才能潜在地给予每一个能阅读的

---

① 保罗·利科:《解释学与人文科学》,陶远华等译,河北人民出版社1987年版,第41页。
② 保罗·利科:《解释学与人文科学》,陶远华等译,河北人民出版社1987年版,第148页。
③ 保罗·利科:《解释学与人文科学》,陶远华等译,河北人民出版社1987年版,第208页。
④ 保罗·利科:《解释学与人文科学》,陶远华等译,河北人民出版社1987年版,第142页。

人。第四种形式的间距化涉及文本指称的多层次性。利科说："文本不是没有指称的;阅读的任务,作为解释,将会准确地实现指称。"①

文本和间距化是利科文本诠释学的核心。这四种间距化,既是利科对文本诠释学特征的描述,也是利科用来衡量一个对象是不是诠释学的对象的条件和标准。《解释学与人文科学》的英文版编者约翰·汤普森在英文版导言中说,"对于利科,方法论问题成为真理问题的中心"②。利科提出文本诠释学,除了基于理解的存在论在认识论和方法论层次阐述理解与解释的关系外,③还有一个对于诠释学来说同样重大的问题,那就是诠释学范围的拓展。利科以上述四种形式的间距为标准,将诠释学从人文科学拓展至社会科学。通过把"文本所有的四条标准应用到富有意义的行为的概念上去",利科依次讨论了"行为的固定"、"行为的自主性"、"关系及重要性"、"作为'开放工作'的人类行为",确认"有意义的人类行为"可以作为文本看待,因而文本是社会科学对象的好的范型,社会科学本身是解释学的。④

利科用"有意义的行为"为文本的判断,拓展诠释学至社会科学的做法,具有示范的意义。这是一条将诠释学拓展至自然科学,探讨自然科学诠释学属性的可能途径。我们曾将文本的这四个条件,即意义的固化、与作者意图的分离、多次可读的开放性以及多层指称的可能性、尝试性地应用于"形式系统"和"经验事实",讨论它们被视为文本的可能性,然后从这两个"科学基本文本"将诠释学属性推演为自然科学的内在属性。⑤

---

① 保罗·利科:《解释学与人文科学》,陶远华等译,河北人民出版社1987年版,第152页。
② 保罗·利科:《解释学与人文科学》,陶远华等译,河北人民出版社1987年版,"英文版编者导言",第23页。
③ 曹志平:《理解与科学解释》,社会科学文献出版社2005年版,第72页。
④ 保罗·利科:《解释学与人文科学》,陶远华等译,河北人民出版社1987年版。
⑤ 曹志平:《论科学文本》,《复旦学报》2003年第5期。

二、"诠释学的回归"与科学诠释学的现象学

在"诠释学的回归"和诠释学的拓展中,当代西方科学诠释学的现象学走出了一条和利科的文本诠释学不同的道路。

科学诠释学的现象学走出的这条道路,很像把我们前面提到的海德格尔诠释学的三重意义结构作为纲领。在海德格尔诠释学的三重意义中,处于首要地位的是分析存在意义和此在基本结构的意义的基础存在论诠释学,它包含着对于一切存在者层次上理解与解释可能性条件的把握,而方法论的诠释学只可在派生方式上称为诠释学。利科指责海德格尔在理解的存在论与解释的认识论之间做出了取舍,拒绝回答任何有关解释的方法论问题,这有一定的道理。因此,在海德格尔看来,诠释学的问题似乎已经解决了。他自己对此在之基础存在论分析,从概念上已经蕴含着一切非此在的存在者的存在论研究(如对受到关注的精神科学与自然科学的存在论研究)的条件和视野,至于特殊科学方法论方面的诠释学问题则只具有派生的性质。考虑各种领域解释的认识论特殊性,不是海德格尔在存在的意义这个主题下感兴趣的问题。然而,海德格尔关于诠释学的三重意义结构,却为自然科学诠释学的发生打开了大门。当代西方科学诠释学的现象学研究,对自然对象这种非此在之存在论研究,和对自然科学诠释学认识论和方法论的研究,直接是在此在之基础存在论诠释学基础上实现的。不仅如此,科学诠释学的现象学还在本体论、认识论和方法论三个层面,都落实了把诠释学奠基于现象学的做法。此在对于科学的优先性、理解作为此在的存在方式、前理解的先在性、生活世界的本体论等,都彰显了理解的存在论的普遍适用性,在自然科学存在论上把此在之历史性建构了起来;现象学进入哲学问题的方法、知觉视域、具身性方法、变更理论等,都是传统现象学方法在自然科学诠释学中的创造性应用;在本体论和认识论上对人的历史性的确认,对科学理解的意义、科学知识的客观性、科学事实的解释性等的辩证理解,以及实践对科学世界的介入与重构、科学解释的诠释学循环、意义框架先在于具体解释、实践先于理论、真理离不开情境等观点,

都具体而深刻地探讨了自然科学领域理解与解释的认识论问题，回答了狄尔泰阐述的自然科学与精神科学的认识论对立问题。科学诠释学的现象学在诠释学的第二、三重意义上做出的理论阐述，既是对此在之基础存在论诠释学的应用，也是对此在之基础存在论诠释学的理解和解释，在这里，理解、解释与应用，正像伽达默尔哲学诠释学阐述的那样，是三位一体的。伽达默尔曾说，理解的普遍结构在历史理解里获得了它的具体性，现在也可以说，科学诠释学的现象学使理解的普遍结构在自然科学的理解里也获得了它的具体性。

当代西方科学诠释学的现象学研究，是从自然科学的哲学方面积极推进造就的诠释学发展。它是一批在诠释学和现象学方面受过专门哲学教育，又具有英美科学哲学的理论背景，还具有自然科学知识基础的思想家，在对海德格尔、伽达默尔、梅洛·庞蒂等人思想的继承中积极探索实现的理论创新。既然是从诠释学代表人物那里寻求到的理论资源，为什么又说是从自然科学哲学方面造就的诠释学发展，有如下两个方面的原因：

第一方面的原因是，在海德格尔的此在之基础存在论之后，伽达默尔的哲学诠释学并没有给一种可能的自然科学的诠释学留下理论空间。利科在论述诠释学从理解的存在论回到解释的认识论的必要性时，针对的是海德格尔。伽达默尔的《真理与方法》出版于1960年，利科的论文《生存与诠释学》发表于1965年，论文集《解释的冲突》出版于1969年，因此当利科指责海德格尔将诠释学嫁接于现象学而忽视了与诠释学理论传统的连接时，他忽视了伽达默尔所做的工作。和海德格尔相比，伽达默尔的哲学诠释学是理解的存在论在科学方法论统治范围之外的具体化，是用海德格尔此在之基础存在论对诠释学历史发展的重新理解。但是，和海德格尔一样，伽达默尔拒绝在解释的认识论上提问题的方式。伽达默尔一再强调哲学诠释学是关于人类的整个世界经验的，研究先于主体性的一切理解行为的可能条件，并要在人类有限的历史性存在中发现人类与世界的基本关系和最基本状态，但这是不包括自然科学及其认识论、方法论在内的。在这里我们引用伽达默尔的两段话。在《真理与方法》的"导言"中，伽达默尔说:"本书探究的出发点在于这样一种对抗,即在现代科学范围内抵制对科学方法的普遍要求。因此,本书所关注的是,在经验所及并且可以追问其合法性的一切地方,去探寻那种超出科学方法论控制范围的对真理的经验。这样,精神科学就与那些处于科学之外的种种经验方式接近了,即与哲学的经验、艺术的经验和历史本身的经验接近了,所有这些都是不能用科学方法论手段加以证实的真理借以显示自身的经验方式。"①伽达默尔还说:"本书所阐述的诠释学不是精神科学的方法论学说,而是这样一种尝试,即试图理解什么是超出了方法论自我意识之外的真正的精神科学,以及什么是使精神科学与我们的整个世界经验相联系。"②我们很容易就会发现,在哲学诠释学的理论目的上,伽达默尔有一个基本的理论判断,那就是:自然领域和自然科学被现代科学方法论统治着,哲学诠释学就是要揭示那些处于科学方法论统治之外的获得真理的经验。在《真理与方法》中,伽达默尔就是通过哲学的经验、艺术的经验和历史的经验等这些他认为的"不能用科学方法论手段加以证实的真理借以显示自身的经验方式",来证明理解的本体论结构的普遍性的。自然科学完全被排除出哲学诠释学的适用范围。

伽达默尔对自然科学的哲学理解,深受物理学家赫尔姆霍茨的影响,在科学的本体论、认识论和方法论上都基本坚持了实证主义的观念。比如,自然科学完全被科学方法论统治,"自然科学的对象可以理想地被规定为在完全的自然知识里可以被认识的东西"③,都是实证主义科学观的反映。库恩的《科学革命的结构》出版和科学历史主义的崛起,使伽达默尔意识到了自然科学观的根本变化,并在《真理与方法》的"再版"中有一些体现。比如,在《真理与方法》中,伽达默尔论述前理解的普遍性时有一段话

---

① 伽达默尔:《真理与方法》(上卷),洪汉鼎译,上海译文出版社1999年版,第17~18页。
② 伽达默尔:《真理与方法》(上卷),洪汉鼎译,上海译文出版社1999年版,第19页。
③ 伽达默尔:《真理与方法》(上卷),洪汉鼎译,上海译文出版社1999年版,第365页。

说,"我们根本不必否认传统要素在自然科学里也能起积极的作用,例如,在某些地方特别喜欢某种研究方式。但是,这样的科学研究并不是从这种情况,而是从它正研究的对象的规律得出它的发展规律的"。但在再版的注解中伽达默尔增加了这样一段话:"这一问题自托马斯·库恩的《科学革命的结构》(芝加哥,1963年)和《必要的张力》(芝加哥,1977年)出版以来似乎变得相当复杂。"①

第二个原因是,自然科学的诠释学属性的发现,最初并不是诠释学理论应用的结果,而是科学哲学按照自身的逻辑发展,以不自觉的方式取得的。

自然科学的诠释学属性最先是在科学哲学家库恩阐述其历史主义科学观的著作《科学革命的结构》中显现出来的。库恩科学观的核心概念是"范式",范式是科学共同体具有的作为整体显现的生产知识的手段,包括世界观、理论预设、科学方法、价值标准、实验仪器、实践技能等。在库恩之前的逻辑实证主义科学观中,经验事实对于科学理论具有最后裁决权,科学理论被看作是合逻辑的在经验上具有可证实性或已得到经验确证的系统化知识体系。库恩的范式论和实证主义科学观最根本的分歧是,前者强调表现着科学主体历史性的范式,作为理论预设对于科学活动具有根本性作用,它现实地使科学研究具有理论视域、目标、手段和价值规范;科学的革命,就是具有不可通约性的范式的更替,结果是世界观的改变。库恩用"革命之前科学世界中的鸭子在革命以后成了兔子"来比喻科学革命中世界观改变的根本性。

《科学革命的结构》中显现出来的科学的诠释学属性,可以概括为这么几点:一是,任何现实的科学研究都有一个使之成为可能的范式,它具有意义框架的作用。二是,对于科学主体来说,范式不是他自觉的选择,而是在长期的专业教育中范式对他的占有。是范式让某人成为某科学共同体的

---

① 伽达默尔:《真理与方法》(上卷),洪汉鼎译,上海译文出版社1999年版,第363页。

一员,因而范式对科学主体的占有是历史性的。三是,所谓的客观事实也是依赖于范式的,是理论让观测者看到了什么。四是,科学对自然对象的解释不再是绝对的不变的,而是相对的、变化的、多样的,科学理论正确与否只是相对于范式而言的,不同范式的理论不具有可比性。五是,"科学知识像语言一样,本质上是一个团体的共同财产,舍此什么都不是。为了理解它,我们必须认清那些创造和使用它的团体的特征"[①]。最后,《科学革命的结构》在整体上符合诠释学的策略,这就是库恩在"导言"中说的,"赋予历史的一种作用","勾画一种大异其趣的科学观,它能从研究活动本身的历史记载中浮现出来"[②]。

库恩的《科学革命的结构》出版于1963年,初稿完成于1961年初,但它的构思、成文则贯穿了整个20世纪50年代。[③] 所以,它与伽达默尔的《真理与方法》是同时代的作品。库恩是理论物理学专业博士,他最初喜欢的领域是科学史。1947年左右,在对科学史文献,如亚里士多德的《物理学》等的阅读中,库恩领悟到了一个原则:"在阅读重要思想家的著作时首先要找出文本中明显荒谬之处,再问问自己:一个神志清醒的人怎么会写出这样的东西来。如果你找到了答案,我还要说:有些段落虽然讲得通了,但你会发现还有更多的重要段落,以前你自以为懂了,现在意思却全变了。"[④] 在1977年为"1947—1977论文集"《必要的张力》写的"导言"中,库恩这样说他在苦苦思索中的这个发现:"我作为一个物理学家必须为自己发现的东西,大多数历史学家在专业训练课程中已通过实例而学到了,不管自觉不自觉,他们都在运用诠释学方法,但是对我来说,诠释学的发现不

---

① 库恩:《科学革命的结构》,金吾伦、胡新和译,北京大学出版社2003年版,第188页。
② 库恩:《科学革命的结构》,金吾伦、胡新和译,北京大学出版社2003年版,第1页。
③ 库恩:《必要的张力》,范岱年、纪树立等译,北京大学出版社2004年版,导言第Ⅷ、Ⅰ页。
④ 库恩:《必要的张力》,范岱年、纪树立等译,北京大学出版社2004年版,第Ⅳ页。

仅使历史学更为重要,最直接的还是对我的科学观的决定性作用。"①对于诠释学,库恩在 1977 年写的这篇"导言"中还说:"上面简要用过的'诠释学'一词,甚至直到五年以前在我的词汇中还不存在。"②这充分说明,库恩的《科学革命的结构》、范式论的科学革命的思想与诠释学的关系,是在不自觉的情况下联系起来的。库恩的范式论包含着诠释学方法和思想,但这不是对诠释学的自觉应用,甚至库恩的诠释学方法也是他在实际的科学文献阅读中领会到的上面那个诠释学原则。我们可以归纳出这样一条逻辑:库恩阅读科学史文献(亚里士多德《物理学》)——总结出一条解读原则(以后库恩知道这叫"诠释学")——范式论科学观。

在当代西方科学诠释学的现象学研究中,库恩的《科学革命的结构》成为不可逾越的诠释学文本,它要么被看作是海德格尔的理解的存在论结构的普遍性在自然科学中的证明,要么被看作是还可以继续发挥的进一步阐述自然科学的诠释学本质的文本。总之它成为科学诠释学的现象学进一步研究的起点。

---

① 库恩:《必要的张力》,范岱年、纪树立等译,北京大学出版社 2004 年版,第Ⅳ页。
② 库恩:《必要的张力》,范岱年、纪树立等译,北京大学出版社 2004 年版,第Ⅵ页。

第四章　劳斯的科学实践诠释学

劳斯的科学实践诠释学是20世纪末西方兴起的"诠释学的现象学"（Hermeneutic phenomenology）科学哲学的重要内容。约瑟夫·劳斯教授（Joseph Rouse）是俄亥俄州奥柏林学院文学士，美国西北大学文学硕士、哲学博士。1971年至1981年在缅因州奥罗诺大学执教，从1981年开始，任教于美国卫斯理大学哲学系，2008—2009年任系主任。同时他也是社会性科学计划的项目主席，该项目主要涉及历史、哲学、自然科学和医学社会学之间的跨学科研究。劳斯的主要研究方向是科学哲学和科学史。在该领域，他主要关注实践的科学哲学，20世纪哲学中的自然主义和反自然主义，大陆哲学与分析哲学间的关联，科学哲学、心灵哲学和语言之间的形而上学上的关系，科学的文化研究和女权主义科学论研究等。

在科学哲学方面劳斯因强调科学的诠释学属性，因而和R.克里斯、P.A.希兰、J.J.科克尔曼斯等人一起被看作是当代科学诠释学的代表人物；而在科学诠释学的领域，他因强调实践的观点，思考为何以及如何基于实践（一般的科学实践，实验室实践，实践技能与操作规范等）来理解科学，使其科学观和其他诠释学科学哲学相区别。劳斯"实践诠释学"科学哲学的核心是把实践作为理解科学的哲学解释原则，指出科学诠释学的逻辑基点是实践，实践作为本体论概念对于理论具有"逻辑先在的"、"支配的"、"支撑的"意义。

劳斯有三本代表性著作，分别是1987年的《知识与权力：走向政治性的科学哲学》(Knowledge and Power: Towards a Political Philosophy of Science)，1996年的《涉入科学：如何从哲学上理解实践》(Engaging Science: How to Understand its Practices Philosophically)，以及2002年的《科学实践何以重要：重提哲学自然主义》(How Scientific Practices Matter: Reclaiming Philosophical Naturalism)。这三本著作中，最受关注、反响最大、引用率最高的还是《知识与权力：走向科学的政治哲学》。目前他正在创作一本关于科学与日常话语中的概念问题的著作。

第一节 劳斯科学实践诠释学的缘起

劳斯的科学实践诠释学是西方科学哲学按照自身的发展逻辑，对传统的"理论优位"科学观[①]的否定。它的出现，首先是由科学哲学自身的发展原因造成的，同时劳斯自己在哲学上的思考和理论追求为其提供了理论的发轫点和支撑平台。

一、对理论优位科学观的否定

劳斯眼中的科学哲学，不局限于我们通常理解的由实证主义发起，经历了从逻辑经验主义到批判理性主义，再到科学历史主义以及新历史主义等发展的西方科学哲学，而是包括上述理论及欧洲科学论等在内的所有研究科学的哲学理论。劳斯认为，所有这些理论，不论在具体科学观上是如

[①] 理论优位(theory-dominated)是相对于"实践优位"(practice-dominated)(即强调实践的优先地位)而言的。盛晓明先生等在翻译劳斯的《知识与权力：走向科学的政治哲学》一书中，吴彤先生在《走向实践优位的科学哲学》(《哲学研究》2005年第5期)一书中都曾采用了这种用法。本文吸收了这一观点。

何不同,甚至对立,但都坚持了理论优位的观点。典型的如胡塞尔的现象学科学观、逻辑实证主义科学观等,就是奠基了实践诠释学本体论的海德格尔,也从理解原则上将实践性因素限制在科学之外。

"理论优位"科学观的核心,是指这样一些信念:(1)在科学发展中理论具有无上的地位,系统化理论是科学研究的最终成果,科学的目标是提出更好的理论,科学的发展和进步表现在获得普遍性更大、解释力更强的理论。(2)实验和观察只有在理论的情境中才有意义,理论引导实验的建构,提供观察得以解释的意义框架。(3)实验室的问题,如实验的建构、仪器设备的运转、实验人员及其社会关系网络、实践性难题等,虽然都很重要,但它们对于科学知识的产生来说都是偶然的。(4)实验、观察等实践对于科学来说很重要,它们是经验材料的来源,是对科学理论的检验,但它们不会影响人们对科学的哲学理解。"在实验科学中,所有可能成为本体论问题的是理论对实验所做的贡献。"①(5)科学对世界进行客观化的理论性的理解、解释和描述,它不涉及任何特定的社会情境,它是非视角性的,不涉及特定的认知者。

劳斯的实践诠释学以实践本体论地位的确立重新理解实践与科学的关系,提出不从实践出发就无法完整地恰当地理解科学,结论与"理论优位论"科学观针锋相对:科学不是理论的研究活动,而是实践介入的寻视性活动。"实践诠释学"科学观对"理论优位"科学观的否定,是西方科学哲学的逻辑发展,这种发展是通过对库恩《科学革命的结构》的解读发轫的。

二、对库恩范式理论的实践诠释学解读

直接表现"实践诠释学"在科学观上与西方科学哲学逻辑联系的,是劳斯对库恩的实践诠释学的解读。库恩的范式理论是劳斯的科学实践诠释学的出发点。

---

① 约瑟夫·劳斯:《知识与权力:走向科学的政治哲学》,盛晓明、邱慧、孟强译,北京大学出版社2004年版,第102页。

库恩"范式"概念中的信仰、形而上学信念、实验设备、实践背景等主观和客观因素,都表示出先在于科学的意义。因此,劳斯认为,在科学哲学中最早认识到实践重要性的是库恩。劳斯说:"将科学视为实践领域而不是陈述之网,这方面最有影响的尝试非库恩的《科学革命的结构》莫属。但是他遭到的误解也最多,尤其是他对表象主义知识论的批判深度经常为人们所忽视。哲学家们通常认为,库恩赋予科学理论以核心地位,因为他强调了理论变迁的非积累性,并且否认我们能够用中立的标准去评估这种变迁的认知价值。库恩本人强烈地反对这种解释。"[①]

劳斯发挥了库恩本人试图在自己的立场和哲学家们的理解之间做出区分的努力和看法,认为存在两个库恩:一个是存于文本《科学革命的结构》中的库恩,即所谓"库恩 1",另一个是被哲学家们理解的作为批判逻辑实证主义科学观的批判者的库恩,即"库恩 2"。劳斯详细比较了"库恩 1"与"库恩 2"之间的区别,认为"库恩 2"有以下七点哲学创新[②]:(1)科学总需要一些理论假设,这些假设不能独立地得到辩护;(2)理论决定了我们观察和描述事实的方式,不存在独立于理论的中性观察语言;(3)科学知识是非积累的,不同历史阶段、不同范式中的理论和观察是不可比较的;(4)科学理论的语言不是精确的;(5)科学概念的意义至少部分地取决于它们在理论体系中的地位,而不是由它们与独立的观察事实的符合所决定的;(6)经验证据对理论的命运没有直接的决定作用,不存在评价理论的终极性的、单向式的理性标准,理论的命运是综合性评价和衡量的结果,当然包括与经验证据、竞争性理论的比较等;(7)发现和辩护无法截然分开,对理论的实质性辩护是成功地导向新的发现,而分析的一个本质性方面在于为自己的真实性进行辩护,包括捍卫发现的理论背景。

---

① 约瑟夫·劳斯:《知识与权力:走向科学的政治哲学》,盛晓明、邱慧、孟强译,北京大学出版社 2004 年版,第 27 页。
② 约瑟夫·劳斯:《知识与权力:走向科学的政治哲学》,盛晓明、邱慧、孟强译,北京大学出版社 2004 年版,第 38~39 页。

劳斯把阐述在《科学革命的结构》文本中的"库恩1"的"最重要的创新"①概括为：(1)科学研究预设了人们对研究对象的理解，这种理解无法彻底展示在理论表象的形式中，它也可以体现在科学家的技能、技术和方案中；(2)科学观察不能简单地被理解为记录科学家之所见，观察的核心是去关注在人们活动的情境中发生了什么，这种关注既受到理论的影响，也受到实践性关怀和工艺技能的影响；(3)科学研究的背景知识不具有积累性，即它们并不必然地总是与主题相关的、可靠的、严密的和重要的；(4)科学家是通过范式理解对象的，但这种理解往往表现为他们处理对象的灵活但又含糊的技能，科学家使用技能所使用的语言深植于他们对技能的使用以及技能与具体情境的关联中；(5)科学家的活动和言语的意义，取决于他们在由对象、技术、仪器、技能、概念以及日常实践中呈现的实践性把握等所构成的领域中的位置；(6)科学家通常不检验理论，而只是运用理论；(7)发现和辩护不是两个分离的活动，而是同一种活动的两个层面，目的都是可靠地揭示和操作对象。

总结起来，劳斯认为，"库恩2，或者说解读库恩著作的哲学文献，将表象和观察看作是科学最具特色的活动"，而"库恩1用建构、修补和关注替代了表象和观察，以此作为科学实践的范例"②。这里的"建构"，既包括对现象的构造，也包括指导我们去理解并介入那些现象的模型的构造；对模型的修补，类似于对所模拟情境的修补；"关注"不是简单地记录，而是"寻视"，富有旨趣地留意与实践预期相关的事情。如果用一句话来概括，那就是："库恩2"坚持的是理论优位的科学观，而"库恩1"坚持的是实践优位的科学观。

从诠释学的角度看，"库恩1"和"库恩2"都是对库恩《科学革命的结构》这个文本的解读，它们也只能是对库恩文本的解读，而不能把其中一个

---

① 约瑟夫·劳斯：《知识与权力：走向科学的政治哲学》，盛晓明、邱慧、孟强译，北京大学出版社2004年版，第40～41页。
② 约瑟夫·劳斯：《知识与权力：走向科学的政治哲学》，盛晓明、邱慧、孟强译，北京大学出版社2004年版，第41页。

看作是对库恩本人立场的把握。因此,劳斯认为的,"我对库恩1的解释主要依据是,库恩试图在自己的立场和其批判者的理解之间划清界限"①,这一点是不能成立的。"库恩1"和"库恩2",都是诠释者的理论视域与文本《科学革命的结构》的理论视域的融合产生的"意义",至于库恩本人阐述在《科学革命的结构》中的立场或原本的意图,是一个无法琢磨的东西。尽管库恩对人们关于其著作《科学革命的结构》的解释不满意,认为与他的立场不一样,这种言语可以形成新的文本,也可能会对诠释者产生一定的影响,但关键还是《科学革命的结构》这个文本。它一旦诞生,就具有和库恩不一样的命运。

劳斯从《科学革命的结构》中解读出"库恩1",认为《科学革命的结构》"强调了实践性的理解和实践性的洞见在科学哲学中的地位"②,这本身是劳斯阐述自己的实践诠释学的有机部分。一方面,《科学革命的结构》的文本结构的确提供了这样一种理解的可能性,让理论优位论者和实践优位论者都看到了自己希望看到的由文字固定的话语;而能够让诠释者从文本中看到自己希望看到的东西,是诠释者的"前理解",它决定了诠释者的理论视域。很显然,劳斯解读得到"库恩1",他的"前理解"就是"科学是诠释学的实践领域"这个哲学观念。但劳斯对库恩的实践诠释学解读,关注的不是科学观的细微末节,而是以实践为原则进行的解构。比如,他认为,"范式首先不是获得认同的理论立场,而是概念化和介入特殊的经验情境的范例性途径。接受一种范式与其说是理解和相信一个陈述,不如说是获得和应用一种技能"③。这正是劳斯坚持的科学不是表象世界的方式,而是操作、介入世界的一种方式,是实践性活动这种基本观点的"库恩表述"。

---

① 约瑟夫·劳斯:《知识与权力:走向科学的政治哲学》,盛晓明、邱慧、孟强译,北京大学出版社2004年版,第28页。
② 约瑟夫·劳斯:《知识与权力:走向科学的政治哲学》,盛晓明、邱慧、孟强译,北京大学出版社2004年版,第42页。
③ 约瑟夫·劳斯:《知识与权力:走向科学的政治哲学》,盛晓明、邱慧、孟强译,北京大学出版社2004年版,第31页。

总之,库恩的《科学革命的结构》已经有了多种解释,为不同理论旨趣的人们阐发其观念提供了可供佐证的机会。劳斯也不例外,他也把《科学革命的结构》作为阐述自己实践科学观的理论发轫点。劳斯以倡导性的话语说:"库恩著作中最具革命性的方面来自于他所强调的科学研究的实践维度,而这一点几乎被所有的哲学解读者所普遍忽视。库恩向实践维度的回归使其著作呈现出崭新的面貌,并且为更系统地将科学展现为实践活动开辟了一条蹊径。"①

三、融合英美科学哲学与欧洲大陆科学论的努力

劳斯的实践诠释学有着综合、融合英美科学哲学与欧洲大陆科学论的哲学愿望和理论追求,这构成了劳斯的科学实践诠释学缘起的另一个理论因素。

在劳斯看来,理解科学的英美哲学和欧洲大陆哲学这两种进路,存在复杂的相互排斥而又互相补偿的关系。对科学的哲学分析是英美哲学的重心,哲学家热衷于分析科学理论的逻辑结构和语义学,并把科学作为成功探索的典范;欧洲大陆的哲学批评,分析的往往不是孤立的科学理论或者科学活动,而是在现代化这个大背景下的社会发展、人的发展和社会实践以及意识形态等与科学的关系。这种特点,往往使二者之间相互排斥:英美科学哲学反对欧洲大陆科学论的思辨性,认为它们过于"天真"和"浅薄";而欧洲大陆学者则认为英美科学哲学是非批判的,认为他们那种将自己的理论关注点仅仅局限于科学在知识上的理论维度,"忽视了把科学置于更大的社会情境下的基础讨论"的哲学追求,在"批判主旨上"是"匮乏"的。② 劳斯指出,英美科学哲学与欧洲大陆科学论之间的这种复杂关系,说明不能将它们"简单地凑合在一起",而需要一个哲学平台融合这两种对

---

① 约瑟夫·劳斯:《知识与权力:走向科学的政治哲学》,盛晓明、邱慧、孟强译,北京大学出版社 2004 年版,第Ⅴ~Ⅵ页。
② 约瑟夫·劳斯:《知识与权力:走向科学的政治哲学》,盛晓明、邱慧、孟强译,北京大学出版社 2004 年版,第Ⅲ页。

于理解科学都做出过重要贡献的学术传统,自己的实践诠释学就是这样一种理论努力。劳斯坚持的实践本体论,"把科学理解为诠释性的实践领域","体现了欧洲意义上的批判主义";他希望以实践为本体论平台,通过"把科学不仅理解为自足的思想行为,而且也理解为形塑我们和我们这个世界的强大的力量",来"消除一些将科学哲学家们彼此隔绝开来,并妨碍我们理解科学的障碍"。[①]

四、劳斯理解科学的哲学本体论

对实践诠释学的出现具有根本意义的,是劳斯有一个他自己认为具有彻底批判性的哲学本体论。20世纪末科学哲学对实践的普遍关注,思想根源可追溯至维特根斯坦和海德格尔那里。维特根斯坦因重视"生活形式"而强调"行为的优先性";海德格尔因对哲学对"存在的遗忘"的揭示,使人们的思考深入到了"此在之在"的基础存在论。提出实践诠释学科学观的劳斯,在哲学本体论上主要是从海德格尔和福柯那里吸取营养的。劳斯曾明确地说,他的"整个研究都深深地受到海德格尔和福柯著作的影响"[②]。

劳斯指出,海德格尔在《存在与时间》中将人类生存本身看作是诠释学的,因此,揭示日常实践之意义的尝试和实践本身都是诠释学的。劳斯说,"正是在这一意义上我们才能把科学实践看作是诠释学的,而且它不同于奎因的理论诠释学"[③]。从劳斯科学哲学的内容看,劳斯从海德格尔的存在论中吸收了实践诠释学的基本观点和分析实践的现象学方法。下面这些是劳斯阐述海德格尔的实践诠释学时发表的观点,它们对于理解科学实

---

① 约瑟夫·劳斯:《知识与权力:走向科学的政治哲学》,盛晓明、邱慧、孟强译,北京大学出版社2004年版,第Ⅲ页。

② 约瑟夫·劳斯:《知识与权力:走向科学的政治哲学》,盛晓明、邱慧、孟强译,北京大学出版社2004年版,第Ⅰ～Ⅴ页。

③ 约瑟夫·劳斯:《知识与权力:走向科学的政治哲学》,盛晓明、邱慧、孟强译,北京大学出版社2004年版,第61页。

践具有重要意义,我们可以在劳斯对地方性知识、知识与权力的关系的阐述中找到它们的"投射"。(1)日常实践体现了对世界的解释。"在我们做什么以及如何做的过程中,我们解释了自身和世界。"① (2)"从其所属的实践、角色和用具的一致性中,特定的行为获得了解释性意义和可理解性","由角色、实践、用具及我们的活动目标所构成的情境,既引导我们的行为,又使得它们得以理解"。② (3)"海德格尔意义上的'理解'总是地方性的、生存性的知识。在我看来,理解是地方性的、生存性的,指的是受制于具体的情境,体现于代代相传的解释性实践的实际传统中,并且存在于由特定的情境和传统所塑造的人身上。因此,理解不是对世界的概念化,而是对如何与世界打交道的施行性把握。"③ (4)"解释揭示了存在是什么,而不是事实是什么。……我们对成为这样的存在的理解展现在我们所做之事的方式和连贯性(或不连贯性)中。我们展现它,而不是言说它"④;等等。在这些阐述中,我们可以很容易地看出,劳斯关于实践与世界,实践与理解、解释,意义与实践、技能、情境等关系,以及理解、解释的地方性等的理解,都将海德格尔的"此在之基础存在论"作为阐发的理论基础。这种情况与后面我们将看到的劳斯对海德格尔《存在与时间》中的科学观进行的批判并不矛盾。劳斯的这种批判恰恰说明了他们之间存在深刻的理论关系。正像劳斯说的,"具有讽刺意味的是,尽管我的观点依赖于海德格尔诠释学的核心特征,但一开始我必须对海德格尔在《存在与时间》中提出的一种特

---

① 约瑟夫·劳斯:《知识与权力:走向科学的政治哲学》,盛晓明、邱慧、孟强译,北京大学出版社 2004 年版,第 62 页。

② 约瑟夫·劳斯:《知识与权力:走向科学的政治哲学》,盛晓明、邱慧、孟强译,北京大学出版社 2004 年版,第 62~63 页。

③ 约瑟夫·劳斯:《知识与权力:走向科学的政治哲学》,盛晓明、邱慧、孟强译,北京大学出版社 2004 年版,第 66 页。

④ 约瑟夫·劳斯:《知识与权力:走向科学的政治哲学》,盛晓明、邱慧、孟强译,北京大学出版社 2004 年版,第 70 页。

殊的科学研究观点发起挑战"①。

福柯关于"权力"的思想是引导劳斯思考和深化科学的实践属性的另一个重要哲学基础。劳斯曾说:"与知识论和科学哲学的新近发展相比,我们对权力观念的修正也许能更彻底地改变知识与权力的构架。或许连我们对知识与合理性的理解起先都受严格意义上的政治哲学的问题所影响。"②在传统的理论优位论者看来,知识是对客观世界的表象,而权力是指特定人"支配"或"强制"其他人的能力。"人们普遍地相信,摆脱了政治压力的研究可以最大限度地获得知识,无论权力是支持知识还是反对知识,但是归根到底,对认识成果的知识论评价必定与权力无涉。就权力成其为权力,知识成其为知识的本质而言,权力与知识原则上都不受对方的影响。"③这就是对知识与权力关系的传统理解。福柯则认为,知识具有权力。他从知识之权力作用于人之身体的微观层面进行了论证。福柯在《规训与惩罚》中写道:"在任何一个社会里,人体都受到极其严厉的权力的控制。他们不是把人体当作似乎不可分割的整体来对待,而是'零敲碎打'地分别处理,对它施加微妙的强制,从机制上——运动、姿势、态度、速度——来掌握它。这是一种支配活动人体的微分权力。"④无疑福柯是深刻的,我们今天的各种体育训练和文化教育,都在不断规训着人体的不同部分乃至整体,都充分显示了知识对人体"零敲碎打"的权力控制。福柯关于"权力"的思想,引导劳斯深化了对科学实践属性的理解,提出了当把科学视为实践活动的领域,科学的认识论维度与政治维度就不能分开的科学哲学观点。

---

① 约瑟夫·劳斯:《知识与权力:走向科学的政治哲学》,盛晓明、邱慧、孟强译,北京大学出版社2004年版,第77页。

② 约瑟夫·劳斯:《知识与权力:走向科学的政治哲学》,盛晓明、邱慧、孟强译,北京大学出版社2004年版,第2页。

③ 约瑟夫·劳斯:《知识与权力:走向科学的政治哲学》,盛晓明、邱慧、孟强译,北京大学出版社2004年版,第13页。

④ 米歇尔·福柯:《规训与惩罚》,刘北成、杨廷婴等译,三联书店1999年版,第155页。

当然,应该指出的是,生活于美国的劳斯,其科学哲学不可避免地还具有实用主义的理论背景。劳斯说:"我从实用主义者那里接纳了这样一种洞见,即权力与知识或真理的关系是内在的。"①罗蒂曾将实用主义的原则概括为,从实践的概念出发而不是从理论出发、从行动出发而不是从沉思出发,我们才能讨论真理。科学诠释学的另一个代表人物伊德说:"这种远离表象、转向实践的倾向,实际上在后来20世纪末科学解释的风格中不断出现。"②劳斯曾谈到过这个问题。劳斯说:"人们之所以突然对诠释学产生浓厚的兴趣,很大程度上是因为他们认识到诠释学和实用主义可以相互支持,在某些重要方面甚至相互融合。"③

除了上述哲学本体论理论以外,劳斯还明确提到了他在地方性科学观中,吸收了库恩、新经验主义者的一些观点,参考了科学知识社会学对于实验室研究的物质性和社会性场景的微观社会学研究等。④ 这些科学哲学理论和我们上面提到的哲学本体论不能相提并论,它们对于劳斯来说不是关乎宏旨的,能够影响理解科学的解释原则的转变的。

第二节 以实践的观点理解科学

在《知识与权力:走向科学的政治哲学》一书中,劳斯多次指出,"我的诠释学的核心,即把科学理解为诠释性的实践领域"⑤。因此,在劳斯的科

---

① 约瑟夫·劳斯:《知识与权力:走向科学的政治哲学》,盛晓明、邱慧、孟强译,北京大学出版社2004年版,第23页。
② 伊德:《让事物"说话"》,韩连庆译,北京大学出版社2008年版,第8页。
③ 约瑟夫·劳斯:《知识与权力:走向科学的政治哲学》,盛晓明、邱慧、孟强译,北京大学出版社2004年版,第44页。
④ 约瑟夫·劳斯:《知识与权力:走向科学的政治哲学》,盛晓明、邱慧、孟强译,北京大学出版社2004年版,第77页。
⑤ 约瑟夫·劳斯:《知识与权力:走向科学的政治哲学》,盛晓明、邱慧、孟强译,北京大学出版社2004年版,第Ⅵ页。

学哲学中,"实践"概念是一个关涉科学本质理解的,具有架构性的基础性概念。而且在哲学中,似乎很少有概念、范畴能像"实践"概念那样,得到那么多的似乎已经泛化了的引证和关注。劳斯说:"激发我对实践进行解释的,在很大程度上是它对理解科学知识的意义。特别是,我反对'人文主义'对实践的说明,这打开了我关于科学知识的思考。"①

事实上,正如我们在逻辑实证主义、波普尔的批判理性主义等科学哲学理论中看到的,过去的科学哲学非常重视经验以及科学实验、观察等实践活动,这些理论赋予了经验对科学理论命运的决定权(不论是证实还是证伪),那么,劳斯等人坚持的实践优位科学观与之本质的区别在哪里?我们认为,最基本的区别有三点:一是从本体论而不是认识论理解科学实践与知识、理论的关系;二是本体论上实践先在于理论和知识;三是将上述两点联系起来,强调从哲学的解释原则上,以实践的观点理解科学②。

一、劳斯的"实践"概念

在《涉入科学:如何从哲学上理解科学实践》一书中,劳斯把讨论于《知识与权力:走向科学的政治哲学》中的实践的观念,总结为如下十个论点③:

(1)"实践由时间上连伸的事件或过程构成"。

(2)"实践可以被确认为与世界不断联系的模式,但这些模式仅仅存在于其重复和连续中"。

(3)"这些模式只通过'规范'的确立和强化而得到维系"。

(4)"实践因此只在反对抵抗和差别中得到维系并因此总是联系着权

---

① 约瑟夫·劳斯:《涉入科学:如何从哲学上理解科学实践》,戴建平译,苏州大学出版社2010年版,第122页。

② 曹志平、陈建安:《以实践的观点理解科学:从马克思到劳斯、伊德》,《社会科学》2010年第3期。

③ 约瑟夫·劳斯:《涉入科学:如何从哲学上理解科学实践》,戴建平译,苏州大学出版社2010年版,第123~124页。

力关系"。

(5)"抵抗和差别的构成性角色更进一步地说明了为什么一个实践的同一性从来没有为它的历史所完全固定下来,说明了为什么它的构成性模式不能被一个规则令人信服地固定下来(实践向不断重新解释和语义学漂流开放)"。

(6)"实践重要"。

(7)"行动因以及联系实践的行动者(不一定局限于个体的人)都是在部分程度上由这种联系实际上怎样发展所构成的,在这个意义上,'实践'是一个比'主体'或'行动者'更基本的概念"。

(8)"实践不仅是行动的模式,而且是对世界的构造,其中活动可以明了的方式发生,因此实践包括了主体和环境"。

(9)"实践总是同时是物质的和话语的"。

(10)"实践是自发开放的,这就是说,它们不进行划界,不能被限定于空间上或实践上界定了的世界中的区域"。

劳斯关于"实践"概念的这十个论点,我们可以做出如下概括:实践是情境化的构造世界的事件或过程,它具有时间性、规范性、开放性、情境的优先性等重要特征。

实践具有时间性,即时间上的延伸性,是一种重复发生或连续发生的重组世界的过程。

实践具有规范性。实践被其实践者理解为执行了的,它"只能在一个反抗的背景中存在",因此实践总是"不断被定制",即"它们的连续性通过规范性约束而得以维系和强化"[①],这同时说明实践包含着权力关系。

实践具有开放性,即"实践是开放的或变动的响应模式,能以新的方式被延伸,因此不能被事先可明确的规则所限制"[②]。

---

① 约瑟夫·劳斯:《涉入科学:如何从哲学上理解科学实践》,戴建平译,苏州大学出版社2010年版,第128页。

② 约瑟夫·劳斯:《涉入科学:如何从哲学上理解科学实践》,戴建平译,苏州大学出版社2010年版,第125页。

实践情境的优先性。实践是情境化的活动模式,实践情境是"为可能行动而有意义组织的环境中的行动者的关系综合体"[①]。对于实践的理解,这个由做的事、做事者以及这些事情的相关之物,如做事的环境和客体等构成的情境综合体具有优先性。在逻辑上实践的情境优先于实践者和实践对象。一个行动者或事物成为实践的行动者或者对象,只是因为他被情境化于行进的实践之中。情境的优先性告诉我们,实践本身是比实践者和实践对象更基本的范畴,是实践者、行动者或对象属于实践,而不是实践属于行动者或对象。

另外,在时间上延伸着的面向未来开放的实践,总是相互联系着,并从根本上规定和影响着任何个别的实践。对于实践的这种相互联系,劳斯说:"一个典型的实践需要其他的实践来强化它的规范,为它提供必要的设备和资源,教育并训练他的实践者,给它赋予意义或削弱它以前的重要性,与它以前的发展方式产生冲突,并且一般来说以允许实践变得可以理解的方式来帮助构造世界。"[②]

二、实践与理论的本体论关系

在劳斯的科学实践诠释学中,实践与理论的关系,在两个方面得到了不同于以往的含义:一是,实践对理论在本体论上具有先在性;二是,以改传统科学观只注重理论的认识论含义的表象主义做法,劳斯强调必须在本体论上从实践理解理论、知识的本质内涵,提出科学理论是对自然对象被情境化的实践情境的系统化叙事的观点。

劳斯继承了海德格尔的存在之基础存在论,认为科学是"从属于此在

---

① 约瑟夫·劳斯:《涉入科学:如何从哲学上理解科学实践》,戴建平译,苏州大学出版社2010年版,第138页。
② 约瑟夫·劳斯:《涉入科学:如何从哲学上理解科学实践》,戴建平译,苏州大学出版社2010年版,第144页。

的一项活动"①,这是劳斯提出对科学的理解必须从实践而不是理论出发的本体论根据。在劳斯看来,科学是诠释性的实践领域,实践是本体论的概念,在本体论层次实践先在于理论,也就是说,实践是理论产生不可或缺的先在条件。

对于实践的本体论理解,劳斯无疑吸收了海德格尔关于"此在"的基础存在论的思想。世界之中的人的生存是一切存在者的机制。人对世内存在者,不论是上手事物还是现成事物的解释,都根源于在世界之中的人的操劳。人总是从具体的实践及其境况赋予世内存在者意义的。人的实践先在于一切理论性的研究。劳斯发现,一方面,科学活动的发生,本质上不是从理论目的出发的,而是人们基于目前实践所具有的条件,包括设备、技术、训练有素的人员以及相关的成果等,思考在现有条件下能做什么? 因此,劳斯说:"科学研究是一种寻视性的活动,它发生在技能、实践和工具(包括理论模型)的实践背景下,而不是发生在系统化的理论背景下。"②另一方面,实验室实践是制备现象的场所,具体的实验设备、技术等先在于现象和理论的存在,所有现象、科学理论都是实践及技术支撑的存在。而且,就像我们下面论述的,实践的具体情境对理论的这种先在性,决定着知识与实践情境的关联,它构成了科学知识的内在部分,原则上不可能通过"去情境化"而消除掉。

在劳斯的科学实践诠释学中,科学实践是本体论概念,实践在本体论上先在于理论,这是第一层次的内容。劳斯进而认为,必须在本体论上从实践出发理解科学理论和知识的本质。

我们首先比较一下劳斯的"理论、知识的本体论理解"和他反对的"理论、知识的认识论理解":

"理论、知识的认识论理解"认为,科学理论是与科学实践相对的,它是

---

① 约瑟夫·劳斯:《知识与权力:走向科学的政治哲学》,盛晓明、邱慧、孟强译,北京大学出版社 2004 年版,第 124 页。

② 约瑟夫·劳斯:《知识与权力:走向科学的政治哲学》,盛晓明、邱慧、孟强译,北京大学出版社 2004 年版,第 101 页。

科学知识最主要的和标志性的成就;科学理论是系统化的,它被看作是对一个时空上完全明确的因果过程的表象描述。这种实践与理论的认识论关系,突出的是认识主体的地位和科学理论的表象的本质。

"理论、知识的本体论理解"认为,实践是构造世界的过程,科学研究作为一种实践活动,"不仅重新描绘了世界,也重构了世界"①。因此,科学理论、知识不是与实践相对的概念,理论、知识是我们需要理解的世界的一部分,是位于实践之中的。"从实践角度对科学知识的这一理解不是以主体为中心的"②,而是以实践情境为中心的。

具体地说,劳斯在本体论上从实践理解科学理论、知识,其观点可以做如下概括:

(1)"科学研究是一种实践活动,这种实践不仅重新描绘了世界,也重构了世界"③。

(2)"知识的归因因此更像是对认识者发现自己置身其中的情境的描述,而不是对他们获得的、拥有的、执行的或交换的某种东西的描述"④。

(3)"把知识归于一个认识者可以是完全合适的,只要我们理解,知识的正确归属依赖于这个认识者如何被情境化于行进的实践之中,而不是仅仅依赖于这个认识者是否'拥有'正确的信念或技能或者与事实之间保持了合适的因果关系"⑤。

(4)"科学知识必须被定域于实践之中",它"不能是时空上界定了的",

---

① 约瑟夫·劳斯:《涉入科学:如何从哲学上理解科学实践》,戴建平译,苏州大学出版社2010年版,第117页。
② 约瑟夫·劳斯:《涉入科学:如何从哲学上理解科学实践》,戴建平译,苏州大学出版社2010年版,第123页。
③ 约瑟夫·劳斯:《涉入科学:如何从哲学上理解科学实践》,戴建平译,苏州大学出版社2010年版,第117页。
④ 约瑟夫·劳斯:《涉入科学:如何从哲学上理解科学实践》,戴建平译,苏州大学出版社2010年版,第122页。
⑤ 约瑟夫·劳斯:《涉入科学:如何从哲学上理解科学实践》,戴建平译,苏州大学出版社2010年版,第122页。

"知识本身是一种状态而不是过程"①。

(5)"叙事应该在我们对自然科学的理解中占有更基本的地位,它主要处理对科学实践的时间性以及时间性理解"②。

(6)"科学理解本身有一个叙事结构"③,科学理论是科学叙事重建的结果,是"被叙事重建的知识联合"。

从这里我们可以很清楚地看出劳斯在本体论上从实践理解科学所得到的结论和逻辑。劳斯的实践的科学观认为,科学理论不是系统阐述自然对象的自身属性和规律的知识体系,而是对自然对象被情境化的实践情境的系统化叙事。劳斯的这种实践情境叙事科学观的逻辑是:科学是重构世界、描述世界的实践——科学知识是实践者对自己置身的实践情境的描述,知识定域于实践之中——由于科学实践和知识的时间性,科学的叙事重建变成了科学哲学的中心任务。

从自然科学来看,最先表述科学理论不是纯粹关于对象的知识,而是关于包含对象信息在内的实验现象的知识的观点,来源于量子力学及其哥本哈根解释。这就是量子现象的整体性思想。在玻尔、海森堡、玻恩等人看来,普朗克作用量子的存在,赋予了原子过程和宏观物体不同的现象学特征,从而使量子力学在经验层次上表现出不同于经典力学的认识特征。在经典物理学范围内,我们所处理的只是一种理想化情态,它涉及一切现象都可以任意加以分割,测量仪器和客体之间的相互作用可以忽略不计或设法予以补偿;但是在量子力学中,这种相互作用却代表着量子现象的一个不可分割的部分,我们要在客体本身的行为和客体与仪器的相互作用之间画出明确的界限是不可能的,被观测客体和测量仪器构成了一个单一

---

① 约瑟夫·劳斯:《涉入科学:如何从哲学上理解科学实践》,戴建平译,苏州大学出版社2010年版,第124、143、125页。

② 约瑟夫·劳斯:《涉入科学:如何从哲学上理解科学实践》,戴建平译,苏州大学出版社2010年版,第145页。

③ 约瑟夫·劳斯:《涉入科学:如何从哲学上理解科学实践》,戴建平译,苏州大学出版社2010年版,第152页。

的、不可分的整体。也就是说,量子力学中的测量本质上存在着测量程序对所论物理量赖以定义的条件的影响,为了得到认识之基础的观测现象,这种影响恰恰是一种必要的条件。因此,作为认识基础的实验结果告诉我们的并不是客体本身的纯态,而是由研究对象、主体和测量工具共同形成的作为整体的实验情境。与此对应,"在原理上,真正量子现象的无歧义说明,必然包括对于实验装置之一切有关特点的描述"[①]。也就是说,在理论层次上,我们对一个量子力学对象的理论描述,所涉及的并非单纯的客体状态,它不可避免地包含着对客体系统与全部涉及的观测仪器之间的关系的认识,量子力学本质上是一种关于微观对象的宏观实验量度表现(即实验情境、实验现象)的理论。量子力学的完备性,不是指量子力学完全包含了已知的微观对象的性质和规律,而是说,宏观仪器对微观对象探测获得的呈现整体性的现象都能在量子理论中得到说明,而量子理论对微观客体的宏观实验表现所做的预言,也都能在宏观仪器中测量出来。很显然,这里的核心正是科学理论与实验情境的关系。我们认为,在自然科学中,只是在微观领域,由于普朗克常数的存在,实验情境对主体、客体和仪器的优先性才凸显出来。劳斯的科学实践诠释学,正确把握到了量子力学在经验层次和理论层次的这种新特征。

三、实践作为理解科学的哲学原则

在上面我们已经看到,当劳斯强调在本体论上从实践理解科学时,实践对科学理解的意义,完全不同于实践在理论优位科学观中的地位。这种不同,不仅仅表现在实践对理论、知识的重要性,更重要的是,它变成了哲学理解科学的思维方式和哲学原则。劳斯曾在批评海德格尔的科学观具有理论优位的特征时说,在理论优位论者看来,"尽管实验在科学知识的实际发展中具有实践的重要性,但是当我们思考科学的哲学意义或本体论意

[①] N. 玻尔:《原子物理学和人类知识论文续编》,郁韬译,商务印书馆 1978 年版,第 6 页。

义时，它很大程度上可以忽略不计"①。这里的"哲学意义或本体论意义"就是哲学原则。

劳斯将实践（一般的科学实践，实验室实践，实践技能与实验室操作等）看作是理解科学的哲学原则，这不是简单地承认科学既是理论活动也是实践活动，而是在哲学原则上提出，不将科学置于实践的视域就不可能深刻、恰当地理解科学。劳斯说："科学概念和科学理论只有作为更广泛的社会实践和物质实践的组成部分才是可理解的。"②"哲学家们将太多的注意力集中于科学狭隘的思想方面——科学理论及其所需的思维程式、引导我们去相信它的各种证据以及它所提供的思想上的满足。在这一情景下，很容易忘记科学研究实质上也是一种实践活动。我所说的实践活动并非以应用为目的，而是指实践的技能和操作对于其自身所实现的成果而言是决定性。……这里的问题不是出在是否忽视了科学的一方面（实验），而倾向于它的另一方面（理论），而是从整体上扭曲了对科学实验的看法。同样的问题也出现在对科学最具批判性的研究中，它更多地关注科学对其他思想方式的影响，而不是科学对我们日常行为和社会相互作用所产生的物质上的影响。"③

把实践作为理解科学的哲学原则，决定了哲学理解科学的思维方式的根本变化。在劳斯这里，变化主要表现在以下两个方面：

一是我们已经阐述的，实践作为理解科学的哲学原则决定了在本体论上以实践理解科学的必然性。理论不再是与实践相对的概念，理论化也是一种实践，知识是位于实践之中的，科学理论是描述实践情境的叙事重建，因此科学叙事及其重建变成了科学哲学的中心任务。我们在上面已经阐

---

① 约瑟夫·劳斯：《知识与权力：走向科学的政治哲学》，盛晓明、邱慧、孟强译，北京大学出版社2004年版，第101页。
② 约瑟夫·劳斯：《知识与权力：走向科学的政治哲学》，北京大学出版社2004年版，中文版前言第1页。
③ 约瑟夫·劳斯：《知识与权力：走向科学的政治哲学》，北京大学出版社2004年版，导言第Ⅳ页。劳斯前半部分批判的是英美科学哲学，后半部分的"对科学最具批判性的研究"指欧洲大陆对科学的社会批判。

述了劳斯关于科学理论、知识的这种本体论观点。

二是实践作为理解科学的哲学原则,科学必须表现出时间上延伸的科学实践情境,必须"把叙事理解为被定制的"①。劳斯引人注目地指出了科学实践内在地蕴含着权力关系,认为实践"只在反对抵抗和差别中得到维系并因此总是联系着权力关系"②。

在通常观念中,权力是一个政治术语,科学则是人们对自然的系统化知识。尽管传统的观点认为"知识就是力量",但那也只不过是人们在掌握知识之后运用各种工具、技术手段作用于他人或者他物而显现出的效果,科学本身并没有权力的属性。而在劳斯看来,"知识就是权力,并且权力就是知识"③。知识体现在我们的研究实践中,只要人们接受由实践背景支配或支撑着的知识,人就必然受到限制,这就是知识的权力体现。

知识的权力特征在科学现象的制备以及这种制备的普遍化方面表现得特别明显。劳斯说:"与其他工具和程序相比,来自实验室微观世界的,被精心构造、控制和监视的设备和实验之网,在我们身上施加了更广泛、更苛刻的制约。在我们身上,甚至可能存在这样的系统限制,即按照实验室的微观世界提供的方式重构世界。果真如此的话,这些限制无疑是实验室这种规训机构所产生的权力效果。"④为了接受和理解知识,人的行为模式不得不相应地被规范,人才能够正确地使用设备。这个"不得不"和"被规范"都意味着人已受到知识所具权力的制约。因此,劳斯说:"实践只能在一个反抗的背景中存在。新的实践者必须被社会化到实践之中,而其前辈的背叛必须被纠正、镇压或控制,环境必须被(重新)组织以有助于其不断

---

① 约瑟夫·劳斯:《涉入科学:如何从哲学上理解科学实践》,戴建平译,苏州大学出版社2010年版,第150页。
② 约瑟夫·劳斯:《涉入科学:如何从哲学上理解科学实践》,戴建平译,苏州大学出版社2010年版,第123~124页。
③ 约瑟夫·劳斯:《知识与权力:走向科学的政治哲学》,盛晓明、邱慧、孟强译,北京大学出版社2004年版,第23页。
④ 约瑟夫·劳斯:《知识与权力:走向科学的政治哲学》,盛晓明、邱慧、孟强译,北京大学出版社2004年版,第244页。

进行的再定制。"①

从更一般的意义上讲,实验室实践中,实验变革自然的途径与方式,实验室的工具、设施,实验技能及其操作,都变成了一种普遍权力,它统治着我们的相互关系,限制着我们对事物的处理,支配着我们的日常活动。劳斯说,他的《知识与权力:走向科学的政治哲学》的主题"就是强调这样一种重要性,即同时在认识论和政治上将科学看作是实践技能和行动的领域,而不仅仅只是信念与理性的领域"②。

四、对海德格尔科学观的批判

海德格尔的存在论现象学是科学诠释学的现象学的理论基础之一,也是"实验室理论优位论"的重要代表。劳斯从实践原则的高度,对海德格尔现象学科学观的批判具有代表性。

劳斯批判海德格尔的现象学科学观,对此在之基础存在论的贯彻并不彻底。因为海德格尔率先揭示了实践性介入对科学的意义,但他却同时将实践性介入排除在科学之外,认为科学是一种理论性的活动。劳斯说:"海德格尔对理论态度的现象学描述非批判性地继承了理论优位的传统偏见。他早期对科学的分析所采取的中心立场,全盘接受了他的导师胡塞尔的理论优位的研究,这决非偶然。"③

劳斯这里说的,是海德格尔现象学科学观中关于存在者两种解释形式的区分,即对"上手事物"的解释和认识是在劳作工具的"用"中实现的,"现成事物"则是因为用具性的缺失通过"专题化"而被认识的;前者因用具的功能性指引原则性地带有具体实践情境的特征和性质,后者却因"对自然

---

① 约瑟夫·劳斯:《涉入科学:如何从哲学上理解科学实践》,戴建平译,苏州大学出版社2010年版,第129页。
② 约瑟夫·劳斯:《知识与权力:走向科学的政治哲学》,盛晓明、邱慧、孟强译,北京大学出版社2004年版,导言第Ⅴ页。
③ 约瑟夫·劳斯:《知识与权力:走向科学的政治哲学》,盛晓明、邱慧、孟强译,北京大学出版社2004年版,第84页。

的数学筹划"变成了一种去情境化的理论研究。由于在海德格尔那里,对现成事物的专题化研究构成了科学,因此,劳斯确认,海德格尔的现象学科学观采取了理论的态度,而不是完全贯彻了此在之基础存在论的实践的观点。

在海德格尔的现象学科学观中,上手事物变成科学对象,源于实践性介入中的功能性缺失,这种缺失改变了我们与事物打交道的方式,使事物与其在上手状态中实现的情境性关联脱节,变成了一种由"对自然的数学筹划"主导的非介入性理论研究中的对象,从上手状态变化为对象状态。在这种转变中,去情境化是关键。劳斯分析了海德格尔现象学中描述的,在事物的对象化过程中,"对自然的数学筹划"去情境化的逻辑。首先是"主题化",即事物由于某种功能性缺失被我们关注,成为我们反思、思考、探索的主题。这种思考、探索、关注,所以成为科学的开始,是因为我们关注的不是其所有的性质,而只是在自然的数学筹划中被揭示出来的性质。我们就以这种性质的不同将对对象的理论研究分成了不同的科学门类。其次是"去地方化",即事物在上手状态中处于的对其存在至关重要的"位置",变成了被抹杀了任何空间性、方向性意义的可以被表象、被数学化的"地点"。上手中的事物变成了时空中的"物",原来实践介入中的情境性关联"消失了"。最后是语言的转变,即用可表象化的语言对在自然的数学筹划中揭示的性质进行描述。上述逻辑,在海德格尔的"锤子"身上的表现是这样的:由于某种功能性缺失,正在钉"钉子"的"锤子"成为我们思考的对象,比如它为什么能够或者不再能够钉"钉子";手中的或者架子上的"锤子"变成空间中的"锤子";从"锤子"太重或者太轻,到"锤子"有重量,再到"锤子"的质量是2千克,最后到处于重力场中的质量为2千克的物体。在这个逻辑进程中,海德格尔的"锤子"失去了它在最初的实践性介入中被塑造的功能性指涉关系,"对自然的数学筹划"完成了去情境化。

劳斯认为,海德格尔的上述逻辑是不成立的。劳斯说,"他之所以能够把对科学描述为去情境化,之所以能够把对自然的理论('数学')筹划看作是一种根本不同于对事物日常处理的揭示方式,是因为他没有能够对科学研究的真实实践作细致的考察"①。劳斯指出,如果彻底贯彻实践原则,深入分析科学研究特别是理论研究的真实实践,就会发现,海德格尔的"去情境化"不过是特殊实践情境的"标准化";而且海德格尔忘记了理论筹划,特别是"对自然的数学筹划"本身所具有的与实践性的研究情境之间的关联,这种关联本身就是曾经的特殊实践情境标准化的结果。下面我们就具体阐述劳斯在这里说的实践情境的"去情境化"和"标准化"问题。

第三节 自然科学的诠释学本质:知识是地方性的

劳斯的实践诠释学科学哲学,是以实践理解科学形成的关于科学的哲学理论。对自然科学诠释学本质的揭示,是劳斯的科学实践原则在认识论层次的具体展开。

首先,在劳斯的科学实践诠释学中,自然科学是处于"前理解—理解"的诠释学循环中的,而且劳斯特别强调前理解的实践物质性内容。劳斯说:"科学研究是一种寻视性的活动,它发生在技能、实践和工具(包括理论模型)的实践背景下,而不是发生在系统化的理论背景下。"②

其次,在传统的理论优位科学观普遍关注的科学知识问题上,劳斯明确指出了自然科学的诠释学本质,即知识是地方性的,科学理论是对地方性的实践情境的系统叙事和重建,因此科学的理论与知识依赖于具体的实践情境和语境。

在劳斯的科学实践诠释学中,对自然科学的诠释学本质这两方面的阐述是联系在一起的。第一方面的内容前面已多有涉及,我们下面主要阐述第二方面的内容,看看劳斯是如何在科学的实践原则下论述科学是地方性

---

① 约瑟夫·劳斯:《知识与权力:走向科学的政治哲学》,盛晓明、邱慧、孟强译,北京大学出版社 2004 年版,第 84 页。

② 约瑟夫·劳斯:《知识与权力:走向科学的政治哲学》,盛晓明、邱慧、孟强译,北京大学出版社 2004 年版,第 101 页。

知识的。

劳斯对科学知识地方性本质的揭示,是在科学实践的本体论理解的基础上,通过对实验和实验室的诠释学、现象学分析实现的。实验和实验室是科学实践的基本形式和场所,也是实践优位论与理论优位论分歧的集中点。理论优位论者仅仅把实验看作是另一种形式的理论,认为"理论之外实验没有任何认知内容","观察之理论负荷的主张使实验室研究显得多余"①,而劳斯等实践优位论者却坚持,对实验和实验室的地位的误解或忽视,是科学哲学的重大理论损失。劳斯提出,"我们需要对实验和实验室在科学实践中的地位作不同的理解"②。

一、地方性的实验室情境

劳斯现象学地分析了实验室实践,认为"隔离"、"操纵或介入"和"追踪"、"微观世界",表现了实验室实践的本质特征。这里的"微观世界",是劳斯借用来的,意指"在实验室中被实际建构出来的隔离体系"。实验室就是专门建构现象之微观世界的场所。微观世界与研究对象的关系是,在微观世界中"对象系统在已知的情境中得以建构,并从其他影响中分离出来"。"这些微观世界中只存在有限的对象,其来源是已知的,其互动方式受到严格的限制。"③劳斯举例说,实验室准备的专门的细菌培养液、严格配量和控制的化学溶液、仪器的粒子束等,都是对象被情境化的微观世界。因此,微观世界的作用,一是隔离,即把实验和任何相关的内外部因果影响隔离;二是放大,即通过把对象置于被控制的微观世界以放大它的效果或面貌,或者两者兼之。而实验室建构一个微观世界的目的,是能够以特定

---

① 约瑟夫·劳斯:《知识与权力:走向科学的政治哲学》,盛晓明、邱慧、孟强译,北京大学出版社 2004 年版,第 101~102,103 页。
② 约瑟夫·劳斯:《知识与权力:走向科学的政治哲学》,盛晓明、邱慧、孟强译,北京大学出版社 2004 年版,第 103 页。
③ 约瑟夫·劳斯:《知识与权力:走向科学的政治哲学》,盛晓明、邱慧、孟强译,北京大学出版社 2004 年版,第 106 页。

的方式操纵和追踪它的。操纵微观世界,也就是通过把新对象引入微观世界,或者以一些专门化方式(如物理学中的超高温、超高压)介入它的运转;追踪微观世界,是在全程追踪、监视整个实验的正常运作,是对微观世界整个运作过程的寻视性关注。劳斯在这里用"寻视性关注",特指"监视"不只是观察与记录数据,"更主要的是对具有实践意义的背景之事物的注意";"追踪是研究者的实践技能(对实验设计的'感觉',对实验操作的细微差别的留意等)的组成部分,也是为了可见性而建构实验的组成部分"[①]。

实验室是用以建构、操纵和解释现象的地方性用具场合,上述用隔离、操纵和追踪微观世界表现出的实验室的实践性就是地方性,在科学家对微观世界的隔离、操纵和追踪中构建了地方性的实验室情境。这个实验室情境具有我们在上面论述的时间性、开放性、规范性、强权性和情境的优先性。它是在时间上可以重复发生的或连续发生的重组世界的过程,人们能以某种新的方式介入微观世界的运作;微观世界运作的结果,是为了特定对象的研究,在特定的实验室运用仪器形成的实践情境,其中的行动者、对象、仪器、实验环境、实验技能等都是为了特定目的组合的,具有鲜明的"地方性"。因此,劳斯说:"科学知识的经验品格只有通过在实验室中把仪器运用于地方性的塑造时方能确立。工具以及使用工具所建构的微观世界是科学主张最切近的指称对象。进一步看,科学家的知识取决于他们运用这些设备的技能知识。知道在实验室这样的地方性场合中如何行动,这是科学成果中不可或缺的组成部分。"[②]

二、去情境化与标准化

科学研究的实践本质,决定了科学知识的不可还原的地方性品格。针对传统科学哲学对实验室经验的"去情境化",劳斯提出,实验室情境的不

[①] 约瑟夫·劳斯:《知识与权力:走向科学的政治哲学》,盛晓明、邱慧、孟强译,北京大学出版社2004年版,第108页。

[②] 约瑟夫·劳斯:《知识与权力:走向科学的政治哲学》,盛晓明、邱慧、孟强译,北京大学出版社2004年版,第113页。

可还原性和优先性,决定了"去情境化"、标准化的实质是情境化,是实验室地方性权力和地方性知识的扩展。

实验室情境的地方性,原则上能不能"去情境化",这是理论优位论者与劳斯在实验室的地方性经验与普遍性科学理论的关系上的原则分歧。理论优位论者坚持理论的普遍主义,但对于实验室情境的地方性,他们是承认的;对于科学理论取得的普遍性,坚持科学是地方性知识的劳斯也是承认的。他们共同面临的问题是,如何解释科学知识扩展到实验室之外取得的对地方性的超越?

理论优位论者坚持科学是去情境化的活动。他们认为,自然科学独立于对实验室情境的任何指涉,这是自然科学和人文学科的基本区别。一方面,我们在自然科学理论的表达和传播中,实实在在地体会到了去情境化;另一方面,自然科学理论表述的普遍规律蕴含着无限多的检验蕴含,即地方性应用,它们每一个都是科学广泛应用的例证,这也是科学超越实验室具有普遍性的特征。在现实的科学活动中,科学知识超越实验室取得普遍性,是通过科学问题、仪器、程序和结果的标准化实现的。理论优位论者认为,现实科学实践中的标准化活动就是去情境化,实验室情境的地方性对于普遍性的理论来说不是原则问题。

劳斯则通过分析科学史上的标准化案例,认为通过标准化去情境化原则上是不可能的。劳斯分析了20世纪60年代后期TRH(促甲状腺素释放激素)的实验室研究和成果普遍化。1969年以前,TRH就具有实验室地方性的特征:只有几个有特殊设备的实验室能够分辨和研究TRH,也只有少量部分提纯的TRH样品,为了分离出TRH,这几个实验室的科学家用了10年左右的时间。"TRH"这个名词指样品中能区分特定生理化验中的样品和控制物质的任何东西。所有这些都是地方性的表征;但1969年后,人们能够通过所有自动肽合成机,可靠地、自动地大量合成真正的纯TRH。通过分析,劳斯认为,"TRH的新形式(合成的pyro-glu-his-pro-amide)并没有脱离与实验室的所有指涉关系。这种指涉关系被普遍化了,它现在包括更多的更不确定的各种用途。但是它的存在和所有用途只有在许多特殊的情境中才是可理解的。如果实验室以及与此相关的活动受到破坏,那么合成的 pyro-glu-his-pro-amide 将失去意义"[①]。

劳斯在一般性意义上指出,其一,实验室研究成果和工具的标准化,"的确会抹杀与生产的特定地方性的偶然性之间的指涉关系",但"并没有消除与事物获得可理解性的活动场所和地方性领域之间的指涉关系"[②];其二,实验室情境的标准化,实质上是实验室之外的技术拓展过程,是地方性实践经过"转译"以适应一个个新的地方性领域。这个地方性知识的拓展过程,是通过完善和改造程序、策略和仪器,并且部分地重建知识得以应用的场所完成的。在这方面,人类积累下来的标准化体系和标准化工具发挥着重大作用。劳斯总结说,"在任何情况下我们都要记住,消除科学成果的情境性起源的痕迹,反映了人们在更大的实践性介入领域所做的选择";"实验室里产生的知识被拓展到实验室之外,这不是通过对普遍规律(去其他地方可以例证化)的概括,而是通过把处于地方性情境的实践适用到新的地方性情境来实现的"[③]。

三、实验室情境的优先性

在许多人看来,承认实验室情境的地方性一般不是太难的事情,难题是如何将实验室情境的地方性与科学理论、知识给予人们的"普遍性"的品格联系起来。劳斯在《知识与权力:走向科学的政治哲学》中重点阐述了"去情境化",以对这个难题进行解答;在《涉入科学:如何从哲学上理解科学实践》中则进一步论述了实践情境化的优先性,进一步讨论了这个问题。实验室情境不仅是不可还原性的,还是具有优先的本体论地位的。这个观

[①] 约瑟夫·劳斯:《知识与权力:走向科学的政治哲学》,盛晓明、邱慧、孟强译,北京大学出版社 2004 年版,第 120 页。

[②] 约瑟夫·劳斯:《知识与权力:走向科学的政治哲学》,盛晓明、邱慧、孟强译,北京大学出版社 2004 年版,第 118 页。

[③] 约瑟夫·劳斯:《知识与权力:走向科学的政治哲学》,盛晓明、邱慧、孟强译,北京大学出版社 2004 年版,第 122、130 页。

点的展开,不仅认为科学知识是地方性的,还确认和解释了科学理论本质上是对实践情境的系统叙事和重建。

第一,实践情境的优先性,是劳斯实践观的核心。劳斯的实践观念不是以主体或行动者为中心,而是以实践情境为中心。一个行动者所以成为实践者,是因为他被情境化于行进的实践中,事物成为对象是因为它被情境化于建构的微观世界,由于同一个对象可能以不同面目出现在不同的实践情境中,因此,科学实践总是相互联系的,并从根本上影响着任何个别科学实践的发展。劳斯一般性地把实践描述为情境化的活动模式,实践情境优先于行动者和对象,并从概念上规定着行动者和对象,这是我们理解实践情境优先性要注意的第一点。

第二,实验室情境决定了科学知识、科学理解的叙事语境和可理解性。由于科学知识是处境于实践之中的,实践的时间性、开放性,以及只在反对抵抗和差别中得到维系的权力特征等,决定了实验室的实践情境成为科学知识可理解性的基础,现实地使科学理解成为可能。劳斯说:"科学知识就来自叙事连贯性及其受到威胁的阐明之间的这种持续的张力。"[①]"科学知识的可理解性、意义和辨明来自它们已经归属于不断重建着的叙事语境,这一语境是由科学研究的实践提供的。"[②]并且劳斯认为,他的这一观点推广了《知识与权力:走向科学的政治哲学》的相关的核心论点。劳斯这里的逻辑是,实验室情境直接决定了科学家的叙事语境,而科学知识及其意义,乃至整个科学探索只是在一个叙事语境中才是可理解的。

第三,实验情境的优先性,同一对象以不同面目在不同实践情境中出现的可能性,使把科学知识的表象统一作为科学实践的目的是错误的,"科

---

① 约瑟夫·劳斯:《涉入科学:如何从哲学上理解科学实践》,戴建平译,苏州大学出版社2010年版,第148页。
② 约瑟夫·劳斯:《涉入科学:如何从哲学上理解科学实践》,戴建平译,苏州大学出版社2010年版,第147页。

学知识的多重的、不断进行的叙事统一是日常研究实践的组成部分"①。叙事统一,不是实验情境的简单合并,而是在不同状况下发展的实验情境的相互作用和整合。劳斯注意到,由于实验情境的优先性,科学家对其他科学成就的利用是不完全的,被利用的原有的科学成果的语境与新的科学实验之间存在一定的冲突,这一冲突的解决"依赖于这些结构是否及如何被可理解地整合到不断进行的研究实践中,以回应那些与这一整合进行竞争的试图从不同方向发展这一实践的其他努力"。因此,劳斯说,实验情境的整合,"其结果不是不同科学学科成就的系统统一,而是这些学科随时间发展的不同方式的复杂综合体及部分上的重合和相互作用"②。

第四,劳斯从实践情境的优先性,重新理解了科学哲学的中心任务,那就是对科学实验情境的叙事和重建。科学实践情境的优先性,强调了科学是在不同的地方性场所被践行,这就提出了一个重要的科学哲学问题:科学知识的统一性或者连贯性是如何实现的。库恩的科学哲学出现后,人们广泛接受了范式和科学共同体的概念,在其中,科学的连贯性是由后备成员通过长期学习范式、长期模仿范例等职业训练而转变成科学共同体中的一员来保证的。劳斯的替代选择是,"科学工作的连贯性和意义,是由争夺的叙事领域的不断重建而确立的"③。劳斯认为,他主张的这种对科学的哲学理解,有四点额外的科学哲学意义④:一是让我们看到了"科学工作如何能达到连贯性和有意义而允许冲突及有意义差别的存在";二是,"它更清楚地明白了发表科学知识的标准手段(杂志文章,评论,教科书,普及化)被不断重组";三是,"它公平地顾及了科学实践的社会方面和物质方面";

---

① 约瑟夫·劳斯:《涉入科学:如何从哲学上理解科学实践》,戴建平译,苏州大学出版社2010年版,第161页。
② 约瑟夫·劳斯:《涉入科学:如何从哲学上理解科学实践》,戴建平译,苏州大学出版社2010年版,第162页。
③ 约瑟夫·劳斯:《涉入科学:如何从哲学上理解科学实践》,戴建平译,苏州大学出版社2010年版,第155页。
④ 约瑟夫·劳斯:《涉入科学:如何从哲学上理解科学实践》,戴建平译,苏州大学出版社2010年版,第155页。

四是,"它使得科学统一性问题有了一个新的和更丰富的含义",即构想学科之间和研究纲领之间的科学知识统一性。因此,劳斯提出了一个"目的是理解意义的历史形成和维持"的"更加充分的科学哲学的模式",即"跨学科的文化研究"。这是一个不仅力图超越自然科学内部的学科边界,也超越了自然科学与人文、社会科学界限的更强的普遍性的诠释学纲领。

第四节 劳斯科学实践诠释学对科学哲学基础理论的意义

作为当代一个有影响的科学哲学理论,劳斯的科学实践诠释学的核心,是以实践的观点理解科学。以此为前提,劳斯展开了对科学实验的实践特征、知识的地方性属性、科学与权力的关系等的论述,并基于科学实践情境叙事的重建给科学哲学以新的理解和解释。因此,我们认为,可以将劳斯科学实践诠释学对科学哲学基础理论的意义,概括为如下三个方面:

一、提出了理解科学的实践原则

劳斯科学实践诠释学的理论核心,是理解科学的实践原则。为什么以及如何从实践出发来理解科学,不仅是劳斯的著作《知识与权力:走向科学的政治哲学》,也是他的另两本著作《涉入科学:如何从哲学上理解科学实践》(1996)和《科学实践为什么重要:重提哲学自然主义》(2002)的主题。对理解科学的实践原则的论证,是劳斯科学哲学最为核心的理论价值。

理论与实践的关系,不是一个新问题。自然科学系统发生后引起的近代欧洲哲学关于知识基础的经验论和唯理论的争论,实质上就是关于理论、实践对科学的理论关系问题。现代哲学中,逻辑经验主义和批判理性主义虽然在理解科学的原则上坚持了理论优位论,但它们不仅在各自的科学观中考虑了经验的因素,还坚持了经验主义的原则。科学历史主义虽然走向了相对主义,但在理论与实践的关系上看起来似乎更为公允,一方面提出了观察渗透理论的思想,另一方面又肯定科学实验、仪器设备、技术等实践因素对于理论的基础作用。劳斯的实践诠释学提出的问题,与以往人们关于理论与实践关系的思考完全不同。它不是关于理论与实践对于科学孰轻孰重的问题,也不是理论研究需不需要实验、经验、技术等实践因素,或者实验室等实践的领域、环节和过程有没有理论的渗透与指导等问题,而是问:理解科学的哲学解释原则到底是理论还是实践?在原则上理解科学的逻辑基点在哪里?

如果认为,尽管实践对理论是非常重要的(即认识的来源和检验理论的标准),但科学仍然可以脱离实践而从理论方面得到理解,即科学是理论性的活动,理解科学的逻辑基点是理论,就是劳斯等人说的理论优位论者。而劳斯从此在之基础存在论出发,超越了理论与实践的认识论关系,而深入到了科学与理论、理论与实践的前概念、前逻辑、前反思的领域。科学活动属于此在在世的方式,它是一种介入性的实践活动,实践及实践背景在本体论上先在于科学理论,"科学概念和科学理论只有作为更广泛的社会实践和物质实践的组成部分才是可理解的"[①]。实践是理解科学的逻辑基点,也是显现科学知识属性的机制。这就是劳斯的实践诠释学确立的理解科学的实践原则。

科学的实践原则是劳斯批判英美科学哲学和欧洲大陆科学论的理论武器,也是劳斯对科学哲学基础理论的最大贡献。在科学诠释学的现象学中,劳斯并不是唯一提出从实践上理解科学的科学哲学家。比如,伊德的技术—科学现象学,也是从批判科学的理论优位论开始的,伊德以实用主义的实践观念改造传统现象学,通过对科学实践的技术具身、仪器诠释学、视觉主义等的现象学分析,丰富了对自然科学实践属性的理解,推动着科学哲学的实践转向。但和伊德将理论重心放在技术—科学的现象学分析相比,劳斯更加重视在哲学的解释原则上,即也就是他说的"概念上",对科

[①] 约瑟夫·劳斯:《知识与权力:走向科学的政治哲学》,盛晓明、邱慧、孟强译,北京大学出版社2004年版,第1页。

学的实践本质的论证。因此,我们说,提出并论证了理解科学的实践原则,是劳斯科学哲学的独特贡献。

二、深化了对科学实践属性的理解

在劳斯的科学实践诠释学中,如果说,理解科学的实践原则是理论的核心,那么,实践情境、实践情境的优先性就是劳斯理论的基本概念和基本观点。其他的重要内容,比如科学知识的地方性、科学理论是对实践情境的叙事,以及实践者、实践对象等,都是由实践情境及其优先性界定的。实践情境及其优先性,是劳斯对科学的实践属性理解的推进。

劳斯是这样通过实践情境来阐述科学的实践属性,推动着对科学实践属性的理解的:

(1)实践是情境化的构造世界的事件或过程。实践具有时间性、开放性、规范性等属性,但最根本的是实践的情境化。时间上的延伸性、面向未来的开放以及实践的定制等,实际上都是围绕着实践的情境化进行的。实践情境具有优先性。

(2)实践情境在概念上规定着实践者和实践对象。与理论优位的认识论坚持的,实践情境是实践者与实践对象相互作用的结果这种观点完全不同,劳斯的实践观认为,一个行动者或事物成为实践者或实践对象,只是因为它被情境化于行进的实践情境之中。

(3)科学研究是一种实践活动,这种实践不仅重新描绘了世界,也重构了世界。

(4)科学知识是实践者对自己置身的实践情境的叙事,科学理论是系统性的叙事重建,是被叙事重建的知识联合。科学知识的多重的、不断进行的叙事统一,即不同状态下科学实践情境的相互作用和整合,是科学实践研究的基本内容。

(5)时间中的实践情境决定的叙事结构构成叙事语境。科学知识的可理解性和意义都来自于不断重建着的叙事语境。

(6)科学哲学的中心任务,是对科学实践情境叙事的跨学科重建。

劳斯对科学实践的情境化理解，突出了科学实践情境的本体论意义，并以此理解科学理论的本质和科学哲学的任务，这是以往科学哲学所没有的。劳斯突出科学的实践情境，与现代科学中最富有哲学精神的科学——量子力学的哲学精神相一致。哥本哈根学派就是从微观领域实验现象的整体性揭开量子革命的序幕的。

三、拓展了科学哲学的研究领域

劳斯对科学哲学领域的拓展，容易使人看到的是"跨学科的文化研究"这个劳斯认为"更加充分的科学哲学的模式"，但我们认为，权力对于科学的内在性，是劳斯对科学哲学领域最深刻的理论拓展。

劳斯拓展了福柯的"权力"概念，明确并具体阐述了科学的政治维度，确认科学的认识论维度和政治维度都是其实践属性的表现。福柯仅将他的注意力局限在构成人类个体知识的实践中，[1]劳斯则走得更远。他对福柯的主张——必须注意区分施加于人的权力和施加于事物的能力——提出了质疑。[2] 他认为，不论是施加于人还是施加于物的力量都是权力。因为科学知识的获得改变了作为认识对象的事物，但是它也改变并限制了处理这些事物的人本身，后者不可能与对事物的限制截然地割裂开来。[3] 权力不仅从外部对科学和科学知识产生影响，权力关系也渗透到科学研究最常见的活动中。科学研究起源于特殊实践介入的权力关系，实验室实践的发展和拓展所产生的所有效果都是权力关系，科学知识就是在权力关系中演变而"普遍化"的。科学的权力性质与实践性介入、标准化等一起，成为劳斯阐述科学的实践属性的核心思想。拓展后的"科学权力"客观上给我

---

[1] 约瑟夫·劳斯：《知识与权力：走向科学的政治哲学》，盛晓明、邱慧、孟强译，北京大学出版社2004年版，第109页。

[2] 约瑟夫·劳斯：《知识与权力：走向科学的政治哲学》，盛晓明、邱慧、孟强译，北京大学出版社2004年版，第227页。

[3] 约瑟夫·劳斯：《知识与权力：走向科学的政治哲学》，盛晓明、邱慧、孟强译，北京大学出版社2004年版，第250页。

们展示了过去被忽视了的科学在泛政治学方面的内容。

　　值得指出的是,在劳斯以前,西方马克思主义和早期的科学社会学都曾分析过科学与权力、利益、人权等关系,马克思在其经济学:哲学著作中更是分析和阐述了科学、技术与资本的关系,但这些研究,关注的都是科学与权力关系的外在方面(当然这很重要),劳斯在福柯的启发下对科学与权力内在关系的阐述,不仅是一种新的思想,更重要的是为科学哲学开辟了一个新领域。

第五章 希兰的诠释学—现象学科学哲学

希兰（Patric A. Heelan）是西方现象学—诠释学科学哲学流派的代表人物之一。他于1926年出生于爱尔兰的都柏林，曾受教于著名物理学家薛定谔和辛格，在爱尔兰国家大学获得数学硕士学位；1952年希兰在美国获得密苏里圣路易斯大学地球物理学博士学位。之后，他回到都柏林高等研究院宇宙物理系工作，主要进行量子力学等物理学研究，同时也从事神学研究。希兰后又到比利时罗万大学攻读哲学，比较系统地学习了胡塞尔、海德格尔、梅洛·庞蒂、伽达默尔、利科等哲学家的思想，并深受隆纳尔根（Lonergan）神学的影响，开始了现象学和诠释学的研究。1964年获哲学博士学位。希兰在1983年出版了著名的代表作：《空间知觉和科学哲学》（Patrick A. Heelan, *Space-Perception and the Philosophy of Science*, Berkeley and Los Angeles: University of California Press, 1983）。希兰的其他比较重要的专著和论文有：*Quantum Mechanics and Objectivity: The Physical Philosophy of Werner Heisenberg*（The Hague: Nijhoff, 1965），After Post-Modernism: The Scope of Hermeneutics in Natural Science（*Conference on After Postmodernism*, 1997），The Lifeworld and Science Interpretation（*Handbook of Phenomenology and Medicine*, 2002），Why a hermeneutical Philosophy of the Natural Sciences?(*Man and World* 30,1997), Natural Science and Bing-in-The-World (*Man and World* 16,1983), Hermeneutics of Experimental Science in the Context of the Life-World (Interdisciplinary Phenomenology, 1977), *Hermeneutical Phenomenology and the Philosophy of Science* (Fordham University: Hermeneutic and Phenomenological Philosophies of Science Research Resources, 1991), Complementarity, Context, Dependence, and Quantum Logic (*Foundation of Physics*, Vol. 1, No. 2, 1970), 等等。

希兰常常用"诠释学的和现象学的科学哲学"(Hermeneutic and Phenomenological Philosophy of Science)、"诠释学的或现象学的自然科学哲学"(Hermeneutic or Phenomenological Philosophy of Natural Science)、"自然科学的诠释学哲学"(Hermeneutical Philosophy of the Natural Science)来称谓自己倡导的科学哲学理论。他提出的"知觉现象学"、"科学诠释学实在论"、"多元互补的科学观与世界观"等理论,都在当代西方科学诠释学—现象学研究中产生了重要影响。

第一节 生活世界的本体论

希兰的科学哲学是英美"反科学主义"和欧洲大陆现象学运动融合的产物,在理论形态上常常表现出以现象学、诠释学的视角探讨科学历史主义、科学构建论已经提出的话题。因此,科学历史主义、构建主义和大陆现象学、诠释学思潮共同构成希兰现象学—诠释学科学哲学的理论基础。这表现在方法论和本体论两个层面。在方法论层面,诠释学的语境的、前理解的理解逻辑成为希兰探讨科学问题的基本方法;更重要的是,由晚期胡塞尔提出的"生活世界"概念,被希兰继承下来,并加以海德格尔生存论意义上的发展,成为希兰科学哲学的本体论基础。

一、希兰理解的"生活世界"概念

希兰思想生发于后现代主义潮流之中,自然地吸取了其中反对理性专制,重视主体对知识之构建性,提倡价值多元化、真理开放性的因素。但后现代主义解构的、破坏的、"革命的"一面,对希兰这样一个物理学家出身的哲学家并没有太大的吸引力。希兰力图在科学实在论所追求的客观必然性同科学历史主义、构建主义之间找到一种平衡,既反对笛卡儿传统下"自然之镜"对科学的片面化理解,又避免后现代思潮中相对主义、怀疑主义的负面因素对科学的伤害。

希兰诠释学的实在论是生活世界的本体论。生活世界是人类所有科学和非科学活动的基础和场所,是人类生存的一切意义、理解的渊源,是人类主体和一切前来照面的(科学或非科学)对象存在并发生关系的可能性条件,更进一步,是赋予一切存在以实在意义的本体论源头。因此,一切科学的"理论实体",只有通过对可读技术的应用为实践所负载,从而"本地化"为生活世界的一部分,才能最终成为生活世界视域下的"知觉实体",成为被人类公共社会生活所认可的"实在"。

在1997年芝加哥大学举办的"后现代主义之后"学术会议(Conference on After Postmodernism)上,希兰提交了名为《后现代主义之后:自然科学中的诠释学领域》的论文。在该文中,希兰详细阐述了生活世界对于包括科学理解在内的一般人类理解的意义:"生活世界是(服务于)人类理解的'场所'('空间'和'领域'),被具身化人类探究者的活动赋予特征",且这样的人类探究者是"处于彼此的交流当中,并伴随其以活跃的文化网络为背景的环境"[①]。可见在希兰那里,生活世界作为理解的本

---

① Patrick A. Heelan, After Post-Modernism: The Scope of Hermeneutics in Natural Science, *Conference on After Postmodernism*, 1997. http://www.focusing.org/apm_papers/heelan.html.

体论基础,是人类在其中实践、生存的世界,是公共的、同历史和文化语境密切联系的世界。接下来,希兰对生活世界做出了一些重要描述,突出了其三个规定性,即生活世界是"此在"被抛于其中的世界,是前理解的公共历史文化境遇,以及生活世界是围绕人的实践展开的,具有实践性。

1. 生活世界是"此在"被抛于其中的世界

生活世界的本体论意义存在于生活世界与此在的生存论关联。希兰将生活世界同"此在"的被抛境遇联系起来,认为生活世界是"此在"被抛于其中的世界。希兰说:"人类探究者在一种哲学反思中发现自己无从选择地,偶然地'被置于'(located)人类历史的某个时空",也就是说"意识到自身仅仅是一生'被抛于'生活世界当中"。① 在这段表述中,希兰既使用了胡塞尔的"生活世界"的概念,又包含了海德格尔对"被抛于世"的理解,并在后文中注明这正是海德格尔思想中的元素。这样,希兰把他从胡塞尔那里继承来的"生活世界"概念,同海德格尔的存在论的世界概念结合起来。海德格尔的"世界",即"此在"被抛于其中的、于上手的操劳过程中由寻视所揭示的指引联络呈现出来的世界,直接的就是生活世界。希兰对海德格尔的存在论视域和存在论思维方式的继承,本身就预设了胡塞尔的现象学和海德格尔的存在论在哲学取向上的明显差别,甚至矛盾。但希兰深刻地认识到同属现象学思潮,晚期胡塞尔"生活世界"的概念中本身蕴含实践经验、境遇的因素,这正是海德格尔影响并发展了的东西。将胡塞尔的生活世界概念和现象学方法(如对对象本质、知觉视域、侧显等概念的规定),在海德格尔的此在之基础存在论基础上进行重新理解,用于自然科学的诠释学研究,这是希兰科学诠释学现象学的基本原则。

2. 生活世界是前理解的诠释学的公共历史文化境遇

在概述了"此在"无从选择地被抛于生活世界之后,希兰接下来说了下

---

① Patrick A. Heelan, After Post-Modernism: The Scope of Hermeneutics in Natural Science, *Conference on After Postmodernism*, 1997. http://www.focusing.org apm_papers/heelan.html.

面一段话:"每个个体都继承了一种语言,一种文化,一个社会共同体,一组操心(可能,每个个体还继承了不只一种),它们赋予他或她所共享的生活世界以意义结构和目的。而且,虽然生活世界不是每个个体自身创造和选择的,却依然渗透进个体生活经验的有意识的和无意识的层面。"[1]因此,希兰所研究的科学探究者(以及一切人类个体)"被置于"此的世界,是一个先于具体科学探究者而存在,作为其存在论上的条件限定着其理解、活动方式的"前理解"的生活世界。这正是希兰揭示的科学在本体论上的诠释学特征,它规定了科学哲学在认识论上的所有诠释学属性。对科学诠释学来说,希兰的生活世界是诠释学的前理解的公共历史文化境遇的观点,是从本体论上对海德格尔的理解的存在论的落实和具体化。

我们前面已经指出,诠释学从海德格尔的此在之基础存在论获得的存在论引导,伽达默尔已经展开于其著作《真理与方法》中,阐述于哲学诠释学中。但伽达默尔的具体化,却将自然科学看作是完全由科学方法论统治的,因而不适用于诠释学的真理经验的知识领域。实际上在海德格尔的此在之基础存在论中,理解作为此在的存在方式,理解的存在论结构适合于人类一切领域的理解和解释,而不单单是精神科学领域的理解与解释;理解的存在论蕴含着的不是局部领域的人类理解,而是人类的一切理解行为的可能性条件,回答的是人类一切理解行为何以可能的问题。

在科学诠释学中,希兰继承了海德格尔的理解的存在论以及对诠释学的本体论转向。与传统的方法论诠释学相比,海德格尔在存在论层面上消解了旧哲学传统中主客体的对峙关系,包括人、对象乃至传统意义上的"认识"活动,都成为仅仅对现成事物之现成关系的讨论,无法触及此在的生存及其对自己生存的理解——而对本己的在世生存有所理解和领会,正是"在—世界—之中—存在"之此在的本质特征。此在被抛于生活世界之初,

---

[1] Patrick A. Heelan, After Post-Modernism: The Scope of Hermeneutics in Natural Science, *Conference on After Postmodernism*, 1997. http://www.focusing.org apm_papers/heelan.html.

对"对象"、"主体"、"客观性"这些后天设定的、形而上学的现成概念浑然无知,它唯一发现自己所处的境遇,就是已经无从选择地被抛于某种历史文化境遇之中,并以上手的方式同前来照面的东西打交道,这样的"打交道"就蕴含并规定着理解。而理解作为具体境遇下此在的存在方式,不可能由先验、永恒的客观模式所决定,而是被此在生存的历史文化环境所塑造。因此在海德格尔那里,解释不是无前提地把握先验的客观存在,而是具有"前理解"的结构。正像海德格尔说的,"把某某东西作为某某东西进行解释,这在本质上是先行具有、先行视见和先行把握来进行的"。希兰认为,海德格尔的理解的前理解结构,普遍适用于自然科学研究:所有的科学研究决不是在某种非历史、非文化的先验构架中描绘"自然的镜像",而是受着科学探究者"被置于"其中的历史文化境遇的限制,被其所处的(科学)世界中之前有、前见和前把握所天然地规定。

3. 生活世界是围绕人的生存实践而展开的

生活世界是"此在"生存于其中并在感性的、知觉的活动中不断照面的周围世界。对于无从选择地被抛于其中的此在来说,它是一种"前有"。然而,有些研究者限于传统哲学的"主客观"范式,将作为前理解基本结构的前有仅仅归结为独立于人类主体的自然物质性,将生活世界当成自然物质的总和,或把生活世界看成对客观世界形而上的理论描述。这都是不确切的。希兰在其著作中用一大段话来阐释生活世界属人的实践性。希兰说:"认为生活世界大概是作为日常世界之说明的看法是错误的,因为生活世界既不是日常世界的一种模式,也不是关于日常世界的一种理论;它也不仅仅是对日常世界的一种描述,因为它没有以抽象的方式被简化为某些内容的范畴目录。生活世界更确切的是一种通过将我们反思的关注引向先于我们对一切事物、机制之范畴和一切观念理论之思考的前理论的、前判断的、前概念的活动,来历史地展示在日常世界之实践的现实中的人类理解和劳作中的存在。这样的展示是一种作为人类经验的本体论维度的存在……且每一个人类个体都是作为如海德格尔所说的此在(在世之在)的存在。"①

由此看来,在希兰的科学哲学中,生活世界不是独立的自然界,也不是一套概念范畴框架,而是此在生存的世界,世界中的事物在此在感性的实践活动中不断同此在照面,因此生活世界是实践的前概念活动领域,它蕴含着彻底的生存论的诠释学分析原则。

二、生活世界:希兰科学诠释学—现象学的本体论

综上所述,希兰的"生活世界"概念来源于胡塞尔,但他又将"生活世界"概念连同现象学方法在海德格尔生存论基础上进行了改造,认为人类探究者在一种哲学反思中发现自己无从选择地、偶然地"被置于"人类历史的某个时空,意识到自身仅仅是"被抛于"生活世界当中。将科学与"生活世界"及"此在"的"被抛境遇"结合,对于科学哲学具有重要意义。它意味着希兰将海德格尔的"诠释学的现象学"作为他的科学哲学的本体论基础,意味着希兰为自己用"生活世界"、"具身化主体"、"知觉行为"、"文本阅读"以及"视域"等概念从现象学理解科学实践,从本体论上找到了和胡塞尔的"作为严格科学的哲学"不一样的合法性,用希兰自己的话说,"我们的任务是在当代生活世界给现代科学一个本体论和认识论基础"②。

结合上面的论述,我们可以将"生活世界"概念在希兰科学哲学中的理论地位概括为:生活世界是科学的出发点和归宿,是希兰的科学诠释学实在论的基点。在希兰的科学诠释学中,生活世界本体论具有哲学解释原则的意义和作用。具体地说,它包括下面几点:

(1)希兰将生活世界作为科学哲学的本体论,将之理解为科学的出发

---

① Patrick A. Heelan, After Post-Modernism: The Scope of Hermeneutics in Natural Science, *Conference on After Postmodernism*, 1997. http://www.focusing.org apm_papers/heelan.html.

② P. A. Heelan, Why a Hermeneutical Philosophy of the Natural Science, *Man and World* 30, 1997, p.273.

点、目的、意义和归宿。在希兰将"生活世界"和"被抛境遇"相结合之后,海德格尔对此在"在世界之中"的表述,就成为在生活世界中的生存,海德格尔对此在的生存论分析和现象学方法,都直接适用于生活世界之中的科学探究者。这样,对科学、科学活动的理解,就可以超越以往一切现成层面的理论,直接向存在论开放自身。也就是说,科学和科学活动,是此在存在的一种境遇、方式。科学理论、对象、仪器在存在论上都以或上手,或现成样式前来照面。这就为用科学诠释学存在论去研究科学建立了合法性,为希兰接下来对具身化主体、知觉行为、仪器应用、文本阅读以及视域构建的讨论奠定了理论基础。

将生活世界作为科学的本体论,直接导致了理解科学的哲学原则的变化。意味着不仅对科学从哪里出发,科学的意义为何,科学的目的是什么等的理解要从生活世界出发,而且对于科学对象的实在性、科学知识的客观性、科学真理等问题的理解也要从生活世界出发。由于生活世界既不是传统唯物主义理解的自然物质的总和,也不是主观主义所想的仅仅是对客观世界形而上的理论描述,而是人类生存的、人类实践不断创造的成为人类一切意义的源泉的世界,因此,将生活世界作为科学哲学的本体论,作为哲学理解的科学的出发点和归宿,意味着希兰有可能走出一条既不同于"镜像反映"的传统实在论,也不同于主张科学是主体建构的主观主义、相对主义的诠释学实在论的理解路径。

(2)生活世界作为科学哲学的本体论,它在定义上就将科学诠释学同知觉实践和现象学方法紧密地联系在一起,决定了希兰的科学诠释学必然是现象学的。希兰曾说:"现象学或诠释学传统下的科学哲学家,将被一种新的追求所引导,这种追求不论是在有意义的问题的选择还是解决这些问题的方式上都不同于分析传统的哲学。这样一种哲学应当致力于研究建构性问题、人的具身化主体性和世界——作为实在的生活世界这样的没有进入分析的科学哲学视野的问题。"①在现象学那里,生活世界是由知觉奠基的。希兰对胡塞尔"生活世界"概念的继承,也天然地继承了知觉对呈现生活世界具有基础意义这样的现象学观念。奠基于生活世界的科学诠释学,必然意味着一种科学现象学。它们之间的关系是,对"此在"的诠释学理解,赋予了现象学研究新的视角和内容,而现象学分析为科学诠释学提供了新的认识论证据。知觉是怎样构建着科学探究者的生活世界,科学的理论对象又是怎样被知觉实践所建构,并通过知觉实践进入社会公共生活领域,成为生活世界中的实在内容的,这些都是希兰要通过对科学的现象学分析阐明的问题。生活世界的本体论,决定了科学诠释学的现象学方法,组建着科学诠释学的内容。

(3)生活世界作为科学哲学的本体论,在理解科学的哲学原则上,意味着不从任何哲学命题出发的彻底的批判性。正像希兰1997年的论文《后现代主义之后:自然科学中的诠释学领域》表明的,将生活世界看作是日常世界之说明的看法是错误的,因为生活世界不是日常世界的一种模式,也不仅仅是对日常世界的一种描述,生活世界更确切的是一种存在论的思维方式,它将我们的反思引向主客体分离之前的前理论的、前判断的、前概念的领域,引向对自然科学的可能条件的先验理解和把握。这是一种和以往的科学哲学都不同的理解科学的哲学原则。

(4)生活世界是诠释学的、前理解的公共文化境遇,它赋予包括科学在内的人类理解的"前理解"、"前占有",无条件地决定着科学实践的可能性条件。具身化的人类实践者"被置于""此"的生活世界,是一个先于具体个体而存在,为其提供了生存条件的世界。生活世界无条件地以存在论上的这种条件性,通过具体的语言、文化、社会共同体、操心及意义等,渗透进个体生活经验的有意识的和无意识的层面,赋予他或她所共享的生活世界以

---

① Patrick A. Heelan, Hermeneutical Phenomenology and the Philosophy of Science, Silverman, Hugh (ed.), *Gadamer and Hermeneutics: Science, Culture, and Literature*, New Yock: Routledge, 1991, p.224.

意义结构和目的,规定和限定着人类个体的实践与理解。海德格尔揭示的理解的存在论结构,对于自然科学及其实践具有普遍性。

在自然科学领域,理解的"前理解"就具体化为这样三重结构:"(1)前见,一套公共的描述范畴,它是一种公共描述语言;(2)前有,一系列实践(praxe)、具身化物(embodiments)、技巧等介于描述范畴(项)和其涉及之物间的中介;(3)前把握,关于正在讨论之问题的特定假说。"①在希兰的理论中,作为前见的公共描述语言,就是为一定历史境遇下社会共同体的每个成员所继承的一种公共的、蕴含独特意义、目的的语言、文化和思维逻辑。这种公共描述语言虽然"不是每个个体自身创造和选择的,却依然渗透进个体生活经验的有意识的和无意识的层面"——个体依赖这样的描述语言去理解、表达和交流他们对生活世界中前来照面对象的看法。而前把握,就是在研究任何科学问题之初既有的理论前设,如绝对时空观对于经典物理学,以太的假设对于早期的光学研究者。在科学共同体中,前见和前把握可以被看作库恩定义下的某种被主流科学探究者所认可的科学范式,即对某一科学世界观、方法论、价值论和具体科学研究传统的共同认可。只有在这样具有公共性前结构的生活世界中,科学探究者才可能以同一的方式去进行研究,讨论、交流,达成共识,积累知识,协力合作,从而生活在一个共同的世界中——这正是生活世界公共性的意义所在。而前有同一系列实践、具身化物、技巧等感性的、实践的东西相关。它们都涉及主体运用作为身体之扩展的可读技术同自然界发生交涉、互动的感性过程:主体凭借上手操作和"阅读"具身化仪器所生成的信息编码("文本"),能动地、诠释学地去揭示对象,理解存在。上述由"一套公共的描述范畴"、"一系列实践、具身化物、技巧"、"特定假说"等构成的"前理解"的三重结构(前见、前有、前把握),为科学实践提供了可能性条件,从本体论上决定着科学现象学分析的视野、方向和内容。

---

① Patrick A. Heelan, *Space-Perception and the Philosophy of Science*, Berkeley and Los Angeles: University of California Press, 1988, p. 194.

总之,希兰奠基于生活世界的科学诠释学,首先反对的是反历史文化语境的抽象的"自然之镜"的科学实在论,进而反对建立在这种科学实在论基础上的、强调科学理性对社会生活绝对统治的科学主义意识形态。希兰将科学哲学中以波普尔、库恩、费耶阿本德、拉卡托斯等人为代表的、反对现代性下的科学主义的理论传统称为"反科学主义",认为自己的科学诠释学弥补了"反科学主义"科学哲学与传统的诠释学、现象学无交集的空白,其中的知觉实在论和理论对象的实在化理论等既反对了传统实在论的非历史性,也反对了后现代主义科学哲学中表现出来的主观主义。

第二节 知觉的诠释学—现象学

生活世界作为希兰现象学—诠释学科学哲学的本体论基础,从一开始就同知觉紧密地联系在一起。希兰在继承胡塞尔生活世界概念的同时,就天然地继承了知觉对呈现生活世界的重大意义。不仅如此,希兰还以科学诠释学现象学的独特视角深化和发展了这种意义。

生活世界直接是人们生活于其中的现实世界,是人们通过知觉实际地被给予的、被经验到并能被经验到的世界。因此可以说,此在通过自己的实践经验、知觉构建了生活世界。这样,研究科学探究者的存在方式,首先要理解对于他们来说,知觉是怎样构建着科学探究者的生活世界的。不仅如此,科学的理论对象和科学世界,又是怎样通过经验和知觉进入社会公共生活领域,成为全球化时代下人类公共生活世界的内容——这都是希兰希望阐明的问题。

而研究这一切问题的基础,就是弄清知觉的基本特征、结构和内容。这正是本章要探讨的主题。在希兰的现象学—诠释学科学哲学中,知觉不再仅仅是感觉器官对周围对象的被动反映,而是一种实践的、诠释学的行为,在这种行为中,知觉者构建了自身的知觉对象。总之,对知觉的诠释学、现象学分析,构成了希兰科学哲学的逻辑脉络,决定着希兰科学哲学的结构与走向。

一、知觉的诠释学属性

1. 知觉是诠释学的知觉行为

在《空间知觉和科学哲学》一书中,希兰这样来定义知觉:"我把知觉当作一种完成了的认知行为(act of knowing),也就是一种知觉的识别、判断,或一种能够在关于世界情形的描述性陈述中被通常是知觉者自己所表达的信念(belief)。"① 在这个概念下,希兰没有把知觉定义为被动地"反映",也没有如康德那样把知觉看作某种先验机制的构建作用。总之,他没有用古典的认识论眼光来对待知觉,而是将知觉同知觉者生存实践的创造性的识别、判断、表达联系在一起。这就使知觉首先成为一种本体论上的实践行为,一种此在生存的诠释学实践,然后才是认识论上的一种认知行为,包括知觉识别、判断、信念等。认识论上的知觉认知,以本体论上的生存实践为基础,同时它也是本体论上的理解的生存论结构的认识论展开,因而自然地同知觉者实践的社会文化性和历史情境联系在一起。

希兰对"知觉行为"(the act of perception)和"占有一个知觉对象"(having a percept)的区分正是基于这一点。在希兰看来,知觉行为是一种实践的认知行为,它具有实践性(基于人的生存实践)、判断性(对知觉对象的知觉判断)、实在性(总是关于实在事物的知觉)等本质属性;而"占有一个知觉对象"则是一个不完备的认识论概念。在后者的情形中,表征主体行为、实践的判断和信念被排除了——在整个过程中,知觉主体没有做出任何判断,使得这样的占有成为一种非认识的,也即非诠释学的残缺形式。这种残缺形式取消了人类实践的历史文化情境对知识的意义。他说:"在这种观点下,占有一个知觉对象等于占有了一个(不具必要真实性的)对象的表象(appearance),且这不足以构成关于世界实际或可能的情形的

---

① Patrick A. Heelan, *Space-Perception and the Philosophy of Science*, Berkeley and Los Angeles: University of California Press, 1983, p.131.

知识:它可能是专题的,而且可以得到某种特定的,不是寓于世界而是寓于观念印象的对象状态——即表象或现象。"①希兰指出,上述表象或现象在现象主义者那里称为"加括号的知觉"或一种"主体去悬置的知觉",它是蕴含固定知觉本质的单个侧显。在这种知觉中,一切与某一实际世界情形相联系的判断都被悬置了。希兰这里所说的"悬置",正是所谓的现象学"悬置",即在不否认外在事物存在的前提下,暂不介入对存在问题的探讨,旨在突出意识本身,以便对意识现象进行更深的研究。在这里,表象、现象、知觉、本质、侧显等都是无关外在对象、环境的,纯粹在意识领域被直接给予的前判断的先验现象学构建。希兰不赞成在知觉问题上采取这样的悬置,认为这肢解了活生生的知觉行为,把知觉的实践性、判断性乃至知觉行为所必不可少的现实世界从知觉过程中分裂出去。因此,知觉就失去了作为现实活动的社会历史境遇,被封闭在主体先验意识结构的领域。希兰说:"我认为知觉行为不仅仅终止于感官、基本理念、表象、知觉对象、显像或其他的精神内涵,而是靠着意向同一性(intentional identity)处于实在本身之中。……我坚持认为如此触及的实在不是任何独立于人类活动、文化或历史等事务的状态。"②

这代表了希兰对早期胡塞尔将现象学标榜的"作为严格科学的哲学"的扬弃。20世纪初,由于科学在满足人类物质需求、推动社会工业化发展方面的巨大成功,科学主义风靡世界。这迫使人们对哲学的价值产生了怀疑,甚至认为哲学只有按照科学知识客观、稳固的标准改造自身,才能延续其价值和生命。实证主义和逻辑实证主义就是这种思潮的产物。胡塞尔正是为了反对自然科学对哲学的攻击才提出了自己的理论,试图建立比科学更严格、可靠的哲学。希兰指出,胡塞尔发现了笛卡儿传统忽视了人类主体在构建知识过程中所起的作用,批评了以科学为代表的现代性用数学

---

① Patrick A. Heelan, *Space-Perception and the Philosophy of Science*, Berkeley and Los Angeles: University of California Press, 1983, p.132.

② Patrick A. Heelan, *Space-Perception and the Philosophy of Science*, Berkeley and Los Angeles: University of California Press, 1983, p.132.

模式代替了在生活世界中直接被给予的现象。这是胡塞尔对科学哲学重要的历史贡献。但是,早期胡塞尔却并没有真正重视现实的历史文化语境对知识的意义,而是建立起一座"比科学更严格"的纯粹现象学大厦,试图用某种先验、必然的模式描绘人类经验、认识的稳固结构,从而具有讽刺意味地肯定和继承了自然科学推崇知识一元性、先验性的价值观。

2. 知觉属于诠释学的历史文化语境

希兰认为,海德格尔纠正了胡塞尔的错误倾向。希兰说:"作为海德格尔所展望和直接针对的那个现代科学问题,摆在我们前面的任务是在当代生活世界中为现代科学找到一个本体论和认识论的基础,而非如胡塞尔所想象的那样去寻找那种必然的、先验的解决方案。"①这里的本体论、认识论基础,就是生活世界。希兰哲学中的知觉对象不再是由认识主体之先验理性所构建的抽象对象,而是处于生活世界本体论的历史文化语境中,在生活世界中直接被给予的。希兰认为,知觉知识不是一些"先在已知"即预设的理论假设的逻辑推论,而是生存于现实生活世界中的人的直接的实践性知识。希兰说:"知觉对象在知觉行为中以直接被给予的方式向知觉者显示自身,作为一些基本的、明显的、原始的对象的成员,这些对象的在场和形式在某种意义上是由我们发现自己生活在其中的世界施加于我们的。一个世界是公共的领域,知觉对象属于公共而不是私人的领域。"②知觉对象是公共的领域,正是因为知觉对象由之被给予的生活世界是诠释学、前理解的公共历史文化境遇。作为被知觉者知觉的事物,知觉对象的客观实在性,来源于知觉物与人在这个公共历史文化境遇中的实践性关联,来源于人类知觉、认知结构的统一性和社会历史性。希兰说:"在日常的知觉中,我们都是实在论者:我们预期事物将作为'在现实中'的东西被知觉,且

---

① P. A. Heelan, Why a Hermeneutical Philosophy of the Natural Science, *Man and World* 30, 1997, p. 273.

② Patrick A. Heelan, *Space-Perception and the Philosophy of Science*, Berkeley and Los Angeles: University of California Press, 1983, p. 132.

它们是通过我们文化中的公共意见成为'在现实中'的,即这是由科学解释所决定的。"①正是人类文化中公共的、历史发展着的观念、知识(如对科学对象实在性的共识),赋予在生活世界中被知觉的存在者以实在的意义,这样的知觉被生存论的历史文化境遇所负载。在这种理解下,知觉就超出了个体主体先验结构的束缚,成为具有社会实践的历史文化语境的本质属性的诠释学的实践行为。

3. 知觉是多元视域下的实践性探究

希兰把知觉看作是基于人类生存实践的认知行为,从本体论上强调表现知觉者的历史性的前理解对知觉的决定和建构作用。

希兰反对将知觉仅仅归结为周围物理世界在知觉者的身体和感觉器官上发生作用的产物,即知觉是一种被动的物理刺激。因为,被知觉物并不呈现为光子撞击视网膜那样的形态、样式,而是呈现为一个对象或情形——这样的对象或情形"从知觉者中区分出来,并展示为同某一背景视域相联系的一种前景对象的结构"。在超越简单的物理刺激之后,知觉实际上发生于各种关系和可能性的视域背景下,这种视域背景在知觉行为的过程中扮演了前理解的角色。这里的前理解,其实就是前有(社会的、仪器的)前见(文化的、范式的)、前把握(理论的、方法的)所蕴含的各种要素之关系与可能性的总和。在这种前理解的背景条件下,知觉者依靠自身的感知、判断、选择,能动地构建了自己的知觉。希兰说:"即使知觉行为被经验为世界基本的、明显的、原始的呈现模式,具体的知觉系统(及其具体的意向性结构)也不是先天的、原始的能力;它们本身是人类生活、学习的成果。我们学着怎样去知觉我们要去知觉的东西,且这一成就对我们经验到我们自己存在于其中的世界的模式做出了贡献。另外,在每一个具体的知觉行为中,知觉者是一个探究者……。"②

---

① Patrick A. Heelan, *Space-Perception and the Philosophy of Science*, Berkeley and Los Angeles: University of California Press, 1983, p.140.

② Patrick A. Heelan, *Space-Perception and the Philosophy of Science*, Berkeley and Los Angeles: University of California Press, 1983, p.132,133.

希兰通过下面的例子为我们阐释了知觉是多元视域下的实践性探究的观点。① 图 5-1 中,描画出两条线段 L1 和 L2。观察者在不同的前理解背景下,通过能动地判断、选择,关于两条线段长度的知觉就会呈现出三种全然不同的结果。三种结果可能都是对的,却是互不相容的,即在同一个前理解背景下任意两种结果不可能同时被知觉到。

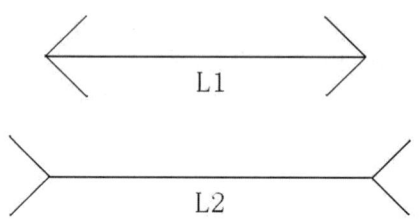

图 5-1　多元知觉视域中的线段

第一种结论:假如观察者是一个没有什么几何背景知识的孩子,他凭自然知觉(非欧几里得的)第一眼看上去,L1 是一条短于 L2 的线段。具有基本几何知识的成人常常将这种判断看作一种错觉,并认为该错觉是由线段两端的四条制造混淆的短线造成的。

第二种结论:对于一个具备基本欧几里得几何及测量知识,受过一定自然科学的教育,并自觉到自己正面对着"判断平面所示两条线段长短"之类数学题的中学生,教育背景告诉他科学的测量会比眼睛更接近于事实。他会用直尺亲自测量两条线段的长度,并得到相等的值。此时,他看到的 L1 和 L2 是两条长度相等的线段。

第三种结论:对于一个想象力丰富的建筑设计师,任何线条在他眼中都是现实中三维景物的简笔画。他可能将该图当成一幅具有三维深度的画面,如图 5-2 所示:L3、L4 构成一条位于观察者正前方,且笔直地伸向远方的公路。L2 是绘制于公路表面,横穿这条公路并和公路的两侧边缘相

---

① Patrick A. Heelan, *Space-Perception and the Philosophy of Science*, Berkeley and Los Angeles: University of California Press, 1983, pp. 84-85.

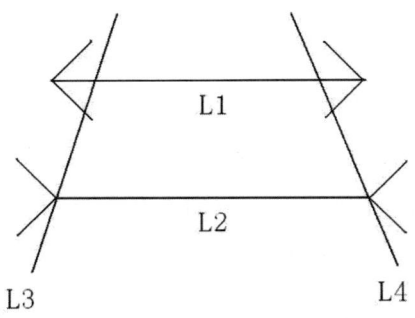

图 5-2　多元知觉视域中的线段

垂直的一条标示线，且该公路的两侧边缘 L3、L4 正好位于 L2 的两个端点处。L1 则是正前方远处路面上同 L2 相平行的另一条标示线。

假设他坚持欧几里得几何（以下简称"欧氏"），清楚欧氏空间几何的基本定理，并相信光沿直线传播，那么他理智的判断将毫无疑问地告诉自己：L2 的长度等于路面的宽度，而 L1 的长度显然超出了路面的宽度。在他直接的知觉中，L1 是长于 L2 的。

由上面的例子可见，视觉知觉不仅关涉既有知识、世界观、阅历、处境等前理解结构，也同这些因素下观察者的判断、选择有关。在希兰看来，一种前理解构架对应着一种生活世界的视域。那么，不同的前理解结构就对应多元的视域和多元的生活世界。没有几何背景的孩子、中学生和建筑师的前理解结构显然是不同的（事实上任何两个人的前理解都不可能是完全相同的），因此，他们就实际上生活在不同的视域和本己的生活世界之中，看到不同的东西。这样，我们不能贸然地说谁的知觉图景是错误的。因此，希兰的知觉理论是多元知觉的。但是，知觉者却可以在不同的视域中进行转换，以看到不同的结果。这种转换涉及一系列前理解结构和选择、判断行为。比如读完以上论述的读者，就可以调整自己的视域，自由进入孩子、中学生和建筑师的前理解结构中，透过不同的视域看到 L1、L2 呈现出三种迥然相异的知觉结果。因此，多元的知觉结果和相应视域又是互补的。这就是希兰关于 Q 格模式的多元化思想（Q 格模式将在后面的章节中专题讨论）。

希兰的多元知觉论具有更深的理论背景和理论追求。这就是希兰对科学主义、理性主义、本质主义对一切研究领域乃至整个社会生活霸权的反对。希兰乐观于后现代主义的多元化对一元化的取代，赞成用革命性的、多元化的诠释学、存在论的方式，而非传统的本质主义、基础主义的方式，来研究后现代生活世界中"此在"的生存，并以此作为其科学哲学的本体论基础。希兰认为，在现代性下，一只"全视之眼"（all see eye）在金字塔的顶端审视着被科学所定义的客观世界图景；而在后现代的生活世界中情况发生了变化，现代性下占统治地位的那只"全视之眼"被许多只虽小却视角各异的眼睛所取代，这些眼睛间则不再按从优越到拙劣的等级来区分。因此，相对于坚信一切知识都有一个唯一的、客观必然的基础的本质主义和基础主义，希兰更愿意建立起一套包含多元视角、承认多元真理的价值体系和理论形态，在其中，一切文化、民族、时代的文明成果，都可以作为诠释学的对象和素材，进入科学哲学的研究领域。但和一般的后现代哲学相比，希兰却难能可贵地避免了后现代主义中的极左倾向，不赞同对真理、价值、本体和知识客观标准彻底解构的要求，而是力图在多元的视角中确立多元的知觉、价值、方法、真理，以及知识多元的标准和真确性——这共同构成了希兰多元世界的思想。

二、知觉的现象学结构

在知觉领域，希兰继承了现象学的一些经典概念，如本质（essence）、侧显（profile）、意向性结构（intentionality-structure）、视域（horizon）、世界（world）等。但希兰在自己的科学哲学中赋予这些概念以新的诠释学含义，并始终是在实践的、历史文化的语境下理解这些概念的。运用这些概念，希兰阐述了使知觉行为和知识得以可能的条件。

希兰认为，知觉总是发生在同某一视域的关系当中。而"视域"包含两种含义："内视域"和"外视域"。希兰说："被知觉的对象在任何单独的知觉行为中都拥有一个外视域，或称为边界和轮廓。在显现中是外视域将知觉对象从背景中分离出来。这时,每一个侧显都自然地拥有一个前景—背景结构。背景也同样属于世界,但不同的是,它不是知觉对象的一部分。"①进一步,希兰描述了"内视域"以及各种构建知觉的现象学概念之间的关系,并声明如无特别规定,"视域"一词通常是指"内视域"。希兰说:"各种各样不同的可能侧显就是一个对象的(这一对象的或这一种类下的某一对象的)内视域。这些侧显展示了该对象的种种方面;对象的本质(the essence)是一套稳固的结构,它生成了对象的种种侧显。在自然的情形中,是对象,而非它们的本质,即时地和直接地被识别。一个对象的(这一对象的或某一特定种类下的某一对象的)本质只有通过基于该对象之可能侧显的审慎分析和试验才能被发现。这一审慎分析和再定义的过程对描述语词加以精练(refines)和提纯(purifies),并给予它们哲学上的地位使其得以进入必然判断的领域。"②

这样,一个对象的"内视域"就是该对象所有侧显的集合。可以看出,希兰认为每一个知觉对象都具有一个本质,本质拥有一个稳固的基本结构。本质规定了对象的是其所是,是该对象一切侧显的源头。但是,本质是一种抽象的东西,现实中由生活世界直接被给予的是知觉对象本身(即被知觉的一切侧显的统一体),而非它们的本质。要发现和把握对象的本质,只有通过其侧显逆向追溯——经过对种种侧显之描述语词的精练和提纯过程,得到一些能够体现对象本质的必然判断,将该对象区别于其他事物的可靠结构(本质)表征出来。而知觉对象之所以能够在某一视域中向主体显现自身,是凭借主体的意向性结构。希兰说:"同每一个视域相关联,在知觉着的主体中存在一种理智的意向,称为'意向性',它是可以从世界中接受和在世界中识别相应客观视域中之知觉对象的能力,并且提供了

---

① Patrick A. Heelan, *Space-Perception and the Philosophy of Science*, Berkeley and Los Angeles: University of California Press, 1983, p. 134.

② Patrick A. Heelan, *Space-Perception and the Philosophy of Science*, Berkeley and Los Angeles: University of California Press, 1983, p. 134.

研究和探寻上述这些对象的可能性。"①

在这里,我们特别要注意希兰对胡塞尔现象学概念的继承和改造。在对知觉的现象学分析中,希兰支持胡塞尔对"自然态度"的批判。所谓自然态度,是一种单纯、原始的认识论:它认为知觉对象自发地被给予人类知觉者,这种自发过程并不源自于知觉主体自身的因素,且由这一过程所经验到的对象毋庸置疑就是实在。与此相反的态度被胡塞尔称为"反思的先验态度"(the reflective-transcendental attitude),希兰简称为"反思的态度",即意识到知觉过程中主体所起的重大作用。胡塞尔强调主体对知觉的构建作用,为希兰所赞赏和继承。但是,希兰却没有继承胡塞尔的现象学悬置。在胡塞尔的纯粹现象学中,现象、本质、侧显、意向性等现象学概念都只是先验必然的意识结构内部的问题,意识自身构建对象,并自己把自己投向对象。胡塞尔对外在对象的实在、表象以及对外在对象的知觉是悬置起来不予讨论的。希兰则不同,希兰的科学哲学本身是一种视域的实在论,现象、侧显等概念在他那里,是一定视域下的实在对知觉者的显现,而意向性,则是人类接受知觉对象的影响,并通过自身构建形成知觉对象以及对知觉对象真确判断的能力。因此,上述现象学术语在希兰这里,就成为社会实践的、历史文化境遇的诠释学概念。在《空间知觉和科学哲学》一书中,希兰对上述部分概念下了自己的定义:"某一个别对象的侧显是该对象在知觉中和通过知觉的具体显现,当然,每一个侧显都具有一个前景—背景结构。同任何一个侧显系统地联系在一起的,是该对象种种不同的可能侧显,这些侧显展示了某一特定变化系统下该对象所能显现出的各式各样的一切方面。"②希兰认为,上述侧显系统对占有对象的本质具有重大意义:"一个侧显关联着一个本质,且某一本质是某一侧显系统的生成法则;本质和侧显彼此规定着。某一对象的内视域就是由上述侧显系统的本质

---

① Patrick A. Heelan, *Space-Perception and the Philosophy of Science*, Berkeley and Los Angeles: University of California Press, 1983, p.11.

② Patrick A. Heelan, *Space-Perception and the Philosophy of Science*, Berkeley and Los Angeles: University of California Press, 1983, p.8.

所生成的可能侧显的集合。……我将用'视域'一词去意指被某一单个本质所指定的世界的某一客观领域。"①

这样,知觉对象的本质、侧显、视域和世界的关系,就明确了起来。它们之间的关系,就是希兰揭示的知觉对象的显现结构:知觉对象(某种本质)→侧显→视域→世界。知觉对象具有稳定的本质,但现实中由生活世界直接被给予的、直接显现给知觉者的是知觉对象本身,而不是抽象的本质;但对象的本质是该对象一切"侧显"的源头,被直接给予的、被识别的对象总是由某种本质决定的一切"侧显"的统一体。所有"侧显"的集合构成知觉对象的内视域,它被用来表示被某一单个本质所决定的世界的客观领域。我们用图 5-3 来表明这种关系:

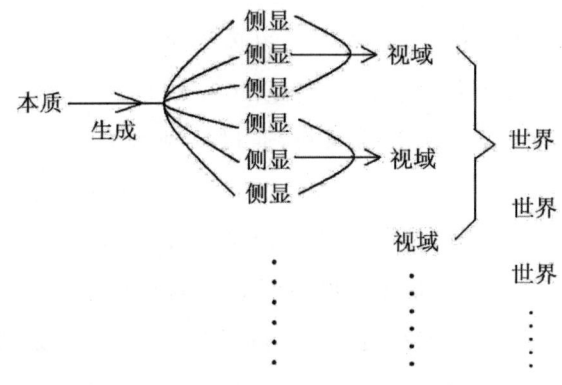

图 5-3　知觉对象的显现结构

三、知觉知识的必然性与多元性

与知觉对象的显现结构联系在一起的,是希兰描述的知觉对象本质的认识结构,这是一个由多个环节构成的诠释学过程。在希兰的阐述中,主要涉及三个问题:一是知觉对象本质的认识逻辑,二是知觉知识的必然性

---

① Patrick A. Heelan, *Space-Perception and the Philosophy of Science*, Berkeley and Los Angeles: University of California Press, 1983, p. 8.

和可靠性,三是知觉对象本质及其认识的多元性。

知觉要把握的不仅是知觉对象向知觉者显现出来的"侧显"的总体,更重要的是要把握隐藏在这些"侧显"背后的客观方面的决定力量,即知觉对象的本质。在希兰看来,要发现和把握对象的本质,只有通过对对象所具有的种种"侧显",在坚持同一性原则下进行逆向追溯,经过对种种"侧显"之描述语词的精练和提纯过程,得到一些能够体现对象本质的必然判断,将该对象区别于其他事物的可靠结构(本质)表征出来。当然,同人类的其他活动一样,知觉认识同样是立足于生活世界,并由来源于生活世界的"前理解"限定和组建的。因此,与"知觉对象→(某种本质决定的)侧显→视域→世界"表达的知觉的显现结构不同,知觉认识的逻辑可表示为"世界→知觉对象(视域)——侧显→本质"。

与知觉认识的逻辑相比,知觉知识的必然性和可靠性是更为重要的问题。知觉知识的可靠性来源于知觉判断的必然性。知觉判断是对对象本质中必然确定的稳固结构所下的判断,通过这种判断,对象成为区别于其他对象的所是。希兰这样定义必然性:"必然性是一种确定性(certainty),它伴随着一个知觉判断,在其中知觉者识别出作为显现的本质。"[①]在这样的必然判断下,知觉对象在知觉判断的过程中直接被给予,而在本质上,这种直接被给予是通过对对象描述语言的提纯而实现的。这种必然性的特征在于:"它可以几乎在你愿意的时候以多种多样的行为去检验:这意味着,在对知觉本质之设想的引导下,我们可以操控对象以便于生成与指定的设置相匹配的侧显。"[②]例如,在前面比较线段长短的例子(图 5-1)中,如果我们自觉地意识到三种知觉方式的语境前提和判断法则,就可以主动地选择前理解结构去进行判断,知觉到同我们预先设置的本质设想相符合的对象,产生三种不同的知觉结果。希兰在这里表达了这样的思想:知觉判

---

① Patrick A. Heelan, *Space-Perception and the Philosophy of Science*, Berkeley and Los Angeles: University of California Press, 1983, p.9.

② Patrick A. Heelan, *Space-Perception and the Philosophy of Science*, Berkeley and Los Angeles: University of California Press, 1983, p.9.

断的必然性、可靠性本身蕴含了多元性、相对性。知觉判断的结果不是唯一的,对于不同语境下的不同知觉行为,对对象本质的判断结果可能是多元的,但是每一元在其自身语境下都具有必然、可靠的知识价值。

知觉判断既然具有必然的确定性,就一定涉及真假的标准问题。希兰反对科学主义非构建性的"自然之镜"的真假标准,而提出自己的新标准。希兰认为,"一个经验陈述的真,应当是其与伴随必然性被知觉到的实在的相符性"①,它绝不是独立于人的行为和兴趣的。相对的,所谓"假","是被陈述为存在的东西,和在知觉中(或通过知觉)被(或可以被)显现的实在之间的不相符性"。因此,希兰说:"真和假不是精神描述同笛卡儿意义上的实在之间的相符性,而是作为知识被认识的东西和作为实在被认识的东西之间意向性的同一性。"②"作为实在被认识的东西",就是在生活世界中直接被给予知觉的对象,而知觉本身就是一个涉及前理解的诠释学过程;"作为知识被认识的东西",正是通过可靠的知觉判断和对最初描述语言的精练、提纯而形成的本质描述,这更是同主体在历史文化语境下的实践分不开的。因此,在判断的真假标准中,满足"相符性、同一性"的双方都是语境的、实践的和主体构建的,知觉判断归根结底是诠释学的。

这样,真和假就不再是只能以完美知识的形式被认识的永恒理念,而是在具体历史文化语境下可认识的经验陈述的集合。希兰说:"知觉判断的基本内涵不是绝对的,独立于实践、空间和文化的。然而,在其历史文化设置下,认知者的共同体可以达到一种关于至少是一些他们自己世界之本质结构(essential structure)的相对的、部分的、暂时的明见性。"③因此,知觉判断的过程(精练、提纯),也即对某一本质的追溯过程,同样是在一定历

---

① Patrick A. Heelan, *Space-Perception and the Philosophy of Science*, Berkeley and Los Angeles: University of California Press, 1983, p.135.

② Patrick A. Heelan, *Space-Perception and the Philosophy of Science*, Berkeley and Los Angeles: University of California Press, 1983, p.135.

③ Patrick A. Heelan, *Space-Perception and the Philosophy of Science*, Berkeley and Los Angeles: University of California Press, 1983, p.9.

史文化境遇下的主体行为。这样,某一对象的本质也依赖于历史文化境遇,是多元的,其每一元在不同境遇下的主体诠释学知觉判断中都具有稳固的可靠性。本质的确定过程如图 5-4 所示:

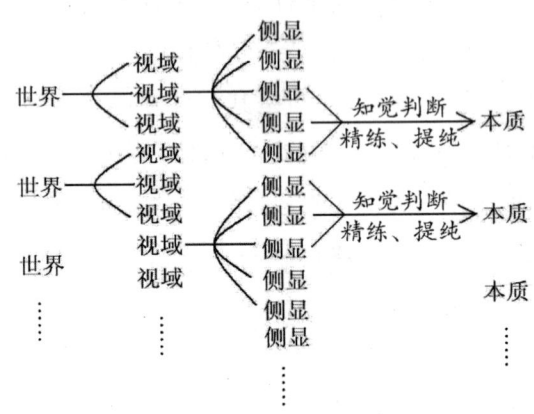

图 5-4 知觉对象本质的认识结构

"世界"、"生活世界"、"日常世界"在希兰哲学中是可以互换的概念。希兰认为,虽然世界在排他地面向某一处于特定历史时空的共同体时是具体的、单一的,但世界却绝不仅仅等同于这个单一的世界。世界是多元的,不同的世界被不同的时间、空间、人群、职业区分开来,成为一些历史文化语境的人类学公有物。这样,世界是公共的,主体间性的,在某一历史文化语境规定下的世界中,所有成员分享着一套公共语言和对实在的公共描述。

到这里,从本质到侧显,从视域到世界,就构成了一个多元的、语境的诠释学整体。这个以生活世界和世内存在者(对象)的形式同知觉者照面的诠释学整体,正是通过主体的意向性结构呈现出来的。这时,"意向性是对象结构在人类经验中得以在场(或不在场)的主体可能性条件。意向性是多元的;它们使主体得以从多个方向触及他(她)的世界,并且在同世界进行恰当的互动之后,去识别一些情形的在场(或不在场),这些情形可能属于该世界的多元视域中的任何一个"①。可见,多元的意向性结构是形成多元的视域和世界的主体可能性条件。因此,意向性结构本质上也是诠释学的。不仅如此,希兰认为意向性结构关注于赋予经验以意义,并能够在解释文本(包括文字文本和可读技术)的领域发挥独特的诠释学功能。

四、知觉行为的视角和内容

对于希兰所阐述的知觉的诠释学属性和多元实在论的知觉诠释学——现象学,我们可以结合希兰对"知觉行为"的研究来做出进一步的解释。

首先,知觉的"第一人称的研究"和"第三人称的研究"不同。

希兰说:"正在经验着在他(她)的知觉中被给予的东西(显现本质)的主体所给出的解释,同赋予主体行为以意义(科学本质)的外在(科学)观察者所给出的解释之间存在的差别,暗示了人类主体中知觉研究的方式及其他意向性过程的两种不同的道路:它们分别是第三人称模式的探索和第一人称模式的探索。"②这两种探索具有如下区别:在第三人称的探索模式下,研究者 X 同其所研究的知觉主体 Y 之间是分裂的,研究者 X 不可能同时是被研究的知觉主体 Y。由研究者 X 所提出的问题只能是:Y 是靠什么来获取知觉的。这样,知觉主体只是作为非语境的孤立对象引入研究者的眼帘。而在第一人称的探索模式下,研究者 X 同其所研究的知觉主体 Y 之间是同一的,研究者 X 同时就是知觉主体 Y。研究者 X 所提出的问题是:知觉主体 Y,同时也是研究者 X 自身是怎样来获取知觉的。因此,第一人称的研究模式才是此在被抛于世的诠释学方法,研究者作为生活世界的涉身主体去探索自己的知觉,并因此融入历史文化语境下的社会实践当中。分享公共语境的主体间性也决定了第一人称研究的必然可靠性。而第三人称的探索有一个明显的矛盾,就是前设了一些稳固必然的知觉、

---

① Patrick A. Heelan, *Space-Perception and the Philosophy of Science*, Berkeley and Los Angeles: University of California Press, 1983, p. 11.

② Patrick A. Heelan, *Space-Perception and the Philosophy of Science*, Berkeley and Los Angeles: University of California Press, 1983, p. 142.

信仰背景和客观外在的视域、世界,并认为它们是研究者的共同体所分享的公有资源。但是,研究者进行知觉探究所依赖的这些信仰、资源本身,却是在第一人称的诠释学条件下获得的。这样,第三人称的研究就不能自外于第一人称的研究,第三人称下的研究者本身是社会历史的诠释学主体,不具有超越社会的"上帝之眼"。

其次,对于知觉行为的内容的探讨,为我们揭示了知觉何以是多元的、实在的。

希兰曾经详细地归纳了知觉行为的内容:"某一知觉行为在知觉领域内的出现包含下述所有:(a)被知觉对象的物理在场,(b)某一具体的刺激,(c)对于信息通道的结构是必要的一切可能相关的其他身体的和技术的过程,(d)神经网络的活动——也是信息通道的一部分,(e)一种定位于对象被知觉为侧显之视域的识别的具体诠释学循环(意向性结构),和(f)某一世界对知觉者的持续在场。"[①]知觉行为的上述内容可以被区分为两个相互联系的环节:物理的环节和认知的环节。并且,在信息这一概念下,这两个环节分别同信息的两种模式相对应——物理环节是信息1,认知环节是信息2。前者即物理环节,几乎同从(a)到(f)的全部内容有所联系。因为从某种意义上讲,它们都可能在第三人称的方式下被物理地描述。除了表征世内对象存在的(a)以外,物理环节的主要内容是从(b)到(d)的部分,称为身体信息过程(somatic information processes)或身体信息渠道(somatic information channel)。(b)作为物理刺激,(c)作为相关的身体过程(somatic processes),(d)作为神经生理学过程,共同组建了身体信息渠道,这三者既是分立的,又是不可绝对区分的统一体。这三者(即身体信息过程),构建了知觉的物理和生理诱因领域。希兰举了视觉知觉的例子来说明知觉的身体信息渠道(物理、生理诱因):"在视觉知觉的情况下,(b)是(或包括)针对相应视域下物理对象的即发光学分布(optical array)的恰当

---

① Patrick A. Heelan, *Space-Perception and the Philosophy of Science*, Berkeley and Los Angeles: University of California Press, 1983, p.147.

结构;(c)可能包括人类眼睛的光学成像系统,和外露的以及一切外在的光学设备;(d)是'响应的'(同偶然的相区别)神经激励的情形,在其中,知觉行为的内容(已被设定)被最终编码。"①

同第一个环节相对的第二个环节是精神的、认知的环节,它"是呈现于主体面前的精神行为的内容(或对象)。要描述它,人们需要一个不同的话语逻辑空间"②。如果说,身体信息过程是一个信号空间(a signal space),即由信息 1 构成的空间,那么认知的内容就相应地属于知觉视域的消息空间(a message space),即由信息 2 构成的空间。不仅如此,在任何一种情况下,由信号空间(信息 1)都不可直接得到和推导出消息空间(即信息 2)的内容。这是因为,在知觉行为中,知觉者对于信号空间(如神经生理编码)是无意识、不自觉的,信号空间不可能进入知觉者的观察视野,而是自外于观察者的意识。这种信号空间,只能是第三人称的科学研究对象。

然而,知觉者的观察所不能涉及的信号空间,又怎么能转而成为构建知觉对象的可能性条件,影响知觉消息的形成呢?希兰认为,存在着一些意向性操作,它们具有如下功能:它们有助于我们同以一系列经验对象的形式呈现出来的世界照面,并使我们能够超越任何物理刺激的瞬间印迹,在自己的经验中发现知觉视域的经验侧显。希兰认为,意向性操作可能是一种内在化的规则或逻辑操作,可能是先天的或后天习得的。它先于具体的知觉行为并和世界同构,把第三人称的物理信号信息和第一人称的知觉认知信息联系在一起,成为意向性结构的一部分。

然而,由于信号空间中身体信息渠道的要素(b、c、d)在最终构建知觉对象的诠释学认知行为(与信息 2 相关)中并不发挥功能,它们就不可能在对知觉内容的分析中被直接地把握,而只能通过外在于现象学和诠释学的、第三人称的、间接的、理论的和科学的方式被研究。但这并不意味着物

---

① Patrick A. Heelan, *Space-Perception and the Philosophy of Science*, Berkeley and Los Angeles: University of California Press, 1983, p.148.

② Patrick A. Heelan, *Space-Perception and the Philosophy of Science*, Berkeley and Los Angeles: University of California Press, 1983, p.149.

理刺激等身体信息过程同第一人称的研究全然无关。如果没有在第一人称的知觉行为中直接被给予的具体对象,相关的具体刺激就无法被确定。

在视觉知觉中,在某一周围光学分布固定不变的情况下,知觉主体可能知觉到不同的东西。例如,在图5-5中,由光学环境给予知觉者的东西是固定的,可在不同的前理解语境和选择判断下,一个人可能知觉到一间小屋的角落,也可能知觉到同一平面中互成120°角的三条直线。

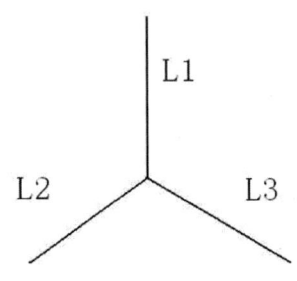

图5-5　多元知觉

这是因为,物理刺激等身体信息因素不等同于光学环境之类第三人称下的"外在自然存在"。光学环境不可能独立于知觉者的状况而给知觉主体施加响应,输入固定信息。在知觉过程中,光学环境只是提供了一种资源,活动的知觉系统通过意向性结构侦测这些资源,并抽取出同自身的知觉兴趣相关的信号信息。因此,离开了诠释学的认知空间,身体信息过程中的物理刺激就失去了意向性结构的规定。

反过来,当如光学分布之类的物理输入发生巨大的改变后,知觉主体可能还会知觉到相同的东西。希兰举例说:"如果眼镜发生了损坏,使光线在进入眼睛时产生了扭曲,或颠倒了视网膜上的成像,知觉系统还是可以根据眼镜损坏之前被描绘的世界面貌大体上描绘出某人的世界,去适应新的光学输入。这样,知觉对象(和世界)可以被保持修正,虽然光学输入和相关的身体过程改变了。"①希兰为此还引用了库恩的旁证,库恩曾提出类似的问题,不同的刺激可以产生同样的知觉,同样的刺激可以产生不同的知觉。且我们不可能"看到"刺激,关于刺激的知识是高度理论化和抽象化的。

总之,第三人称研究方式下的自然科学,认为知觉知识和"外在自然对象"之间只存在一对一的映射关系,客观的镜像知识是自然对象在认知过程中唯一正确的结果。而在希兰的知觉诠释学—现象学中,物理环境和知觉对象之间存在"一对多"和"多对一"的多元诠释学关系。这种关系是通过身体信息渠道(信号空间)和认知空间,由信息 1 和信息 2 共同建立起来的。如此,对身体信息渠道的研究就不能脱离知觉行为的整体过程。在物理生理领域,刺激和神经响应很大程度上依赖于后天的社会学习。知觉行为的过程是知觉主体在世界中进行选择构建的结果,这就离不开历史文化的公共境遇。因此,公共生活世界本质地决定了研究知觉行为的重大意义。多元的知觉诠释学实在论预示着在希兰那里存在一种多元互补的科学观和世界观。

第三节 科学诠释学—现象学实在论

自从科学历史主义崛起后,科学实在论问题变成了科学哲学中最引人关注的核心问题。强调了科学实践活动中的历史性因素和诠释学属性,希兰能否在科学对象的实在性、科学知识的客观性及科学真理等问题上坚持实在论立场,就成为其理论最受关注的内容。

在科学实在论问题上,希兰明确批判了以下面三点内容为核心的传统科学实在论:"(1)实在:这是一种其存在独立于人类文化、语言和历史的结

---

① Patrick A. Heelan, *Space-Perception and the Philosophy of Science*, Berkeley and Los Angeles: University of California Press, 1983, p.152.

构,(2)科学:这是一种积累地导致上面定义下的知识的探究,(3)真理:这是于上述定义下之实在的符合。"①不仅如此,他还用生活世界本体论、视域实在论和理论对象的实在化,构建出了独具特色的科学诠释学的实在化理论。正如我们在上面看到的,生活世界是希兰科学诠释学的本体论基础,它是一切意义的源泉,"实在"的意义直接根源于生活世界的本体论。"视域"作为知觉所构建的生活世界领域,是实在的本质结构和判据;一切科学的理论对象,只有通过可读技术的应用为理论和实践所负载,从而"本地化"为生活世界的一部分,才能最终成为生活世界视域下的"知觉实体",成为被人类公共社会生活所认可的"实在"。生活世界本体论、视域实在论和理论对象的实在化,这三部分相互连接,在诠释学—现象学的视野中回答了科学实在论何以可能的问题。在这里,我们在分析希兰知觉诠释学—现象学结构的基础上,进一步阐述希兰科学实在论中的"视域实在论"和"理论对象的实在化"两个内容。

一、视域实在论:科学的现象学实在论

我们在上面的分析中已经看到,将科学奠基于生活世界,赋予了"知觉"概念在希兰科学诠释学中的基础地位。希兰的知觉诠释学—现象学,构成了希兰科学实在论的诠释学的现象学基础。希兰对知觉的诠释学—现象学分析,直接蕴含着一种实在论的视域观念,我们称为希兰的"视域实在论"(Horizonal Realism)。它基于知觉,是将生活世界的本体论和理论对象的实在化理论连接起来的中介,也是将生活世界本体论具体化,将其与现实中的现代科学技术等活生生的人类实践联系起来的桥梁。希兰的视域实在论要回答的主要问题是,我们凭什么说生活世界中的某种东西是实在的。

在希兰的科学诠释学中,"视域"就是生活世界中的知觉领域,是由人

---

① Patrick A. Heelan, *Space-Perception and the Philosophy of Science*, Berkeley and Los Angeles: University of California Press, 1983, p.173.

的知觉实践建构和呈现出的事物的客观领域。而知觉,希兰将其定义为"完成了的认知行为,也就是一种知觉的识别、判断"。知觉作为一种认知行为,总是发生于同某一视域(horizon)的关系当中。这是希兰视域实在论的逻辑起点。"知觉"、"视域"和"对象事物",是构架起希兰科学诠释学实在论的三个关键词。它们相互勾连,既使希兰将科学实在论奠基于生活世界,也使希兰以现代自然科学为经验基础获得了"关于知觉、理论和仪器实践之间的联系"[①]。

在上面我们已经指出,希兰的"视域"概念来源于胡塞尔。在胡塞尔的意向性理论中,意识的基本特征是它对对象的意指,在意识体验中显现的对象总是处于某个具体环境中的东西。在意识中使对象被知觉的"晕"、"背景"和"感知域"就是"视域"。胡塞尔进一步将"视域"分成"外视域"与"内视域":前者是所有那些可以从一个与其他对象发生联系的对象事物知觉到的东西,后者则是所有可以从这个对象事物那里经验到的东西。据考证,"视域"作为一个哲学概念在胡塞尔的《逻辑研究》中尚未出现,但在《纯粹现象学和现象学哲学的观念》第一卷中,"它的地位已经明显地得到了突出并在此后逐渐成为胡塞尔哲学的一个根本概念",成为说明在意识中单个对象与作为这些对象之总和的世界之间的过渡关系的概念。[②] 在胡塞尔的现象学中,"视域"是意识内在结构中筹划可能对象的概念。

希兰创造性地结合现代自然科学,在本体论和认识论两个层面上发挥和发展了胡塞尔的"视域"概念。希兰指出,被知觉的对象在任何单独的知觉行为中都拥有一个外视域(边界和轮廓),它将知觉对象从背景中分离出来,使每一个"侧显"都拥有一个"前景—背景结构"。这里的"侧显"是理解"视域"以及对象的实在结构的一个现象学概念,它是由知觉对象的本质所决定的对象在知觉中显现的种种方面,各种各样不同的可能"侧显"就组成

---

① Robert P. Crease, *The Play of Nature*: *Experimentation as Performance*, Bloomington and Indianapolis: Indiana University Press, 1993, p.79.
② 倪梁康:《胡塞尔现象学概念通释》,三联书店2007年版,第218~219页。

了一个对象的内视域。这样,在希兰的视域实在论中,"视域"作为由对象的某种本质所生成的"侧显"的集合,就成了知觉确定的对象在生活世界中的客观现象领域。因此,希兰说,"内视域是实在的本质结构"[1]。"我将用'视域'一词去意指被某一单个本质所指定的世界的某一客观领域。"[2]也就是说,在现象学意义下,事物的实在性奠基于知觉,事物实在性的判据是它向知觉者呈现的"侧显"构成的视域。

我们曾用图 5-3 表述希兰描述的知觉对象的现象学结构。这个结构无疑是实在论的,它符合一般意义上的实在论信念:事物向知觉者的显现是由事物的本质决定并由它生成的。但如果仅仅停留于此,这种知觉实在论就是希兰所批判的直观、抽象的实在论。在坚持"对象(本质)→侧显→视域→世界"的实在论信念基础上,希兰进一步指出,向知觉者显现并被知觉到的是作为整体的知觉对象,而非它的本质;而使对象事物能够以某种或某些视域向知觉者显示自身的,除了对象自身的因素外,决定性的主动因素是来自主体的人的意向性结构。希兰说:"同每一个视域相关联,在知觉着的主体中存在一种理智的意向,称为'意向性',它是可以从世界中接受和在世界中识别相应客观视域中之知觉对象的能力,并且提供了研究和探寻上述这些对象的可能性。"[3]总结起来说,希兰知觉现象学的基本点是,人的意向性结构与事物自身本质的耦合产生了表征事物实在性或者实在结构的客观视域,视域具有被知觉实践建构的根本性质,即不同的知觉实践构建着不同的视域,反过来,任何视域都只有通过相应的知觉实践,在适当主体意向性结构的驱动下才能对人类主体显现自身。因此,希兰的知觉视域理论是诠释学的实在论的建构论,这是我们归纳的希兰知觉视域理

---

[1] Patrick A. Heelan, *Space-Perception and the Philosophy of Science*, Berkeley and Los Angeles: University of California Press, 1983, p. 175.

[2] Patrick A. Heelan, *Space-Perception and the Philosophy of Science*, Berkeley and Los Angeles: University of California Press, 1983, p. 8.

[3] Patrick A. Heelan, *Space-Perception and the Philosophy of Science*, Berkeley and Los Angeles: University of California Press, 1983, p. 11.

论的第一个特征。

第二,希兰的视域实在论是"强调知觉的首要地位"的"科学的现象实在论"(scientific phenomena realism)。表征事物实在性的客观视域是知觉视域,事物的视域是知觉实践产生的,知觉对于视域具有的这种"首要性"(primacy)是由生活世界的本体论赋予的,而知觉与现象的现象学关系意味着科学实在论本质上就是科学现象实在论。正由于这样,希兰将"视域实在论"、"诠释学的实在论"(hermeneutical realism)和"科学的现象实在论"相提并论。[1]

第三,希兰的视域实在论也是一种强调社会历史文化语境的实在论的认识论。希兰对知觉视觉的研究,首先是从本体论开始的,这就是希兰从海德格尔那里继承的生存论的现象学。但和海德格尔相比,希兰的贡献在于,他从本体论的原则高度重新回到认识论的知觉视觉世界,揭示了知觉视域的认识论机制:知觉行为是受身体意向性结构的激活和驱动,人类主体通过对某一知觉实践的执行相应的世界视域就被生产和构建出来,一切实在的视域都必然具有属人的实践建构性和社会历史性等。因此,在希兰的科学诠释学现象学中,视域的观点是一种诠释学的实践导向的认识论。这种认识论是强调社会历史文化语境的认识论,因此它与传统的力图为知识建立绝对、完美、非历史的标准的科学主义认识论不同,但也与以前西方历史主义科学哲学中过分强调科学的社会历史建构性的主体主义不同,而走向了诠释学的实践建构的实在论。

第四,希兰的视域实在论是互补的多元论的实在论。由于人的意向性结构是多元的,主体的实践也是多元的,在不同的前理解结构和选择判断下知觉实践的形态不同,所构建的视域也多种多样。但是,这些由不同知觉实践构建的客观视域世界又是互补的。希兰的世界观是对立、互补的辩证发展观。在他看来,多元对立物之间的互补性普遍存在于科学和人类文

---

[1] Silverman, Hugh, *Gadamer and Hermeneutics: Science, Culture, and Literature*, New York: Routledge, 1991, p.225.

化的历史之中,欧氏空间和双曲空间就是两种对立而又互补的视觉知觉空间,Q 格(Q-lattice)①是多元互补性辩证发展的一般模式。现实事物的辩证发展是由许多 Q 格构成的"辩证树"。多元论的视域实在论就是这种对立、互补的辩证世界观的表现。比如,希兰认为,实在的"显现图景"(manifest images)和"科学图景"(scientific images)②是知觉视域的两种主要类型,它们是对立、互补的。实在的"显现图景"是属人的、被历史文化负载的日常生活中的视域,"科学图景"则是由理论决定的通过仪器和技术表示对象的。比如,一列波长为 700 nm 的电磁波是科学图景中的对象,对应的知觉显现图景中的对象是一束美丽而令人兴奋的红光;科学图景中地球围绕太阳转动形成的相对位置及现象,对应着人类在日常生活观察到的太阳的"东升西落"。这两个例子中对应的两种对象分别由不同的知觉实践所构建,在不同的前理解语境下分别享有实在性。这两种实在性是互不相容的,人们不可能在执行物理科学的知觉实践之时同步地执行文化生活的知觉实践;然而二者又是互补的,掌握了它们之间转换关系的人可以自由地穿梭于两种知觉实践之间,形成相互支持的实在图景。总之,在希兰的科学诠释学、现象学中,每一个视域都同一个独特的知觉实践相一致,而这种知觉实践又同主体的一种意向性的可能性相一致,因此,希兰说:"知觉的视域观假定,多元的真实的实在论观点同世界中不同知觉视域的多元性相一致;这里不只是一个事实的经验基础,而是经验基础的多元性。"③

由于知觉、视域与对象事物勾连形成的视域实在论,为揭示科学理论对象的实在性这个科学实在论的核心问题提供了理论基础,科学诠释学的

---

① Q 格是量子格(Quantum-lattice)的简称,是希兰研究量子力学哲学的成果。Q 格的基本构架,就是在分立两元的互补性关系之上,加以时间的维度,表征这两元既对立又统一,最终走向更高级的综合体的发展过程,希兰称为辩证的发展(dialectical development)。见本章第四节。

② Patrick A. Heelan, *Space-Perception and the Philosophy of Science*, Berkeley and Los Angeles: University of California Press, 1983, p.177.

③ Patrick A. Heelan, *Space-Perception and the Philosophy of Science*, Berkeley and Los Angeles: University of California Press, 1983, p.177.

另一位代表人物克里斯评价说,希兰迈出了比胡塞尔更加雄心勃勃的一步。① 我们也认为,和胡塞尔的知觉及"视域"的现象学相比,希兰的贡献就在于,他不仅结合现代自然科学在认识论上揭示了知觉视域的现象学结构,而且将视域的现象学作为解答科学理论对象实在性的钥匙,从而深入到了这个被视为科学实在论最为核心的问题。反过来说,也只有在科学实在论的整体视野中才能真正把握希兰的视域实在论的意义。

二、理论对象的实在化:对科学实在论核心问题的回答

理论对象的实在化是科学实在论的核心问题,是科学哲学的一个中心问题。科学历史主义之后,新历史主义者如夏佩尔等人都曾将它作为中心问题进行讨论。在希兰的科学诠释学中,既然事物的实在性是由知觉领域的客观视域判定的,那么,科学的理论对象(如电子)要被认为是实在的,就必须在生活世界成为可知觉的呈现出客观视域的存在。希兰的回答是,在被理论和实践双重负载的基础上,理论对象通过具身化主体对仪器"文本"的"阅读"而呈现出实在的知觉视域,成为现实生活世界的实在物。这样,希兰借助于仪器和可读技术,将知觉扩展到了人类实践的一切领域。通过知觉,原来是科学世界的对象转化为日常生活世界中的客观事物,如电子、X射线等。

希兰首先批判了传统科学实在论中的直观反映论的观念。在传统的直观反映论实在观中,只有可观察的实体或情形才是实在的,科学理论中描述的对象,至多只能被当作假定和推论,它们之间存在着严格的区别:科学实体作为可观察物,只能在适当条件下可以被独立于仪器的知觉观察到的东西,而理论仅是一种对可观察实体或情形的描述、预见,其目的在于有效地控制这些实体或情形,理论对象同实在性无关。希兰把传统认识论中对理论和实在的这种直观反映论看法概括为:"(1)可观察的情形或实体是

---

① Robert P. Crease, *The Play of Nature: Experimentation as Performance*, Bloomington and Indianapolis: Indiana University Press, 1993, p. 81.

存在的,(2)属于某一可接受科学理论的不可观察的情形或实体,可能存在也可能不存在,(3)一个科学理论具有明确的目的,即对可观察情形和实体进行预控制,且结果是(4)对于那些其名字和描述进入科学说明逻辑的不可观察的情形或实体,某一科学理论对于其实在性和存在性是中立的。"①很显然,在传统的实在论观念中,"理论对象"不可能具有实在性,它只能看作是一种理论构建物或假设物。

从知觉及视域实在论出发,希兰认为,科学哲学要突破反实在论和传统的直观反映论观念,应该关注两个原则性问题:什么是科学理论的本质和目的,以及某一可接受的科学理论中所描述的理论对象是否具有实体性。在希兰看来,可观察实体、情形同理论所描述对象之间的区别应当被消弭。理论所描述的对象作为理论实体同样是可观察的,也即,理论所描述的实体或情形是直接可知觉的。因为通过对可读技术的应用,知觉的模式发生了革命性的变化:不但独立于仪器的器官知觉可以作为观察的基础,具身化主体通过仪器的知觉行为同样是一种观察活动。因此,旧传统下只有在独立的感官知觉中可被观察到的实体、情形才具有实在性的观点应当被抛弃,通过仪器这样的"扩展器官",世界将同样实在的理论实体、情形直接给予知觉着的具身化主体。这样,具身化主体的知觉视域同自然主体一样是实在的,具身化主体通过仪器观察到的理论所描述之对象,就成为生活世界中的理论实体。例如,热力学温度,这个在热力学理论诞生之前似乎根本不可琢磨的东西,通过拥有相关知识的观察者对一支温度计的"阅读"行为,作为实在的理论实体在场地呈现在具身化主体的知觉中——温度成为某种实在的世界情形的实在表征物。这样,在希兰的科学诠释学—现象学中,"可观察性"和"理论"之间的区分就不再具有传统的意义,科学理论的本质和目的同样在于展示实在的过程和结构,而非仅仅是理论假设、推论和预测。下面我们就具体看看希兰是如何阐述理论对象的实在

---

① Patrick A. Heelan, *Space-Perception and the Philosophy of Science*, Berkeley and Los Angeles: University of California Press, 1983, p.203.

化的。

1. 理论对象的实在化过程

正如我们前面指出的,希兰将科学活动的"前理解"理解为"三重结构",即"前见"、"前有"和"前把握"。其中"前有",反映了科学实验的仪器、技术、具身化物、技巧等使科学对象实在化的客观条件。希兰说:"此在通过对体现于人类大脑状态和环境的上手性之中的信息理论编码(information-theoretic codes)的揭示去理解;后者(指在环境的上手性中体现的编码——引者注)是一组特定的仪器扩展,诸如钟表、温度计或其他可以被经验性的人所'阅读'的'可读技术',因为它们对环境做出响应,并提供了一种文本——从其中可以读出科学所陈述世界的状况。此在通过学着去阅读自身'拥有的'或由'可读'仪器扩展所生成的编码揭示了存在。在两种情况下,这种对编码的占有就是前有——对某种'前理解'的'前占有'——在其中主体在明确理解的预期里同对象联系起来。"[①]上手性作为"此在"以感性的方式同前来照面的世内存在者打交道的样式,是同实践联系在一起的。实践、具身化(仪器扩展体现了这种具身化)都涉及主体运用作为身体之扩展的可读技术同自然界发生交涉、互动的感性过程。

(1)"阅读"仪器"文本"

对作为"文本"的可读技术的"阅读",是使科学的理论对象实在化的第一步。希兰举了温度计的例子来阐释对仪器"文本"的"阅读"。他说:"'阅读'(reading)温度与阅读文本(text)相似:让我称之为'阅读'(单引号意味着'阅读'仪器'写'成'文本'的行为,相似但不等同于阅读自然语言写成的文本的技艺)。'阅读'的过程像这样:在标准条件下(不变条件下),'文本'被环境'写'在温度计上,这样的'文本'被作为关于某一在场对象(在这里是温度)的东西被'阅读';这样获得的经验知识(即当前的温度)在某一关于世界的描述方式中,以使用科学术语(例如'温度')的语言被表达。我主

---

① Patrick A. Heelan, Natural Science and Bing-in-The-World, *Man and World* 16, 1983, pp. 212-213.

张,这一过程本质上是诠释学的和知觉的。"①

通过对仪器文本的"阅读",所以能够使科学理论对象实在化,在希兰看来,很重要的一点是,仪器"文本"具有"非对象化"特征。我们首先以阅读文字文本为例。当我们面对一种陌生的文字文本时,文本中的字符对于我们来说,是一个个显现于我们面前的知觉对象——它们千奇百怪,各具形态,并引起我们的兴趣和注意;而当我们能够识别这些字符并去阅读它们,它们就从我们的对象视域中消失了,我们不再将它们当作认识对象,而是要透过它们去领会文本中蕴含的意义。对仪器"文本"的"阅读"也是一样。仪器的示数和状态就是仪器"文本"的"字符",而"阅读"就是对"字符"的观察、识别和解读。当我们不具备仪器的相关科学知识时,仪器及其所示的"字符"以对象的样式在我们面前呈现,而当我们理解了仪器的原理和用法,仪器所示的东西就变得"透明",直接将我们引向它所标示的科学对象那里。希兰把这一过程称为符号的"非对象化"。其实,海德格尔在"捶打"的例子中就描述了这种非对象化,他称为工具的上手样式。符号就是阅读者为了解文本意义而使用的工具。当使用者没有对这一工具的认知,而专注于其形态和样式时,符号对他来说就仅仅是一种现成在手的对象;而当使用者有所领会地在阅读操劳中使用符号这一工具,符号的对象性就隐没在上手的操劳中,成为上手的东西。这种上手性说明,对仪器的"阅读"是一个上手的操劳过程,即能动地实践过程。我们通常所说的,将观察者引向科学对象那里的仪器操作实践,就包含这种"阅读"仪器的知觉实践。

(2)由知觉呈现理论对象

理论对象的实在化,必须奠基于知觉。由知觉呈现理论对象,这是理论对象实在化的第二步。

在对仪器"文本"的阅读基础上,由知觉呈现理论对象,这是科学诠释

---

① Patrick A. Heelan, *Space-Perception and the Philosophy of Science*, Berkeley and Los Angeles: University of California Press, 1983, p.193.

学实在论的关键一步。也是希兰的科学诠释学与伽达默尔的哲学诠释学在方法论上的一个重大区别。让希兰走出这关键一步的,是他的知觉现象学。希兰注意到,对仪器"文本"的"阅读"和对文字文本的阅读具有一个重大的差别:前者是一个典型的知觉过程,而后者不是;前者通过知觉行为呈现出实在的知觉对象,而后者只引导出思想和意义。希兰指出,只有对仪器状态、示数的直接"阅读"才是知觉,而对将上述状态、示数记录下来的文献资料的阅读则不是知觉——前者呈现出环境中当下在场的某一知觉对象(或世界情形),而后者只是对过去某一时间下在场之对象的意义描述。希兰列举了知觉知识的几个特征[①]:①直接性,不以推理为中介;②依赖对象或身体信息渠道引发的物理原因;③是诠释学的;④作为知觉对象的世界情形是由世界直接给予经验主体的;⑤知觉知识在某一知觉判断中结束。在这种判断中,科学术语被描述性地运用,并体现为一种陈述(如当前的环境温度为70°)。这样的陈述表达了某一在场对象或世界情形的实在。希兰认为,对仪器"文本"的"阅读"完全符合上述知觉知识的特征,在对仪器示数或状态的知觉行为中,科学的理论对象(如热力学温度),就通过知觉作为当下在场的实在显现给知觉者。也即,理论对象凭借知觉,通过相关的科学视域,获得了本体论上的实在意义,融入此在的周围视域,成为生活世界的内容。理论对象也因之转化为理论实体(theoretical entity)。

2. 理论对象的实在化条件

科学对象凭借可读技术和知觉进入生活世界,这只描述了其获得实在性的途径。而实在性的获得,还需要具备一定的条件,这就是具身化主体的在场,以及理论对象同时被理论和实践所负载。事实上,上面所说的理论对象的实在化途径,只有结合这两个条件才是可理解的。

(1) 具身化主体的在场

在希兰看来,推动科学实在论在当代变革的力量,首先来源于具身化

[①] Patrick A. Heelan, *Space-Perception and the Philosophy of Science*, Berkeley and Los Angeles: University of California Press, 1983, p.198.

主体通过可读技术及仪器形成的种种知觉实践行为,使当代科学在知觉模式上发生的范式转变:不但独立于仪器的人的器官知觉可以作为观察的基础,具身化主体通过可读技术及仪器的知觉行为同样是一种观察活动。具身化主体是科学理论对象实在化的一个必要条件。

对"具身化主体",我们首先可以通过海德格尔"捶打"的例子来理解。在海德格尔的"捶打"中,一旦锤子在使用中成为上手的东西,它就失去了现成对象样式,不再是主体注目的对象,而"非对象化"为主体躯体的一部分。这时的锤子也"主体化"了,成了人的四肢的延伸。在捶打过程中的主客体关系,已经不再是人和被捶打物的关系,而成为人和锤子融为一体的整体同被捶打物之间的关系。上述整体被希兰称为"具身化主体"(embodied subject)、"具身化物"(embodiment)或"主体身体"(subject's Body)。在对仪器"文本"的"阅读"中,仪器就充当了主体身体的一部分。希兰说:"从第一人称现象学语境的视角来看,一旦熟悉的科学仪器作为以观察为目的的神经生理学机体的扩展在上述认知方式中发挥作用,它们就成为一个观察着的主体身体的一部分:这时,主体就被具身化在仪器之中。仪器以一种特殊的非对象的方式被使用……某一能够被以上述方式运用的仪器是某个'可读技术'(readable technology)的一部分。"[①]

在希兰的科学诠释学中,具身化主体的在场,使理论对象的知觉呈现成为可能。在具身化主体的结构中,仪器已经成为人类身体的扩展,充当了主体的知觉器官。通过可读技术和仪器等具身化物,人们说"看到"电子穿过云室,"观察到"一颗遥远的恒星的大爆炸,"读取到"热力学温度等。对具身化主体来说,"看到"电子,"观察到"遥远的星体,就如人们通过眼睛看到树木、白云一样实在。种种客观视域的生成,使"电子"和"热力学温度"这样的理论对象,就通过具身化主体的知觉行为进入了生活世界,成为和树木、白云一样的知觉实在。新的具身化主体通过被重塑了的知觉实

---

① Patrick A. Heelan, *Space-Perception and the Philosophy of Science*, Berkeley and Los Angeles: University of California Press, 1983, p. 206.

践,构建着崭新的在独立于仪器的知觉中不可能被构建的世界视域。科学的发展,科学对象的扩展,在主体方面,往往直接得力于具身化主体的进化和重构。

(2)理论、实践的双重负载

理论对象的实在化条件,在对象方面,是理论对象必需同时被理论与实践双重负载。

理论对象的理论负载(theory-laden),这比较容易理解。它表现在,科学观察中被具身化主体知觉的科学对象,是在理论中被描述、规定、命名的(如温度、电子等),没有科学说明的理论语言,理论对象就失去了存在的基础。理论负载还表现在仪器和实验的设计上。理论对象作为在实验中通过仪器呈现出来的在场对象,其呈现的方式、样态在很大程度上受实验方案和仪器设计的影响。不同的仪器在不同实验方案下在观察者知觉中所呈现的理论实体是有很大差别的。举温度的例子,温度计的原理、刻度的分划,示数单位的规定,都直接决定着"温度"这一理论实体的属性和呈现方式。再如,在不同的测量仪器和试验方案下,对原子直径的测量值常常会出现极大的差异,也即原子以不同的样态呈现于具身化观察者的知觉。

同时,实在化的理论对象又需要被实践负载(praxis-laden)。在希兰的科学哲学中,实在性是由生存于某一历史文化境遇下的主体的实践赋予的,具体地说,理论对象通过主体的知觉实践在场地呈现出来。在具体科学领域中,这种呈现首先是一个实验室中的测量过程。在科学测量过程中,具身化主体经由一系列操作、"阅读"、判断构建起对理论对象的直接知觉。例如,科学家通过对仪器的应用看到电子束的轨迹或识别出光电效应的物理现象,此时电子和光量子就作为实践负载的理论实体被世界直接给予观察者,成为知觉视域的实在内容。

理论对象的实践负载也体现于公共的社会生活实践。这种实践同社会生活的历史文化更紧密地联系在一起。如果说实验室所观察到的理论对象仅仅被具有专业的科学前理解结构的科学家所知觉,从而成为科学世界的内容,那么理论对象只有被公共生活的文化实践所负载,转化为公共文化实体,才能以实在物的资格引入人类社会的生活世界。例如,在热力学理论和电子理论产生之初,温度和电子仅仅是专业的科学探究者世界中的实体,而在社会大众那里还只是一些陌生和抽象的名词。然而在当代世界,一个没有热力学知识的老人同样可以津津乐道地谈论今天的温度,一个不谙世事的孩子可能正梦想拥有一台电子游戏机。这是因为,温度和电子已经同人类的公共生活实践融为一体,人们的穿着、出行、工作、娱乐、通信等文化实践无不和一系列称为温度和电子的东西联系在一起。这些社会生活实践给科学的理论对象"穿上了"文化实体的"外衣",使其真正进入了公共的社会生活世界,成为直接被给予公众的实在物。由此希兰指出,几乎任何生活世界中的个别事物上都至少存在两个视角:一个是实践负载的文化视角,另一个是(被给予某一成功的理论说明的)理论负载的视角。这是对现实生活世界中的实在事物说的,也是对需要实在化为生活世界中的实在的理论对象说的。

希兰通过可读技术,对科学的理论实体知觉结构和可能性条件的揭示,阐述的知觉、视域、理论和仪器实践之间的现象学,得到了一些科学诠释学、现象学代表人物的肯定。克里斯评价说:希兰的思想让"侧显、构造、不变性以及其他现象学工具的意义在现象学的语境中得以产生","这些意义的产生"为"对实验进行哲学研究创造了一种模式"[①]。

第四节　多元互补的科学观与世界观

希兰对知觉的诠释学、现象学分析导致的第二条路线,是以知觉为切入点,从视觉空间的多元互补性出发,阐明了一种新的属于现象学、诠释学的科学观和世界观,这就是实践的、文化语境的、多元互补的科学观和世

[①] Robert P. Crease, *The Play of Nature: Experimentation as Performance*, Bloomington and Indianapolis: Indiana University Press, 1993, p. 82.

界观。

一、两种对立互补的视觉空间

在《空间知觉和科学哲学》的第一部分中，希兰区分了两种典型的视觉知觉空间——欧氏视觉空间和双曲视觉空间（Hyperbolic visual space，又常称作非欧视觉空间）。希兰对多元互补的辩证科学观和世界观的阐释就是从这两种视觉空间的关系开始的。

欧氏视觉空间是以欧几里得几何原则构建起来的三维线性视觉空间。这种视觉空间的本质是，观察者是一个"普遍的观察者"（universal observer）[①]，他位于以（X、Y、Z）标定的线性三维空间中的某一处所，却拥有一个外在于世界空间的特权位置，即世界空间中的一切点对于他而言都是均一、等同的。这种空间基于笛卡儿模式下空间均匀性的前理解，以及一组运用由依赖于笛卡儿传统的物理学规范所限定的"刚性尺"的科学测量过程。因此，这种"普遍的观察者"只对一些经典笛卡儿空间所固有的测量（measures）和线索提示（cues）做出响应，并通过特定的信息渠道和前理解结构从空间的所有部分接收同步的线索提示信息，以构建欧氏知觉空间的整体结构。在距离不同的客体和刚性尺以及事件和时钟时刻之间，空间每一处之线索提示对于观察者是同步、均一、一致的。这也就是欧氏视觉空间必须事先假定刚性尺、时钟和科学观察者无所不在且均一地遍布空间的每一位置的原因。[②] 所以，欧氏空间本质上是在第三人称的视角下构建起来的空间，其中的观察者不可能像海德格尔理解的在具体世界中存在的从而有自己优先位置的"此在"，它超越了处于世界内具体位置的具身观察，而成为一只理想性的"上帝之眼"。

与欧氏视觉空间的这种性质不同，双曲视觉空间则体现于人们的日常

[①] Robert P. Crease, *The Play of Nature: Experimentation as Performance*, Bloomington and Indianapolis: Indiana University Press, 1993, p.168.

[②] Robert P. Crease, *The Play of Nature: Experimentation as Performance*, Bloomington and Indianapolis: Indiana University Press, 1993, p.168.

生活。希兰不仅认为,欧氏视觉空间不是优先、必然的,而且认为,人们的日常视觉知觉本质上是双曲的。双曲空间就是人们实际地在视觉上知觉到其所生活的日常世界的样子,它往往与欧氏空间视觉知识告诉我们的不同。希兰举例说,当我们在一定高度俯瞰大海时,大海仿佛一只中间低、四周高的碗,而非一个球体的广袤的平面;在地上仰视布满云彩的天空,云层也变成中间高、四周低的盖子。再如,当我们试着用手去托举夕阳,我们就会亲眼看到那时的太阳只有人的手那么大。因此,与欧氏空间所标榜的先验必然性不同,双曲空间是存在论的、第一人称的诠释学空间。这里所说的双曲空间的"第一人称"性质,是相对于欧式空间的"第三人称"性质而言的。在后者中,一个不置身于近代科学的历史时空或者不具有相关科学知识的人,就不具备具身化为普遍观察者的能力,因而也就不可能知觉到欧氏视觉空间(这突出地表现在,不具有科学知识的人,很难将看到的地平面看作是"悬浮于"太空不断转动的地球球体的一部分);双曲空间的"诠释学"性质,是说双曲空间中的观察者不是具有"上帝之眼"的抽象的普遍观察者,而是被抛于知觉世界之中,在视觉空间拥有一个优先的具身化位置的现实观察者。希兰将这种观察者称为"本地观察者"(localized perceiver)[1]。这种"优先的具身化"位置决定了观察者的本地标准(local standard),观察者正是以本地标准而非抽象的均一、等同的刚性尺去理解、构建空间中的一切"远客体"的[2]。因此,希兰指出,双曲空间中的观察者对物理刺激的响应和解释,是同现实世界具体的物理、历史、文化环境和主体的实践、选择密不可分的,因而归根结底是一个诠释学过程。

双曲空间和欧氏空间都拥有一套自身的元素集合,双曲三维空间的元素集合不包含欧氏的元素,欧氏三维空间的元素集合也不包含双曲的元素。例如在双曲视觉空间下,一个欧氏物理意义上的正方体,将不在视觉

---

[1] Patrick A. Heelan, *Space-Perception and the Philosophy of Science*, Berkeley and Los Angeles: University of California Press, 1983, p.172.

[2] Patrick A. Heelan, *Space-Perception and the Philosophy of Science*, Berkeley and Los Angeles: University of California Press, 1983, p.171.

上显现为一个正方体(除非在特殊的条件和位置关系下),其形状也不再如欧氏物理条件下是固定的,它的视觉形状将随着它与观察者方位关系的变化而变化。这对于知觉来说就是真实的,而绝不仅仅是一种错觉。我们知道,欧氏空间中正方体的形状是一套精确的科学原则和刚性测量的产物,而在双曲空间中这一确定的形状发生了变化,这就涉及一套从欧氏空间到双曲空间的对应关系和转换机制。在《空间知觉和科学哲学》一书中,希兰不仅力图从诠释学上揭示欧氏空间和双曲空间的现象学地位,而且用详细的数学参数和计算方法精确地描绘出基于物理测量的欧氏空间和双曲空间的转换关系,以及双曲空间的构建法则。①

希兰阐述双曲空间的目的,不是要用这样一种具身化的几何空间去取代欧氏空间,而是要揭示和显露在现代性下人们对自然的、日常视觉空间的忽视。希兰指出,笛卡儿传统下欧氏视觉空间成为科学测量实践的基础,但如果将其看作是唯一合法的对外在自然界的客观反映,认为一切不符合欧氏规范的视觉知觉都是扭曲的或是错觉的,那么这种知觉观和科学观就是不合理的。欧氏视觉空间基于15世纪以来自然科学所建立的精确的世界描述和物理测量过程,而双曲空间则基于原始的视觉感官文化和自然的独立视觉观察过程,它们是相互排斥的。在近代科学世界观尚未占据统治地位以前,人们就生活在一个天然的双曲世界之中:前现代的宗教和神话的世界,一个由人类天然的知觉视觉构成的包含商业、娱乐、工作活动的世俗世界。自15世纪科学主义传统在西方取得统治地位后,笛卡儿传统和欧氏空间几何主导了人们的知觉行为过程,天然的双曲视觉空间被欧氏视觉空间所代替,双曲空间中被置于有限世界中心并生存论地去知觉的社会观察者,被欧氏几何抽象地遍及空间每一角落的普遍观察者所代替,空间本身也具有无限、均一、各处等同的科学测量性质。现代工业社会中的人类,就生活在这样一个遍布欧氏尺度的人造环境之中——建筑、街灯、

---

① Patrick A. Heelan, *Space-Perception and the Philosophy of Science*, Berkeley and Los Angeles: University of California Press, 1983, pp. 60-69.

汽车、火车等一切无处不在的欧氏几何工业设计品,充当了普遍的标尺,现代性下原始的日常双曲视觉空间越来越被遮蔽。日常知觉视觉的这种被遮蔽,从生活世界的最底层反映了现代性下人的价值、人文精神被忽视的真正原因。

希兰指出,人类的这两种知觉空间以及建筑于其上的文化,虽是对立的、不相容的,却是互补的。希兰举了下面 Rudolf Arnheim(鲁道夫·阿恩海姆)的视觉经验来阐述视觉空间的这种多元互补性:"他进入一座哥特式教堂。其内部在建筑上包括一个由两排平行的、被等高立柱所分开的拱形侧厅所夹缚的中殿,中殿连接一个半圆室,在那里一直延伸下去的一个个侧厅与祭台后面的尾墙相连。Arnheim 注意到他对教堂内部非反思的(前表述的)即时视觉拥有双重的意义,且他同步地看到了二者。一方面,他可以看到被等高立柱所限定的一个个沿着相互平行的直线向前延伸的同等的拱形侧厅,另一方面,他看到两排不等的侧厅和立柱,它们面向祭坛后面的一个想象中的汇合点朝内弯曲,且侧厅和立柱的尺寸随它们离观察者距离的增加而越来越小。……从这一经验中 Arnheim 断定人类知觉可以是多元的,并且拥有以两种方式(在上述情况下)去看到教堂的能力:以公共感觉的、非欧的方式和以科学的、欧氏的方式。上述经验显示至少存在两种视觉空间的潜在前理解的可能性。"[①]希兰赞同 Arnheim 的看法,认为各种知觉空间是多元并立的,每种知觉空间都来自于一套特有的同历史、文化和社会实践相关的前理解,它们共同分别以不同的方式诠释着本来就是多样的生活世界。一个具有科学精神又具有人文精神,对空间的前理解结构、实践负载和多元性有充分了解的观察者,可以能动地暂时选择自身的前理解结构,从不同的视域空间下、以不同的方式接收提示线索信息,从而自由地穿梭于两种空间之间,感受它们的多元互补关系给予的世界之美。

---

① P. A. Heelan, Why a Hermeneutical Philosophy of the Natural Science, *Man and World* 30,1997, p.287.

二、Q 格:多元互补的一般模式

在希兰看来,多元互补性不仅存在于两种空间视觉之间,还是普遍性的规律,能够概括各种历史、文化乃至具体学科、理论领域的发展脉络。多元互补规律被希兰概括为一种构架或模式,就是 Q 格(Q-lattice)。

多元对立物之间的互补性(complementarity)来源于著名物理学家波尔的互补性概念。这一概念描述了量子力学中诸如位置与动量等共轭变量之间的关系。而 Q 格是量子格(Quantum-lattice)的简称,是希兰研究量子力学哲学的成果。希兰在较早期的论文《在生活世界语境中的经验科学诠释学》中写道:"我已经证明量子力学的 Q 格可以被最好地解释为两种语境依赖的(位置的和动量的)描述语言之间的关系,且这看起来也是波尔自己的意思。"[①]不仅如此,"虽然它(指 Q 格——引者注)发源于现代物理学的核心(在那里其价值和适用性可以被核实),但它所展示出的逻辑结构却是几乎每一个已被认为展示了某种辩证结构的领域所共有的"[②]。因此,希兰将 Q 格推广到一切具有辩证互补性的发展领域。

Q 格的基本构架,就是在分立两元的互补性关系之上,加以时间的维度,表征这两元既对立又统一,既独立发展又互相影响的辩证发展过程,希兰称为辩证的发展(dialectical development)。因此,Q 格代表一种多元事物间对立统一的发展模式。要理解这一模式,就要搞清 Q 格所包含的一系列规定性[③]:

①Q 格模式中,假设 A 是某一事物的发展过程,如科学的某一研究传统;B 是与 A 具有互补关系的另一事物的发展过程,如科学的另一研究传

---

① Patrick A. Heelan, Hermeneutics of Experimental Science in the Context of the Life-World, *Interdisciplinary Phenomenology*, 1977, p. 18.

② Patrick A. Heelan, Hermeneutics of Experimental Science in the Context of the Life-World, *Interdisciplinary Phenomenology*, 1977, p. 13.

③ Patrick A. Heelan, Hermeneutics of Experimental Science in the Context of the Life-World, *Interdisciplinary Phenomenology*, 1977, pp. 179-183.

统。L_A 和 L_B 分别是这两种传统的描述语言。这样，L_{An} 是 A 传统发展历程中某一阶段的描述语言，L_{Bn} 则是 B 传统发展历程中某一阶段的描述语言。那么以 A 传统为例，L_{A1}、L_{A2}、L_{A3}……L_{An} 的依序排列则代表 A 传统在不同阶段下描述语言的历史发展。例如，L_{A1}、L_{A2}、L_{A3}……L_{An} 可以代表科学传统分别在亚里士多德主义、笛卡儿主义、原子主义、牛顿主义、进化论学说，直到量子物理学的各个阶段上的描述语言或理论范式。

②偏序蕴含（partiaL。rdering）关系"→"：该关系用箭头符号"→"表示，代表一个描述语言（或发展形态）向下一个描述语言（或发展形态）的转化发展过程。例如研究传统 A 的发展过程可以表示为：

$$L_{A1} \to L_{A2} \to L_{A3} \cdots \to L_{An}$$

这种发展转化关系具有蕴含的意味，即某传统发展中后一阶段的描述语言蕴含前一阶段的描述语言。如果 $L_a \to L_b$，则称 L_a 指向 L_b 或 L_a 蕴含 L_b。这种蕴含关系意味着，在适合 L_a 的语境下所阐发和提出的问题，同样的问题可以在适合 L_b 的语境下阐发和提出，反之则未必亦然。因此，L_b 包含和发展了 L_a，内涵比 L_a 更加宽泛。如果 L_a、L_b 是两种描述语言，则当 $L_a \to L_b$ 时，L_a 下的真理条件同 L_b 下的真理条件相兼容，可以在 L_a 下做出的任何情形描述，同样的描述也可以在 L_b 下做出，反之未必亦然。可见，"→"带有不可逆的、两边不平衡的蕴含意义，因此称为偏序蕴含。

③在 Q 模式下，A、B 是两种分立互补的传统，即 $L_A \to L_B$ 和 $L_B \to L_A$ 均不成立。假设 A、B 具有某一最大的公共部分，即规定 L_O，且有 $L_O = L_A \times L_B$。这样，分别有：$L_O \to L_A$ 且 $L_O \to L_B$。L_O 称为 L_A 和 L_B 的最大下限。而希兰认为，两种分立互补的传统通过辩证地发展，最终会形成一个综合体（synthesis）L_{AB}，这一综合体包含了 L_A 和 L_B 所蕴含的内容，并规定：$L_{AB} = L_A + L_B$，且 L_{AB} 称为 L_A 和 L_B 的最小上限。因为 Q 格属于非布尔逻辑（一种非经典数学逻辑），故 L_{AB} 所蕴含的内容要比 L_A 和 L_B 所蕴含内容之简单加和更为宽泛。

④在 Q 格模式中还包含一种正向补充（orthocomp Lement）关系。规定：L'_A 是 L_A 的正向补充物，L'_B 是 L_B 的正向补充物。这意味着，L'_A 所

包含的所有理论语句,都独立于 L_A 所包含之语句;L'_B 所包含的所有理论语句,都独立于 L_B 所包含之语句。且 L'_A 是 L_B 的发展和扩充,L'_B 是 L_A 的发展和扩充,即 $L_B \rightarrow L'_A$ 且 $L_A \rightarrow L'_B$。这一关系用非布尔逻辑关系式表示如下:

$$L'_A = (L_{AB} - L_A) \cup L_B$$
$$L'_B = (L_{AB} - L_B) \cup L_A$$

可见,L'_A 是 L_{AB} 中不属于 L_A 的内容对 L_B 的扩充,L'_B 是 L_{AB} 中不属于 L_B 的部分对 L_A 的扩充。因此,L'_A 可以看作 L_B 在发展中通向 L_{AB} 的中间环节,L'_B 可以看作 L_A 在发展中通向 L_{AB} 的中间环节。

规定了上述概念,我们就可以概要地绘制出 Q 格发展模式的示意图,如图 5-6 所示[①]。

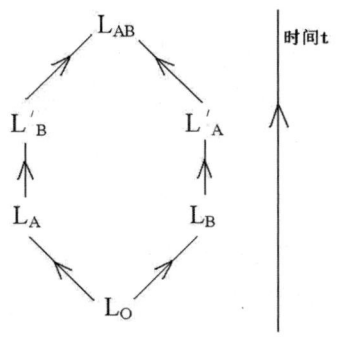

图 5-6　Q-lattice 图示

Q 格的核心和本质是它表现出的辩证性。而 Q 格所以显现出辩证性,是因为它具有"不相容性"、"互补性"和"非周延性"(nondistributivity)三个基本属性。

"不相容性"是 Q 格的第一个属性,它不仅包括描述语言、描述内容、

---

① Patrick A. Heelan, *Space-Perception and the Philosophy of Science*, Berkeley and Los Angeles: University of California Press, 1983, p. 183.

思维方式,还包括使它们成为可能的互相干涉的"前理解—实践"系统。Q格的非周延性,是一种非布尔逻辑的特征:总和大于各部分。在图5-6中,"非周延性条件要求L_{AB}必须比L_A、L_B分别作为纯粹的传统更加宽泛。这样,格的非周延性意味着两种传统A与B之综合体的视域,分别比单个的纯粹传统A和B的视域更加广大"[①]。这时,拥有综合传统(视域)L_{AB}的主体,对两种传统(视域)及其发展历程有了较从前更为深刻的诠释学领会,能够自觉认识到两种传统(视域)所基于的前理解境遇和社会性实践,并同时享有二者互不相容的价值和真理性,甚至在两种传统(视域)间进行自由的选择、切换。互补性是Q模式的核心,它揭示了不同传统在发展中的辩证互补性。由共同的源头L_O开始,互补的两种传统(视域)L_A、L_B经过既相互独立又相互影响的辩证式发展历程,最终形成一个包含二者又超越二者的综合体L_{AB},它清晰地显示在图5-6的两条发展路径"$L_O \to L_A \to L'_B \to L_{AB}$"与"$L_O \to L_B \to L'_A \to L_{AB}$"的关系中。$L'_A$和$L'_B$分别是在$L_A$和$L_B$基础上和序列中形成的,却分别对$L_B$和$L_A$形成支持和发展关系。这样在互补物$L_A$和$L_B$间,$L_B$对$L_A$的补充意义通过$L'_B$现实地发展、补充了$L_A$所属的研究传统而得以实现,反之亦然。我们假设图5-6表示两种研究传统的辩证发展过程。对于左边的发展路径:$L_O \to L_A \to L'_B \to L_{AB}$,作为同一研究传统不同阶段上的描述语言,每一种语言都包容前一语言的理论模式和语法结构,是对前者的发展。例如L'_B一定是在L_A的理论模式和语法结构下对L_A的发展,一切在L_A中表述、提出的语句和问题,都能在L'_B中表述、提出。但是,这种独立的发展模式又受到右边互补传统($L_O \to L_B \to L'_A \to L_{AB}$)的补充影响。这体现在$L'_B$作为左边传统下对$L_A$的发展,同时受到右边传统下$L_B$的影响:$L'_B$在理论模式和语法结构上虽然同$L_B$互相独立(成正向补充关系),却可能与$L_B$拥有相同的研究对象、领域或相似的研究兴趣。这样在互补物L_A和L_B间,L_B对L_A的补充意义就通过L'_B

---

① Patrick A. Heelan, *Space-Perception and the Philosophy of Science*, Berkeley and Los Angeles: University of California Press, 1983, p.238.

现实地发展、补充了 L_A 所属的研究传统,以达到最终丰富的综合体 L_{AB},反之亦然。这体现了 Q 模式的互补性。

希兰列举了两个例子来说明 Q 格[①]。如果 L_A 被当作"物理主义"的语言(描述物理对象的语言),而 L_B 被当作"精神主义"的语言(描述精神或现象的可感对象的语言),那么,L'_B 将代表一种如精神生物学那样的语言(用生物学的科学方法研究精神内容),L'_A 将代表一种如现象主义那样的语言(用精神的现象学方法研究物理形式的对象)。在另一个例子中,希兰把世界图景分为"科学图景"(scientific images)和"显现图景"(manifest images),前者是基于近代科学方法和测量过程的图景,后者是基于主体知觉和文化理解的图景。如"在 X 物理空间域中存在一列波长为 Ynm 的电磁波"描述了一个科学图景;"主体 α 在视觉空间 β 域内看见一束耀眼的红光"则描述了一个显现图景。这样,如果 L_A 代表显现图景的知觉语言,L_B 代表其在科学图景下的对应语言,那么,L'_B 将代表那种把科学的"说明"构架转化为"观察的(或知觉的)"解释构架的尝试;L'_A 将代表那种把"观察的(或知觉的)"解释构架转化为科学的"说明"构架的尝试。然而,在 Q 格下,无论是物理主义和现象主义之间的冲突,还是科学图景和显现图景的对立,都随着辩证的发展倾向于一种综合物的形成,即 $L_A + L_B = L_{AB}$。

上段中,无论互补的双方 L_A 与 L_B 是物理主义还是现象主义、科学图景还是显现图景,它们之间都具有互不相容性。这是互补关系的一个重要特性。对于互补的描述语言、研究传统或视域,它们一定包含了互相干涉的"前理解—实践"系统,主体涉身一方的时候就不可能同时涉身另一方。拿互补的知觉视域而言,这意味着二者在相关知觉系统上具有根本的差异。互补知觉视域之间的不相容性不仅仅只涉及知觉本身,而是从根本上基于不同的现象学、诠释学条件。不同的知觉实践带来了系统地相区别的视域,也就是说,观察者被具身化于两种不同的知觉实践当中。总之,互不

[①] Patrick A. Heelan, *Space-Perception and the Philosophy of Science*, Berkeley and Los Angeles: University of California Press, 1983, p.238.

相容性根源于两种互补物基于根本相区别的两套主客体条件,也即前理解(前有、前见、前把握)、实践、视域所构成的系统。互不相容性的例子,在前面对两种视觉空间的介绍中,在格式塔的案例中已有阐述。同样,在看到一束令人兴奋的鲜艳红光的那一刻,我们对波长和物理效应的意识就隐蔽在幕后了。

事实上,对立物经过辩证发展形成更高级综合体的例子在科学史上不胜枚举。比如"光的本性"理论的发展就是个典型的例子。如果 L_A 和 L_B 分别代表物理学中光的本性研究的"波动说"传统和"微粒说"传统,那么 L_{A1}、L_{A2}、L_{A3}……就分别代表格里马第的波动说、惠更斯的波动说、托马斯·杨的光的干涉观念、菲涅尔的光的衍射理论、托马斯·杨等人的光的横波学说、麦克斯韦的光的电磁理论等;L_{B1}、L_{B2}、L_{B3}……则代表笛卡儿的光的微粒说,以牛顿和伽桑狄为代表的光的微粒说等。笛卡儿的光的微粒说同时也是光的波动说的雏形,可以把它看作 L_A 和 L_B 具有的公共部分 L_O。事实上作为公共部分的 L_O 也包括 L_A 和 L_B 共同具有的光现象。对立的光的"波动说"传统和"微粒说"传统最后形成的"综合体"L_{AB},则是爱因斯坦的光量子概念、德布罗意的波粒二像性理论,最终是量子力学对粒子图景和波动图景的统一性解释。至于 L'_A 和 L'_B,在人类对光的本性的认识中也广泛地存在。比如,牛顿在 1740 年出版的《光学》一书的正文,采用了光的微粒说,但他仍然在该书的附录中,列出了微粒说不能很好解释的问题,保留着若干波动说的痕迹。这可以看作是 L'_B 对 L_A 的补充。在麦克斯韦提出的光的电磁理论后,光的波动说基本为人们所接受,但波动说对辐射和光与其他实物粒子相互作用的现象,如黑体辐射、光电效应以及其他一些有关光的产生和转化现象的解释,反而促进了微粒说的发展,并最终形成爱因斯坦的光量子理论以及最后的量子力学。这可以看作是 L'_A。正由于 L'_A 和 L'_B 的存在,人们回顾关于光的本性的争论这段历史时,才会觉得科学史是现实的富有人性的创造史。

三、辩证发展之树

Q 模式表现的辩证发展的普遍性几乎体现在一切具有对立互补关系

的多元发展历程中,例如科学、艺术、文化的历史发展。现实事物的发展,就是由许多 Q 格组成的"辩证树"(dialectical tree)[①]。

希兰举了科学理性传统发展的例子。科学理性传统的发展可以分为线性模式和辩证模式两种。"理性传统 A"的理想线性模式可以概括为以下过程:$L_{A1} \to L_{A2} \to L_{A3} \cdots \to L_A$。其中,$L_{A1}$、$L_{A2}$、$L_{A3}$……代表 A 传统不同历史阶段上的描述语言,如亚里士多德主义、笛卡儿主义、原子主义、牛顿主义、进化论、量子物理等。随着描述语言和科学理性的进化,"理性传统 A"逐渐具体、明确地揭示了其研究领域的面貌,L_A 被看作完全揭示该科学传统视域的一个理想化的限度。这也就是传统理性主义理解的科学发展或人类理性进步的历程。但是,现实历史中的科学传统却绝不仅仅是一个延绵不绝直到发现"终极真理"的线性进化链条,而必然是显现出多元互补情景的"辩证树"。希兰指出,一方面,在下面三种情况下,理想化的理性发展链条会发生断裂:一是由于理论、文化兴趣的转变,二是由于这些理论、文化兴趣被其他知觉视域或理论模式更好地满足,三是知觉对象作为可靠实在的资格消失了,描述语言被当作错误的东西摈弃,如历史上的燃素、以太等;另一方面,对于线性发展中的次序关系,如 $L_{Ai} \to L_{Aj}(i \leq j)$,存在两种可能性:$L_{Ai}$ 可能是 L_{Aj} 的充分条件,也可能是 L_{Aj} 的必要条件,在后一种情况中,如果不经过描述语言 L_{Ai},描述语言 L_{Aj} 就不可能出现,正像如果不识数就无法学会加减法一样。因此,希兰指出,线性模式是历史学者对现实历史事件复杂性的简化和抽象化,它掩盖了科学理性发展的丰富性和多元性。历史上的科学理性,由某一历史源头 t_1 开始,在不同的境遇和实践下总是延伸出多个互补的传统,这些传统路径既独立发展、互不兼容,又互相竞争、补充、综合,在某一时间 t_2 上形成数个多元互补且各具价值的理论形态。这样,多元互补的辩证发展过程就成为由许多 Q 格构成的

[①] Patrick A. Heelan, *Space-Perception and the Philosophy of Science*, Berkeley and Los Angeles: University of California Press, 1983, 1983, p. 240.

"辩证树",如图 5-7 所示。① 树形结构中,每一条路径都代表一种传统的发展。每个节点(圆圈)代表该传统某阶段上的理论形态或描述语言。可见,一些传统在某一阶段上分化为不同的传统,其中一些新传统继续接续下去,而另一些则中断了。两种传统冲突的结果可能导致 A 传统被 B 传统所取代,也可能出现另一种更具意义的情形:两种传统的冲突经由辩证的发展被一种综合物所解决,这一综合物同时包容并超越了这两种纯粹的传统——这就是辩证发展的本质。

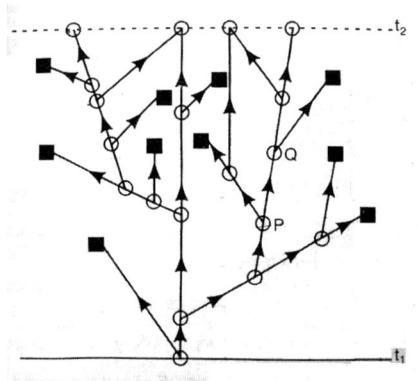

图 5-7　Q 格树形结构

只有"辩证树"模式能够帮助人们理解现实世界中事情的发展,如生物的进化以及科学的发展等。就以我们前面阐释的人类视觉世界从双曲视觉空间向欧氏视觉空间的发展来说,由于人的物质性存在,天然的双曲视觉空间到科学的欧氏视觉空间的发展是必然的,它是人类以"数学加实验"的理性传统在认识世界和自我方面取得今天这样的成就的基础,但人类视觉空间的最终发展显然是符合"辩证树"模式的。因为现代性下用欧氏视觉世界去否定双曲视觉世界的做法越来越被证明是危险的,它以一种科学传统取消了人类感性和精神生活的多元性,取消了信仰、宗教、美学、艺术

---

① Patrick A. Heelan, *Space-Perception and the Philosophy of Science*, Berkeley and Los Angeles: University of California Press, 1983, p. 240.

等人文的价值,使本来具有多元维度的世界变成一维的单极世界。希兰的Q格模式,为这两种互不相容的视觉知觉空间在一个多语境的文化世界中的共存提供了解释框架。欧氏视觉空间和双曲视觉空间辩证发展的结果,一定是一种宽泛的综合体,在其中,各种欧氏空间的技术和服务将同一个鲜活的双曲世界和谐共存,这将是未来生活的发展趋势。在Q格模式下,规定W_A为欧氏世界,W_B为双曲世界,那么W_{AB}就是上述的综合物。在诠释学的视觉观察中,W_A对应一套用科学语言"写"成的"文本",W_B对应一套用视觉语言"写"成的"文本",前者只有在笛卡儿传统的前理解下才是可理解的,而后者在自然视觉文化的前理解下是可辨认的。而在综合世界WAB中生存的主体,将明确地领会到两种空间世界的前理解结构,可以选择合适的方式自由地阅读这两种"文本",在这"两个世界"中穿梭。由此,希兰感叹西方现代性对人类的束缚和东方的迅速西化,希望东方和伊斯兰文化可以保留自己独特的发展路径,作为互补物同西方欧氏世界辩证发展,形成多元的综合空间世界。

  对立互补性的辩证发展模式是希兰科学哲学思想中最意味深长的内容。无疑,希兰的这种强调世界和真理多元化的科学观,体现了后现代哲学反基础主义,强调价值多元性的基本取向。但难能可贵的是,希兰却并没有走向否定真理的怀疑主义和虚无主义。作为一位受过系统而良好的物理学教育,并实际地从事过量子力学研究的哲学家,希兰将这样一种哲学追求与现代性下对实在性和知识必然性的合理要求相综合,提出一种诠释学的多元实在论和真理标准。在希兰那里,多元的理论、文化、世界中的每一元,都建立在一组实际存在的前理解结构和社会实践基础上,并在自己专属的视域内具有实在性、必然性和有效性,体现出独特的价值。每一元之间具有互不相容性,用一元去彻底解释、吞并另一元不但是不可能的,更是有害的,它人为限制和阻隔了事物本身具有的像Q格表现出的那种辩证的发展,因而也就阻止了事物向更高级的形态发展的可能。

第五节 希兰科学哲学思想的内在逻辑和理论价值

在具体地介绍了希兰的科学哲学思想之后,我们需要对其内在逻辑和理论价值做一个总体性的阐发。我们已经可以很清楚地看到,知觉研究体现了希兰整个科学哲学思想的逻辑脉络,贯穿着希兰科学哲学思想的几个主要方面。从对知觉和知觉行为的诠释学、现象学分析开始,希兰的研究顺着两条线索延伸开来,这两条线索构筑起希兰从生存论理解科学的诠释学框架。

一、希兰科学哲学思想的第一条线索

知觉研究所延伸出来的第一条线索,是一套诠释学的知觉本体论构架。如何看待科学对象的实在性,如何看待科学的本质和目的,这些问题一直是科学哲学讨论的基本问题。科学主义者在对科学客观性理解的追求中,把科学看作对外在于人之独立自然的中性描述,将科学的本体论基础建立在非人的、非历史文化语境的永恒自然世界。这种科学观自从科学历史主义兴起以来逐步被批判和扬弃。但是,以科学历史主义为代表的"社会建构主义"者,缺乏对科学本体论意义的探究,在创造性地提出科学的社会历史构建论的同时,忽视了科学知识的客观性、科学对象的实在性等过去一直被看作是科学本质属性的东西,对科学的理解陷入相对主义、虚无主义,甚至逐步消解了科学本身。

希兰敏锐地认识到了这一点。他既接受了后现代哲学反科学主义、本质主义、基础主义的合理性,又原则上坚持实在论,坚持科学知识客观性理解,试图将科学主义和"反科学主义"当作两种对立互补的研究传统,同时汲取各自的积极意义,建立一套存在论的、诠释学的科学本体论。这一全新的科学本体论,正是奠基于知觉之上,以知觉的现象学实在论构筑起的科学的生活世界本体论。它包含这样几个要点:

(1)知觉作为一种实践,即知觉行为,直接构建了知觉对象本体论的实在性。在知觉实践中,知觉对象以直接被给予的方式向知觉者显示自身,知觉对象的客观在场是由人类生存的生活世界给予或"施加于"我们的,这个前概念的诠释学的公共历史文化情境使事物作为在现实中的东西被知觉。希兰对生活世界和知觉的海德格尔式改造,不仅使知觉从认识论上的单纯认知行为上升为本体论上的实践行为,也使知觉的历史性获得了一个彻底批判的,同时能够揭示知觉的客观性条件的理论空间,即人类生存的前理解的生活世界。

(2)希兰进一步通过知觉的现象学分析阐述了知觉的诠释学本质。在希兰看来,知觉的现象学展示出来的就是诠释学。希兰在这里用到了知觉的"本质"、"侧显"、"视域"、"世界"、"意向性结构"等传统现象学的概念,但这些概念不再有胡塞尔在纯粹现象学中赋予的意识先验地构建对象的意义,而是描述奠基于生活世界中的实在对象向知觉者显示自身并被知觉者实践性把握的概念。因此,这样的知觉不是第三人称研究中的纯粹物理过程,而是在生活世界中生存的人类主体第一人称视角下的诠释学实践,它同历史文化的前理解语境,以及具体的选择、判断联系在一起。知觉本质上是诠释学的。

把知觉奠基于人类生存实践和生活世界,使希兰能够合理地回答"我们为什么能够说被知觉的对象是客观实在的"这个实在论问题。知觉对象的"本质"、"侧显"、"视域"、"世界"之间的现象学关系,显示出了知觉视域的实在性和知觉的建构性。知觉的视域实在论和知觉的建构论是希兰科学诠释学实在论两个不可分割的组成部分。知觉的对象—本质—侧显—视域—世界,这个现象学结构展示出的知觉视域无疑是实在的,因为它表现出了视域是由对象本质生成的,而不是人的意识的先验构建,但知觉对象的这个客观显现只有在人类的知觉实践组建下才是可能的,因为知觉对象对知觉者的显现是作为对象整体而不是本质给予的。知觉者的实践对知觉的建构作用,显示出了任何表现对象客观性的知觉视域,都具有被实践建构的根本性质,因而希兰的视域实在论是一种强调社会历史文化语境的建构论的实在论。知觉对象因为被知觉实践所建构,在生活世界中成为可知觉的呈现出客观视域的存在,而成为客观事物。

(3)知觉现象学在科学实在论中的创造性应用,使希兰在知觉、科学理论、仪器实践之间建立起了理论关联,回答了理论客体的实在化这个科学实在论的核心问题。在这里,希兰运用海德格尔的此在之基础存在论,用事物与此在的"在手"与"上手"两种状况,阐述了仪器作为被研究对象和仪器作为工具对于科学研究的不同意义。知觉作为知觉者的生存实践,把科学知觉、科学研究提升到了海德格尔存在论的高度,把科学活动中观察者的知觉实践当作一种上手的操劳。这样,可读的仪器、技术就失去其现成样式而隐没于上手状态之中,成为具身化了的主体扩展。以仪器为感官扩展的具身化主体,在生存论的层面上直接同前来照面的科学对象打交道,从而本真地把握了科学对象的实在性。也就是说,在希兰看来,诸如电子、黑洞、DNA等科学对象并不是以与日常生活中我们熟悉的知觉不同的方式被给予科学家的,每一个得到现象确证的科学对象都通过可读技术向我们宣告它们的真实存在。知觉被推广到了所有类型的事物,日常生活中的和科学世界的,并且科学世界的对象通过知觉逐步进入日常生活世界中。总之,在知觉实践的线索下,科学的理论描述物通过主体对仪器文本的"阅读"实践,转化为理论的实在物。在这一转化过程中,理论实体经过理论的和实践的双重负载,成为本体论的公共生活世界中可知觉的呈现出客观视域的实在事物。

希兰通过知觉、可读技术、仪器对科学对象客观实在性的研究,对于科学实在论具有重要意义。他和伊德、劳斯等人一起,共同把握到了从科学的仪器、可读技术、显视技术、实验实践等现象学地研究理论对象的实在性这个科学实在论核心问题的科学哲学发展趋势。同时,他们也都表现出了对实验实践进行哲学研究的理论价值和意义。

二、希兰科学哲学思想的第二条线索

知觉研究所延伸出来的第二条线索,是空间视域的多元性以及辩证发展的普遍性。从对视觉空间的分析开始，希兰介绍了欧氏和双曲两种不同的视觉空间，并描述了二者间既对立又互补的辩证关系。而希兰大篇幅地阐述视觉空间的真正目的，是要为一种普遍的辩证发展现象找到一个坚实的例证。进一步，希兰用 Q 格来概括这种发展的一般模式，并应用到对科学传统和空间世界历史发展的具体分析中，描绘出辩证发展之树和空间世界的综合体 WAB。最终，希兰提出了一套合理且具有普遍性的辩证发展样式，同时肯定了世界、真理的多元性和每一元所具有的价值，认识到每一元都基于一套真实的前理解结构，以及多元间既互不相容又互相补充的关系。

这两条由知觉引发的线索并不是彼此孤立的，而是互相影响和规定着的。首先，多元互补关系作为普遍的法则，适用于各种知觉实践和知觉视域之间的关系。基于不同前理解结构的知觉实践构建着多元互补的实在视域，这些视域互不相容，在辩证的发展中又趋于形成一种包含多元的综合视域。视域的实在论是多元的，视域的发展是符合 Q 格模式的。不仅如此，各种知觉的前理解结构、理论负载的描述语言间的关系同样是对立互补的。反过来讲，没有生活世界视域下丰富的具体例证，辩证发展的一般模式就失去了具体内容。Q 格模式的多元论，正是实在知觉的多元论，是生活世界的多元论——只有在知觉构建的生活世界中，在实在视域的多元关系中，辩证发展的普遍模式才能得到充分的体现。

不仅如此，这两条线索还在一个框架中得到了统一，即历史文化语境的诠释学框架。无论知觉地构建着实在视域的具身化主体，还是推动事物辩证发展的人类主体，都不是非历史文化语境的抽象主体，而是在生活世界的被抛境遇中，在历史文化的前理解结构下生存实践着的此在。此在的一切行为及产物，包括科学实践和理论，都必须在诠释学、生存论的框架内得到阐明。

上述两条线索和一个框架，构成了希兰科学哲学的逻辑结构，我们用图 5-8 来表示。

我们认为，希兰关于对立互补关系和辩证发展模式的描述，是希兰科

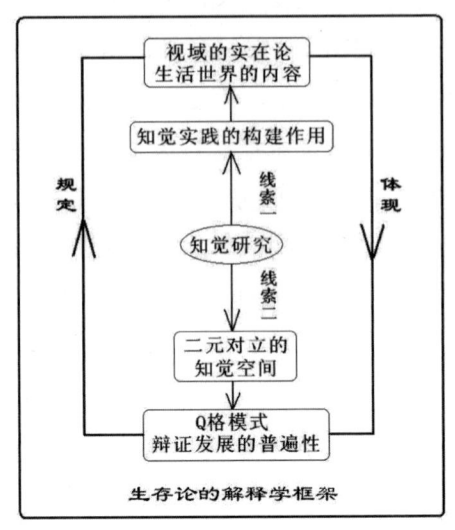

图 5-8　希兰科学哲学的逻辑结构

学哲学思想中最意味深长的内容。希兰很大程度上延续了英美哲学的研究方法,对视觉空间和 Q 格模式进行了严密的逻辑分析,甚至具体化为可计算的数学参数。然而,希兰不仅将大陆的诠释学传统引入其研究,还一反英美哲学对辩证法"模糊性"的拒斥,建立起一套辩证的多元价值体系。这本身就是两种对立互补研究传统的综合。

　　这种综合突出地体现了后现代社会多元性和反基础主义的新价值观。在现代性下,基础主义的偏见统治着社会生活的各个方面。基础主义的主要特点,就是坚持认为存在着某种先验必然的、永恒稳固的知识基础。在基础主义的框架下,实在、真理、世界只可能是一元的,除此之外一切存在样态,必然是落后的,错误的,应当被消除的。这种观念不但将丰富多彩的多维世界简化成一元世界,更成为各种文化间相互交流的最大障碍。因此,后现代主义解构了基础主义的一元论,提出多元性的概念。但在极端的后现代主义者那里,多元性意味着消解世界的实在性,摧毁真理的标准,甚至认为"一切都是虚幻的,什么都是对的"。这等于把哲学引向极端怀疑主义和虚无主义的绝境。

希兰接受了反基础主义和多元性的基本价值取向，将其与现代性下对实在性和知识必然性的合理要求相综合，提出一种诠释学的多元实在论和真理标准。在希兰那里，多元的理论、文化、世界中的每一元，都建立在一组实际存在的前理解结构和社会实践基础上，并在自己专属的视域内具有实在性、必然性和有效性，体现出独特的价值。世界是多元的，真理也是多元的，在由不同"前理解—实践"结构所组建的不同视域下，存在不同的真理和价值。每一元之间具有互不相容性，即不可翻译性，用一元去彻底解释、吞并另一元不但是不可能的，更是有害的。不仅如此，一个能自觉到世界的多元互补关系，领会了多种前理解结构和相关实践的主体，还可以相对自由地选择、穿梭于多元之间，分享多元的价值与美。

例如，量子物理学的诞生证明经典物理学的绝对时空观并非唯一的真理。但这绝不等于经典物理作为错误的、"不客观"的东西被量子物理取代了。在量子物理诞生百年之后，经典物理原则仍被广泛地应用于工业、生活领域，发挥着巨大的效用。量子物理和经典物理各基于两套不同的理论前理解结构和实验室操作实践，在不同范围、领域下分别具有意义和真理的价值，被实验所证实。然而，二者又是互不相容的，其中一种理论不能在另一种理论的描述语言中得到解释。但这并不妨碍对二者"前理解—实践"结构均有领会的科学家，在需要的时候穿梭于二者之间，利用它们来论证物理现象，制造物理效应。再如包含不同兴趣和思维方式的东西方文化。西方文化重视外在的力量、规则对人的影响力，是一种源于宗教的文化；东方文化强调主体自身的修行、参悟，富含人本主义精神。这两种文化之间的描述语言常常互不相容，也很难互相解释，但是，由两种文化塑造出的人却各具独特的优点与缺点。一个人没有必要用一种文化来否定另一种文化，或在一种文化被完全翻译为另一种文化的描述语言后才能接受它，而完全可以建立一种包容对立二元的知识结构，自由地选择、穿梭于二元之间，分享两种文化的气质精髓。由此推广到文艺、宗教等一切蕴含多元对立关系的领域，希兰的思想都具有启发式的价值。

第六章 科克尔曼斯科学诠释学的现象学

科克尔曼斯（Joseph J. Kockelmans）是当代西方科学诠释学的代表人物之一。科克尔曼斯的科学诠释学的现象学（Hermeneutic Phenomenology of Nature Sciences）在美国和欧洲科学哲学界产生了重要影响。国内对科克尔曼斯科学哲学思想的研究基本没有涉猎。因此，对科克尔曼斯科学诠释学的现象学的阐述，有必要从科克尔曼斯其人及对其思想的研究现状开始。

第一节 科克尔曼斯与"科学诠释学的现象学"

一、科克尔曼斯其人及对他思想的研究

科克尔曼斯1923年12月1日出生于荷兰的梅尔森（Meerssen）。1951年科克尔曼斯从中世纪哲学研究院（Institute for Medieval Philosophy）获得博士学位。1952年至1955年间他师从巴萨德（H. Busard）研习数学。随后，在1955年至1962年间，科克尔曼斯在进行博士后研究的同时还在莱顿大学（University of Leyden）的佛克（A. D. Fokker）门下学习物理学，以及在鲁汶大学的胡塞尔档案馆的范·布雷达

(H. L. Van Breda)门下学习现象学。1963 年至 1964 年间,科克尔曼斯在荷兰瓦格宁根农业大学任哲学教授一职。尽管他在 1962 年就已经成为杜克森大学(Duquesne University)的客座教授,但事实上,1964 年才算他在美国事业的新起点。1964 年至 1965 年科克尔曼斯在社会研究新学院(New School for Social Research)担任教授,1965 年至 1968 年在匹兹堡大学担任教授。自 1968 年以后,他一直在宾州州立大学工作,并在 1990 年后成为杰出教授。

皮埃尔·克茨伯格(Pierre Kerszberg)认为,科克尔曼斯的到来对于美国重新认识欧洲大陆哲学具有重大意义。[①] 因为科克尔曼斯、约翰·安德森(John Anderson)和卡尔文·舒拉格(Calvin Schrag)一同创立了蜚声国际的刊物——《人与世界》(*Man and World*),此为其一;其二,他的两本介绍胡塞尔和海德格尔的著作被整整一代研习欧洲哲学的研究者视为必备书籍。[②]

科克尔曼斯的研究兴趣主要在以下三个方面:第一,对数学与自然科学理论基础的研究。科克尔曼斯的事业是从研究数学和"精密科学"的基础开始的。这一点同胡塞尔相似。但科克尔曼斯的现象学主要集中于对科学史的关注。他认为自然科学在当代社会的重要地位无可质疑,但是自然科学的存在论地位却一直未能得到正确的阐明。所以他研究的目标在于批判地反思科学的本体论地位。第二,对现象学的研究。在科克尔曼斯看来,现象学一方面可以使科学史获得更为合理的理解;另一方面它是解开自然科学的存在论地位之谜的钥匙。第三是教育。科克尔曼斯一生都保持着对教育的高度关注。他甚至喜欢称自己为教育家而非哲学家。他不喜欢作高深之语,将哲学高奉于神坛之上。其众多专著与文集均是专为

[①] Timothy J. Stapleton, *The Question of Hermeneutics Essays in Honor of Joseph J. Kockelmans*. London: Kluwer Academic Publishers, 1994 ix.

[②] Timothy J. Stapleton, *The Question of Hermeneutics: Essays in Honor of Joseph J. Kockelmans*, Dordrecht: Kluwer Academic Publishers, 1994, ix. 这里指科克尔曼斯著的《海德格尔哲学入门》和《胡塞尔现象学导论》。

本科生而写的。他试图从诠释学的现象学维度揭示自然科学对于人类的作用与价值,这一点也与他始终关注教育密不可分。

科克尔曼斯研究兴趣广泛、知识渊博、论著颇丰,可以用英、法、德及荷兰语流利写作。仅仅专著就有 50 本左右,而发表的论文更多。其中具有较大影响的专著主要有:*Martin Heidegger: a first Introduction to His Philosophy*(《马丁·海德格尔哲学入门》)(1965);*Phenomenology and Physical Science: an Introduction to the Philosophy of Physical Science*(《现象学与物理学:物理学哲学导论》)(1966);*Edmund Husserl's Phenomenological Psychology: a Historico-critical Study*(《埃蒙德·胡塞尔现象学心理学:历史批判研究》)(1967;再版 3 次);*A first Introduction to Husserl's Phenomenology*(《胡塞尔现象学导论》)(1967;再版 8 次);*Phenomenology: the Philosophy of Edmund Husserl and Its Interpretation*(《现象学:胡塞尔哲学及其解释》)(1967);*Philosophy of Science: the Historical Background*(《科学哲学:历史背景》)(1968;再版 2 次);*The World in Science and Philosophy*(《科学与哲学中的世界》)(1969;再版 1 次);*Phenomenology and the Natural Sciences: Essays and Translations*(《现象学与自然科学:论文及译文》)(1970);*Contemporary European Ethics: Selected Readings*(《当代欧洲伦理学读本》)(1972);*On Heidegger and Language*(《论海德格尔与语言》)(1972;再版 2 次);*Interdisciplinarity and Higher Education*(《跨学科与高等教育》)(1979);*The Challenge of Religion: Contemporary Readings in Philosophy of Religion*(《宗教的挑战:当代宗教哲学文选》)(1982);*On the Truth of Being: Reflections on Heidegger's Later Philosophy*(《论存在的真理:对海德格尔后期哲学的反思》)(1984;再版 2 次);*Heidegger and Science*(《海德格尔与科学》)(1985;再版 2 次);*Heidegger on Art and Art Works*(《海德格尔论艺术与艺术作品》)(1985;再版 3 次);*A Companion to Martin Heidegger's "Being and Time"*(《马丁·海德格尔的"存在与时间"导读》)(1986;再版 1 次);*Phenomenological*

Psychology：the Dutch School(《现象心理学：荷兰学派》)(1987)；*Heidegger's "Being and Time"：the Analytic of Dasein as Fundamental Ontology*(《海德格尔的〈存在与时间〉——对作为基本存在的此在的分析》)(1989；再版2次)；*Ideas for a Hermeneutic Phenomenology of the Natural Sciences*(《自然科学的诠释学的现象学观念》)(1993；再版1次)；*Edmund Husserl's Phenomenology*(《埃蒙德·胡塞尔的现象学》)(1994；再版2次)；*Ideas for a Hermeneutic Phenomenology of the Natural Science：Volume Ⅱ：on the Importance of Methodical Hermeneutics for a Hermeneutic Phenomenology of the Natural Sciences*(《自然科学的诠释学的现象学观念第二卷：〈论诠释学方法对于自然科学的诠释学的现象学的重要性〉》)(2002)。在这些著作中,最有代表性的,是科克尔曼斯晚年总结自己哲学思想而写的《自然科学的诠释学的现象学观念》及《自然科学的诠释学的现象学观念第二卷：〈论诠释学方法对于自然科学的诠释学的现象学的重要性〉》这两本著作。它们是研究科克尔曼斯的科学哲学思想、现象学思想的主要依据。

国外许多学者一直保持对科克尔曼斯思想的关注与研究。主要文章有：*Review of Phenomenology：The Philosophy of Edmund Husserl and Its Interpretation*(《评〈现象学：埃德蒙·胡塞尔及其解释〉》)(1967)；*Review of Phenomenology and Physical Science：An Introduction to the Philosophy of Physical Science*(《评〈现象学与物理学：物理学哲学导论〉》)(1967)；*Review of Phenomenology and the Natural Sciences：Essays and Translations*(《评〈现象学与自然科学：论文及译文〉》)(1971)；*Review of On Heidegger and Language*(《评〈论海德格尔与语言〉》)(1974)；*Review of Interdisciplinary and Higher Education*(《评〈跨学科与高等教育〉》)(1981)；*Review of Interdisciplinary and Higher Education*(《评〈跨学科与高等教育〉》)(1983)；*Review of Heidegger on Art and Art Works*(《评〈海德格尔论艺术与艺术作品〉》)(1986)；*Review of Ideas for a Hermeneutic Phenomenology of the Natural Sciences*(《评

〈自然科学的诠释学的现象学观念〉》)(1995);*Review of Philosophy of Science: The Historical Background*(《评〈科学哲学:历史背景〉》)(2000)。在诸多研究科克尔曼斯的论著中,最具影响力的应该是 *The Question of Hermeneutics: Essays in Honor of Joseph J. Kockelmans*(《诠释学问题:纪念科克尔曼斯文集》)(1994)。范·弗拉森(Bas C. Van Fraassen)、希兰(Patrick A. Heelan)、凯塞尔(Theodore Kisiel)等著名学者纷纷对科克尔曼斯的思想做出了回应和评价。

我国早在20世纪90年代就注意到了科克尔曼斯的思想。1996年商务印书馆出版了陈小文等人翻译的科克尔曼斯1989年出版的《海德格尔的〈存在与时间〉》一书。可见在当时科克尔曼斯已经为国内的学者所注意。但是,科克尔曼斯的这本著作只是他对海德格尔思想的阐述和注解,而科克尔曼斯总结、阐发自己的科学诠释学的现象学思想的论著,比如上面提到的两卷本《自然科学的诠释学的现象学观念》(英文版分别于1993年和2002年出版),国内学者则鲜有研究。这说明科克尔曼斯本人的核心思想还未引起国内学者的普遍关注。实际上,科克尔曼斯科学诠释学的现象学开拓了科学哲学研究的新领域,给我们提供了一个理解自然科学的新视角,具有重要的理论价值。同时,对科克尔曼斯思想的介绍和研究,也是我们把握国际科学哲学发展动态的要求。

二、"诠释学的现象学"概念释义

科克尔曼斯在其晚年的两卷本著作《自然科学的诠释学的现象学观念》中,系统地总结了自己的科学哲学思想,提出了"科学诠释学的现象学"(hermeneutic phenomenology of science)。

科克尔曼斯的科学诠释学的现象学继承了海德格尔的"诠释学的现象学"(hermeneutic phenomenology)思想,从存在论上重新理解自然科学,审视以往的科学哲学理论,力图恢复存在(being)在自然科学中的优先地位,沟通生活世界与自然科学,在存在论的层面揭示自然科学的基础与意义。

本文将科克尔曼斯的"hermeneutic phenomenology"译为"诠释学的现象学",主要有以下三种原因:

首先,从句法及科克尔曼斯本人的用法上看。他在"*Ideas for a Hermeneutic Phenomenology of the Natural Science:Volume* Ⅱ: *on the Importance of Methodical Hermeneutics for a Hermeneutic Phenomenology of the Natural Science*"中,分别使用了"hermeneutics"和"hermeneutic"两词。前者被"methodical"(方法的)一词加以修饰,后者是用以修饰限定"phenomenology"。因此,可以判定他是将"hermeneutic"作为形容词使用,用"hermeneutic"修饰限定"phenomenology",意味着"hermeneutic phenomenology"是某种现象学。

其次,从"hermeneutic phenomenology"一词本身的语义上看。科克尔曼斯是从海德格尔那里借用来"hermeneutic phenomenology"这个概念的。在海德格尔看来,现象学是关于存在者之存在的学说。而阐明存在的意义又需要以一种基本存在论作准备。所以,现象学总是首先与此在的存在相关联。此在的本质是能在,理解是此在的存在方式,此在之现象学本质上就是诠释学。所以,"hermeneutic phenomenology"可以译作"诠释学的现象学",其实质是此在的现象学。科克尔曼斯思想的核心是,通过诠释学的现象学方法揭示自然科学的存在论地位。

最后,从现象学的历史发展来看,科克尔曼斯是相对于胡塞尔的"transcendental phenomenology"(超验现象学)概念而使用"hermeneutic phenomenology"这一术语的。他称"正是海德格尔重新解释了胡塞尔的关于'意向性'的学说,从而从胡塞尔的超验现象学走到了诠释现象学"①。科克尔曼斯是研究胡塞尔现象学的专家,非常清楚胡塞尔先验现象学的困境,充分理解海德格尔对现象学的改造。科克尔曼斯指出,尽管胡塞尔成功地发现了"意向性"的重要地位,但在海德格尔看来,胡塞尔对于意向性

---

① Joseph J. Kockelmans, *Ideas for a Hermeneutic Phenomenology of the Natural Sciences*, London: Kluwer Academic Publishers, 1993, p.71.

的假设过于独断,原因在于胡塞尔忽略了具有意向性的某物的存在样式问题。换言之,胡塞尔没有问及此在的存在样式。而对于人类的一切活动而言,此在的存在样式与存在本身的意义才是最根本的。正是在这个意义上,海德格尔不满于胡塞尔的超验现象学而走向了诠释学的现象学。科克尔曼斯继承了海德格尔的思想,认为诠释学的现象学"目的在于让事物呈现自身"①。他在自己的论述中多次借用了海德格尔对此在的表述,将此在形容为"自然之光"(lumen naturale)②,即此在本身已是澄明之物,世内存在的存在者需要通过此在生存而得以显现。因此,此在的存在先于一切人类活动(包括自然科学事业),并且此在让事物呈现自身的活动总是一种解释性的活动。因此,"诠释学的现象学"是与胡塞尔的"超验现象学"(transcendental phenomenology)对应的概念。

三、科克尔曼斯科学诠释学的现象学的理论背景

任何思想都是在一定的理论背景下产生的,科克尔曼斯科学诠释学的现象学也不例外。科克尔曼斯在对自然科学史及以往的科学哲学的反思中发现了传统科学认识论的困境,他接受了海德格尔的此在之现象学,并将之运用于对自然科学的批判反思当中。同时,他还受到了大陆哲学与英美哲学两方面的影响。这三个因素相互影响,共同形成了科克尔曼斯构建科学诠释学的现象学的理论背景。

1. 海德格尔的此在之基础存在论

海德格尔的此在之基础存在论是科克尔曼斯科学诠释学的现象学的直接理论来源。科克尔曼斯曾在注解《存在与时间》的著作中说,"我们必须承认,这本书是20世纪最杰出和最具创造性的哲学著作之一","就该书的存在论内容而言,我认为它很可能是本世纪所写的最伟大的哲学著作,

---

① Joseph J. Kockelmans, *Ideas for a Hermeneutic Phenomenology of the Natural Sciences*, London: Kluwer Academic Publishers, 1993, p. 58.

② Joseph J. Kockelmans, *Ideas for a Hermeneutic Phenomenology of the Natural Sciences*, London: Kluwer Academic Publishers, 1993, p. 65.

因为该书反复明确声称,此书旨在提供一个基本存在论"①。科克尔曼斯详细分析了海德格尔的基础存在论与现象学、诠释学的关系,他同意这样的观点,即现象学是关于存在者之存在的科学,因此现象学可被称为存在论。但是,要明确这种存在论的任务,我们必须有一种为我们关于存在的意义问题做好准备,分析此在生存结构的存在论,即基础存在论。这样,现象学首先关涉的便是此在的存在,让此在如其所是、如其何所是地显示自身。所以,此在之生存的诠释学就是此在之现象学,就是此在之存在论。科克尔曼斯强调,诠释学在这里不再是人文科学所特有的方法论,而是"存在论本身的方法论的基本概念","诠释学的任务就是一种存在论性质的任务",此在之诠释学要"制定出任何一种存在论研究之所以可能的诸条件"②。

科克尔曼斯对海德格尔的基础存在论学说和现象学科学观的继承,主要体现在以下三个方面:

第一,从研究的旨趣上看,海德格尔本人终生都在追问存在的意义问题。海德格尔认为,哲学的任务就是要探询存在的意义,这一任务应该由存在论来完成。对此在的存在样式的分析是一种基本存在论。这种基本存在论是为存在论做准备。科克尔曼斯基本上接受了上述思想。但是,我们知道,海德格尔关于科学的论述甚少。更重要的是已有的这些论述整体上缺乏一种系统性,论证上也因过于简练而显得晦涩。这一方面当然是由于海德格尔的研究旨趣所决定的;另一方面,将诠释学的现象学运用于理解科学,这本身已经是一个新的课题,包含了许多困难。

第二,科克尔曼斯对海德格尔的发展就体现在他将诠释学的现象学推广到自然科学领域:从诠释学的现象学的角度反思科学,追问科学的意义问题,系统地论述了自然科学的诠释学本质。

---

① 约瑟夫·科克尔曼斯:《海德格尔的〈存在与时间〉》,陈小文、李超杰等译,商务印书馆1996年版,第51、2页。

② 约瑟夫·科克尔曼斯:《海德格尔的〈存在与时间〉》,陈小文、李超杰等译,商务印书馆1996年版,第101、100、101页。

从研究的方法上看,海德格尔认为在基本的存在论分析中,必须采用诠释学的现象学的方法。他用这一方法使自己的现象学区别于胡塞尔的超验现象学。他对后者的舍弃在于胡塞尔认为一切的意义都来自于先验主体。正是在这个意义上,海德格尔要将此在的存在理解为在世界中存在。科克尔曼斯完全接受了上述观点,并认为诠释学的现象学能够胜任反思科学的任务。

第三,从科克尔曼斯本人的研究历程与思想变化上看,他的科学诠释学的现象学的建立经历了一个漫长的过程,而这一过程主要受到的是海德格尔的影响。科克尔曼斯自言早期曾受到胡塞尔与梅洛·庞蒂的影响[①]。他在20世纪60年代中期曾撰写多部专著论述胡塞尔的思想。如1967年的 *Edmund Husserl's Phenomenological Psychology: a Historico-critical Study*、1967年的 *A first Introduction to Husserl's Phenomenology* 等。然而,后来他逐渐走向了海德格尔的诠释学的现象学。早在1962年,科克尔曼斯就已经发表一部介绍海德格尔的著作。1985年,他发表了《海德格尔与科学》,集中系统地讨论了海德格尔的科学哲学思想。1989年,他发表了 *Heidegger's "Being and Time": the Analytic of Dasein as Fundamental Ontology*,这主要是一本《存在与时间》的导读性著作。1993年和2001年,科克尔曼斯发表了 *Ideas for a Hermeneutic Phenomenology of the Natural Sciences* 上、下卷。这两卷著作是科克尔曼斯本人对诠释学的现象学科学哲学的系统论述。需要注意的是,在科克尔曼斯1985年和1989年的两本著作中的许多论述,都出现在上述两卷本中。由此可见,科克尔曼斯的诠释学的现象学科学哲学思想是在研究海德格尔的思想中逐渐发展起来的。并且,在早期对海德格尔的研究中,他将自己的科学哲学思想依托海德格尔之名而阐发。而两卷本的《自然科学的诠释学的现象学观念》作为科克尔曼斯晚年的作品,独立、

---

① Joseph J. Kockelmans, *Ideas for a Hermeneutic Phenomenology of the Natural Sciences*, London: Kluwer Academic Publishers, 1993, x.

系统、完整地表述了思想。从这一意义上说,这是他的科学的诠释学现象学思想成熟的果实。

2. 科学理解的认识论立场的困境

科克尔曼斯科学诠释学的现象学的形成,在科学哲学方面,一个直接的原因在于他看到了单纯从认识论立场理解科学的局限。对科学哲学中的认识论立场的批判,是科克尔曼斯科学诠释学的现象学的理论发轫点。

科学理解的认识论立场将科学的认识论维度等同于对科学的哲学理解,认为科学的目的就是通过观察、实验等活动对独立于人的客观世界的认识,通过科学理论、科学陈述、科学定理等描述外部客观世界事物的性质及事物间的关系。科克尔曼斯对上述观点的批判是从回顾"存在"(being)与"实在"(reality)两词的历史演变开始的。他认为存在的优先地位的被遗忘是与实在逐步获得优先地位同时发生的。

科克尔曼斯指出,从亚里士多德开始,哲学就逐渐将自己的眼光从"存在"转到了"物质世界中的存在者"(intramundance beings)[①]。并且这一转变因近代自然科学的诞生、发展而得到加强。而存在本身,却在反思的缺席中被等同于事物、存在者。这种情况直接使此在成为与其他事物无异的研究对象,同时也丧失了对于自然科学的优先地位。科克尔曼斯说,"像其他存在者一样,人被设想成上手之物(present-at-hand)。"[②]最终,在笛卡儿那里,"实在"的优先地位被完全确立,而此在与存在的意义被遗忘。笛卡儿的心物二元论就是这种哲学的代表。以之为基础的科学认识论将科学看成意识从外部世界捕捉真理的活动。因此,近代科学认识论必然要面对两个难题:"实在"能否独立于人的意识而存在,意识能否"超越"自我而认识"实在"。科克尔曼斯认为,几个世纪以来,人们的工作都只是论证意识能够多大程度上判定"实在",但是无论心物二元论多么精致,意识与外部

---

① Joseph J. Kockelmans, *Ideas for a Hermeneutic Phenomenology of the Natural Sciences*, London: Kluwer Academic Publishers, 1993, p. 63.

② Joseph J. Kockelmans, *Ideas for a Hermeneutic Phenomenology of the Natural Sciences*, London: Kluwer Academic Publishers, 1993, p. 64.

世界之间的鸿沟仍是不可逾越的。

科克尔曼斯指出,导致科学理解的认识论立场的困境的原因主要在于:一是认识论立场因其默认心物二元论而具有自身无法克服的困难,二是此在的存在样式未被问及。正如海德格尔所说:"到底有没有一个世界,以及这个世界的存在能不能被证明?这个问题是毫无意义的。因为这个问题是由存在于世的此在提出来的,除了此在还会有谁提出这个问题呢?"①所以,科克尔曼斯主张将科学活动视为此在的存在样式。这意味着此在筹划自身到当下的可能性中去,即此在本质上就是具有意向性的。将科学认识与此在相联系,认为此在生存比认识更基本,这是对科学认识的主客体分离之前的状态的追问和反思,它带来的直接变化是在思维方式上对主客体二元对立的超越。

3. 大陆哲学与分析哲学的融合

"分析哲学"在地域上看主要指英语国家,其中包括美国、英国、加拿大、斯堪的纳维亚地区、澳大利亚、新西兰等。"分析哲学"初期的代表人物为弗雷格、罗素、摩尔等。罗素与摩尔认为黑格尔哲学纯粹思辨的形而上学语言艰深晦涩、含义模糊不清,所以他们试图以逻辑方法与经验方法为工具改造哲学。

"大陆哲学"指分析哲学以外的哲学传统。从时间、地域和内容上看,它主要指的是19世纪至20世纪在欧洲大陆以法国和德国为代表的一系列哲学传统,主要包括德国的唯心主义、现象学、存在主义、解释学、结构主义、后结构主义、法国女性主义以及西方马克思主义的部分等。

这两大哲学传统自20世纪60—70年代开始就表现出日益明显的融合趋势。比如,北美的许多大学,如波士顿大学、纽约石溪大学、宾夕法尼亚大学等开始开设教授大陆哲学的课程,众多研究大陆哲学的机构也纷纷建立,其中最富盛名的是"现象学与存在主义哲学协会"(简称SPEP)。科学诠释学的现象学就是在这样的哲学背景下产生的。一些既坚持诠释学、

---

① 海德格尔:《存在与时间》,陈嘉映、王庆节译,三联书店1999年版,第233页。

现象学传统,又有科学背景的哲学家开创了自然科学领域的诠释学—现象学研究。科克尔曼斯就是这一研究潮流的开拓者和倡导者之一。我们前面指出了科克尔曼斯在自然科学的诠释学和现象学研究中的开拓作用。科克尔曼斯评述胡塞尔和海德格尔思想的著作,如 1965 年的《海德格尔哲学入门》和 1967 年的《胡塞尔现象学导论》,都是培养了一代研究欧洲哲学研究者的教科书;科克尔曼斯和他人共同创立的刊物《人与世界》,经常性地集中刊发自然科学的诠释学的现象学方面的论文。因此,我们可以说,欧洲大陆哲学与英美分析哲学的沟通与融合,构成了科克尔曼斯科学哲学形成的总的哲学背景,而反过来说,科克尔曼斯是促进两大哲学传统对话与融合的积极的力量之一。

第二节 科克尔曼斯对哲学与科学关系的论述

在科克尔曼斯看来,对哲学与科学关系的考察是任何科学哲学理论都不可回避的,因为这种考察包含着对哲学的地位和科学哲学任务的思索。正是在对哲学与科学关系的阐发中,科克尔曼斯明确了诠释学的现象学对科学的关系,界定了科学诠释学的现象学的目标和任务。

一、哲学对科学的批判性反思的必要性

科克尔曼斯对自然科学的存在论基础的讨论是从分析哲学与科学的关系开始的。他在两卷《自然科学的诠释学的现象学观念》中的任务之一,就是回答哲学与科学的关系。[①] 科克尔曼斯在第一卷的开篇就指出,哲学与科学的关系问题是每一个科学哲学家都无法回避的问题。科克尔曼斯说:"哲学与科学是本质上不同的两种人类事业吗?若是如此,它们是如何

---

① Joseph J. Kockelmans, *Ideas for a Hermeneutic Phenomenology of the Natural Sciences*, London: Kluwer Academic Publishers, 1993, p. 59.

相互关联在一起的？如果它们不是在本质上不同的事业，那么它们为什么且又是如何仍旧被区别地对待？这一问题之所以重要，不仅在于它关系到哲学家理解哲学意义和功能的方式，还关涉哲学面对科学时所要承担的任务。"①

哲学对科学的批判性反思，是对科学知识体系理论根基的哲学清理。这种必要性，在科克尔曼斯看来，是由两个相互联系的因素决定的，一方面是因为科学的根基不牢靠，另一方面则是科学本身并不能担负起反思自己的任务。

在自然科学中，数学的公理化方法备受重视，事实上这种公理化方法和演绎方法是推动科学发展的重要的方法论保证。但正如科克尔曼斯正确指出的，"在原则上演绎的方法是不能弄清楚任何给定的演绎体系的基本原理的"②，这样就要从科学之外对在科学理论体系中不证自明的公理和自我解释的基本概念进行理解与解释。科学不能证明自己的理论基础，科学知识体系的理论基础不能从其自身得到批判，这是科克尔曼斯说自然科学的根基不牢靠的科学方面的原因。

此外，由于科学不能承担自己给自己清理理论地基的任务，而海德格尔以前的哲学因为没有认识到此在之基础存在论对各种科学存在论的超越性意义，因而它们对科学理论地基的清理都是不给力的。科克尔曼斯通过对哲学史的分析指出，从自然科学产生以来，哲学一直都在坚持不懈地为自然科学的根基进行探索。从经验主义和理性主义尝试的失败，到康德先验的纯粹理性批判，再到胡塞尔的先验现象学，哲学探索科学的理论基础的最大成绩，就是康德的先验分析方法。科克尔曼斯说，在康德的"这个观点中最有新意的东西并不是指的这一事实，即要有某种先天的东西，而是在于：在关于我们先天知识的问题上，它强调的是方法，这种方法能够单

---

① Joseph J. Kockelmans，*Ideas for a Hermeneutic Phenomenology of the Natural Sciences*，London：Kluwer Academic Publishers，1993，p. 1.

② 约瑟夫·科克尔曼斯：《海德格尔的〈存在与时间〉》，陈小文、李超杰等译，商务印书馆1996年版，第53页。

独保证我们一切科学洞见的必要性和普遍性。"科克尔曼斯还说,"从费希特到胡塞尔这段时期里,发展出了各种不同形式的先验哲学。它们都共同地具有康德的基本关注,并且分享了康德的这种观点,即要有一切先天综合判断的最高原则,这个最高原则对于一切真正知识的系统性来说具有基本的意义"①。海德格尔的此在之基础存在论保持了这种先验的询问方式。科克尔曼斯指出,海德格尔关心存在的意义问题,先验问题是"关于存在的意义问题"这个表述最终所指的问题之一。正如海德格尔在《存在与时间》中强调的,对此在的基础存在论分析要揭示一切存在论成立的先天条件。这也正是海德格尔把存在的意义问题作为其存在论的基本问题,他分析此在存在结构的基础存在论才能承担起彻底清理现代自然科学理论基础的重任。科克尔曼斯说,"存在总是存在者的存在。按照它的不同的领域,存在者全体可以成为科学研究的园地。然而,实际上,每一种科学在其基本概念中都有其危机。当今,在多种不同的学科中到处都有清醒的倾向,要把相关的研究放置在新的基础之上。数学、物理学、生物学、人文科学甚至神学都是如此。这种对不同科学的基础的研究是不同领域的存在论的主要任务。很明显,这些领域的存在论本身依然是幼稚的和晦暗的,即便是在它们探究到争议的不同存在者的存在方式之中去的时候也是如此,因为,它们没有讨论存在的一般意义"②。

因此,就科学诠释学的现象学来说,科克尔曼斯对于哲学与科学之间关系的关注,有以下三个原因:

首先,这是诠释学的现象学科学哲学为自己的存在的合理性进行辩护的需要。在历史上,从古希腊时代开始一直到16、17世纪,科学只是哲学的一个分支。这一点在牛顿的经典著作《自然哲学的数学原理》的书名中便可见一斑。从16、17世纪开始,自然科学飞速发展,逐渐成为独立的知

---

① 约瑟夫·科克尔曼斯:《海德格尔的〈存在与时间〉》,陈小文、李超杰等译,商务印书馆1996年版,第54页。
② 约瑟夫·科克尔曼斯:《海德格尔的〈存在与时间〉》,陈小文、李超杰等译,商务印书馆1996年版,第67~68页。

识体系和研究活动。科学家一方面认为哲学过于繁复晦涩而显得不够"科学",另一方面认为科学本身并不需要哲学对自己加以"总结"或者"指导"而能够自主地发展。甚至有些科学家认为,科学要发展必须拒斥哲学。牛顿提出"物理学要当心形而上学"就是例证。因此,在当代社会,哲学在面对科学时,首要的就是辨明自己所起的作用,所要担负的任务。

其次,这是诠释学的现象学科学哲学界定自身的作用和任务的立足点。在谈到诠释学的现象学的地位和对于科学的态度时,科克尔曼斯明确地表示,"诠释学的现象学反对的不是科学本身,而是科学对自身错误的哲学理解"①,"因此现象学批判的不是科学本身,而是科学主义;不是经验研究及其成就,而是对科学的实证主义解释"②。即诠释学的现象学既反对科学主义把科学理解成一项去人化的事业,也反对科学主义把科学中的人进行物质化而做出还原主义的解释。在这里,诠释学的现象学在表达对于科学的立场的同时,也意味着它界定了自己的作用和任务。

最后,为从存在论层面分析自然科学,揭示科学的本真属性奠定基础。科克尔曼斯通过分析哲学的历史性特征,区分了人类经验的哲学形式与非哲学形式,从而提出自己的主张:哲学是对人类经验的反思,科学是人类经验的非哲学形式之一。更进一步,科克尔曼斯提出,哲学是对存在意义的反思,这种反思是从对此在的存在样式的分析出发的。③ 任何在哲学上具有彻底批判性的科学哲学,都应该从存在论的维度开始。

二、哲学的历史性特征

人的历史性特征似乎是不言自明的,且以往的哲学家也鲜有反对。但

---

① Joseph J. Kockelmans, *Ideas for a Hermeneutic Phenomenology of the Natural Sciences*, London: Kluwer Academic Publishers, 1993, p. 57.

② Joseph J. Kockelmans, *Ideas for a Hermeneutic Phenomenology of the Natural Sciences*, London: Kluwer Academic Publishers, 1993, p. 57.

③ Joseph J. Kockelmans, *Ideas for a Hermeneutic Phenomenology of the Natural Sciences*, London: Kluwer Academic Publishers, 1993, p. 60.

是,在科克尔曼斯看来,在黑格尔那里,对人的历史性的强调成为一个核心的课题之一,并达到了以往哲学家难以企及的高度。①

科克尔曼斯认为,正是人的历史性决定了哲学事业的历史性。因为,人是历史性的,则"一切参与了这种历史性的人类展现活动同样也是历史性的"②。但是由于诠释学的现象学对人的历史性的反思的起点与路径和黑格尔截然不同,所以它所理解的哲学的历史性与黑格尔的观点是大相径庭的。在黑格尔那里,哲学是一种"和谐的综合体,它由更高层次的'意识'所表达,且为每个人'被动地'接受"③。这种抽象的历史性,与其说是人的历史性,不如说是决定人的历史发展的至高原则。因此,诠释学的现象学认为,黑格尔的伟大之处在于他构筑了一个内恰的、和谐的框架,在这个框架中"一切历史的矛盾"都可以得到克服、理解和说明。克尔恺郭尔(Kierkegaard)将其称为"观念的宫殿"④。

科克尔曼斯指出,诠释学的现象学所理解的哲学的历史性,具有以下基本点:首先,没有一种完美的、永真的哲学体系。因为,完美的、永真的哲学体系意味着它带有一种超越人的有限性的无限的特征。其次,即便有这么一种完美的哲学体系,它最终仍旧需要经过历史性的个人对它加以复活。最后,"若是承认每个哲学家都必须将自己的历史情境尊为自己哲学思考的必要条件,则哲学严格来说,只能算是一项私人的事业"⑤。

所以,诠释学的现象学所言的哲学的历史性应该从两个不可或缺的方

---

① Joseph J. Kockelmans, *Ideas for a Hermeneutic Phenomenology of the Natural Sciences*, London: Kluwer Academic Publishers, 1993, p. 77.

② Joseph J. Kockelmans, *Ideas for a Hermeneutic Phenomenology of the Natural Sciences*, London: Kluwer Academic Publishers, 1993, p. 77.

③ Joseph J. Kockelmans, *Ideas for a Hermeneutic Phenomenology of the Natural Sciences*, London: Kluwer Academic Publishers, 1993, p. 78.

④ Joseph J. Kockelmans, *Ideas for a Hermeneutic Phenomenology of the Natural Sciences*, London: Kluwer Academic Publishers, 1993, p. 78.

⑤ Joseph J. Kockelmans, *Ideas for a Hermeneutic Phenomenology of the Natural Sciences*, London: Kluwer Academic Publishers, 1993, p. 79.

面进行理解。一是哲学的属人性或称为"哲学的有限性";二是黑格尔所强调的人类思想的情境性,即诠释学的现象学认为没有一种能够超出哲学传统独立出现、存在、发展的哲学思想。在这里,科克尔曼斯还引用了威廉·卢吉彭(William A Luijpen)的话说:"人在世界中的生活方式本质上是对历史的一种占有。因为他的生存不仅是对世界的敞开,还是对基于有限的给定的过去的未来的敞开。"①

科克尔曼斯对于哲学的历史性的分析有以下三个目的:

第一,科克尔曼斯指出了人在其中的核心地位。上述对哲学的历史性的理解的两个基本角度,都要求从人的历史性、有限性出发。即一方面,因为人的历史性、有限性,才决定了哲学的历史性特征。哲学是经由人的思虑之后才能得以展现、复活。另一方面,人的历史性、有限性说明了人总是在一定的哲学传统中生存,总是被一种以哲学传统为核心的文化所占有。倘若承认了人的历史性与有限性,则我们就可以比较容易地理解逻辑实证主义在根本信念上的错误。那就是,历史性的人如何能够非历史地开展科学研究,有限的具体的人如何能够获得永恒不变的真理。科学历史主义对逻辑实证主义的批判,就是从人的历史性出发的。人的历史性,决定了它必然被一种科学传统和范式所占有,这种占有正是长期专业教育的目标和结果,它使某人成为某一类科学共同体的一员,因而某人进行的科学研究最初总是范式示范下的常规研究。这是人的历史性、有限性的体现。

第二,科克尔曼斯指出了人的生存情境。因为人的生存,人的理解与解释总是在一定的哲学传统的影响下实现的。这里的生存情境暗示了科克尔曼斯对"生活世界"概念的引入。指出人的生存的情境性,就为理解自然科学的起源和发展找到了根基。因为,只要将人的生存理解为在世界中存在,则科学在起源和发展中所出现的变革以及在无数次变革中那些保持不变的东西就变得不难理解了。举例而言,从亚里士多德的运动学理论到

---

① Joseph J. Kockelmans, *Ideas for a Hermeneutic Phenomenology of the Natural Sciences*, London: Kluwer Academic Publishers, 1993, p. 79.

牛顿的经典力学再到当代的量子力学,其间的变化是毋庸置疑的。甚至在库恩看来,这三个理论体系之间根本是无法实现相互理解和比较的,即是不可通约的。但是在诠释学的现象学看来,科学是此在的存在样式,所以任何科学概念、陈述、方法等都不是凭空出现的;它们不能单纯地归结为意识或是仅仅从"外部客观事物"寻找答案,也不能把它们完全看成社会建构的产物。它们毋宁是根源于此在与世界的基本冲突,即此在在世界中存在。因此,在人的生存实践中,上述三个理论体系又是可比较的。如亚里士多德的运动学理论与牛顿的经典力学都根基于人在宏观世界中的运动现象,量子力学虽然研究的是微观对象,但它不可避免地要以宏观概念为基础,实际上正是这些宏观概念,如速度、坐标、质量、动量、能量等才使量子力学具有可检验性。人的生存及其情境,是科学理解的本体论基础。

第三,科克尔曼斯指出了人具有自主选择的能力。因为人的生存就在于对哲学传统的一种占有。但是一方面人既不可能完全占有以往的所有哲学传统;另一方面,人只能占有自己所能且所喜占有的部分。这里就暗示了人所具有的有限性以及人进行选择的必要性。亦即暗示了人们进行科学活动时所面临的自己的有限性和选择性。对于自然科学而言,人的自主选择能力使具体的科学研究有目的、有视域、有判断根据,人的自主选择能力组建着现实的科学活动。

但是,科克尔曼斯强调说:"对过去的占有并不仅仅是重新思考某些哲学观点或试图扩展、补充过去伟大哲学家未竟的事业,占有一种哲学传统主要意味着重新树立一种真正的哲学态度,并用一种私人的方式重新思考那些古老的问题。"①这意味着占有过去的活动首先表现为一种"对过去的解构性还原"。他指出,这种解构不是对历史的否认、破坏或清算,它意味着人在面对过去的思想遗产时不是一味地被动接受,而是一个人对它的敞开,并自主选择的过程。

---

① Joseph J. Kockelmans, *Ideas for a Hermeneutic Phenomenology of the Natural Sciences*, London: Kluwer Academic Publishers, 1993, p. 80.

三、诠释学的现象学与科学的关系

对哲学反思科学的任务以及哲学历史性的分析,为科克尔曼斯阐述诠释学的现象学与科学的关系奠定了基础。

科克尔曼斯首先分析了以往科学家和科学哲学家对现象学的科学论或科学哲学的态度。他指出,确有一些人不赞同传统现象学家的科学哲学思想。其中很重要的一点是,他们认为传统现象学对于科学的态度过于消极了,以至于有走向反科学的危险。他们的证据主要来自于胡塞尔在《哲学作为严格的科学》及《欧洲科学的危机与超验现象学》两本书中对科学的批判;海德格尔对逻辑、计算思维(calculative thinking)以及技术的批判;梅洛·庞蒂在《知觉现象学》及《可见的与不可见的》两书中对科学的批判等。科克尔曼斯正确地指出,这种观点是对现象学的一种误解,上述现象学家都具有良好的科学素养。胡塞尔是数学家和物理学家,且曾在布伦塔诺(Brentano)、实验心理学之父——冯特(Wundt)、泡尔生(Paulsen)、斯图姆夫(Stumpf)等人门下学习过心理学。海德格尔曾在弗赖堡大学学习过现代物理学,他甚至能够自如地与理论物理学家探讨学术问题。而梅洛·庞蒂也是一名知名的儿童心理学家。

科克尔曼斯指出,传统现象学所以批判科学,在于以下两点:首先,"诠释学的现象学在最开始就反对对于科学的片面的、自然主义和客观主义的解释"[①]。因为,自然主义和客观主义倾向于将科学视为与人无涉的事业,并认为一切科学假设、科学陈述、实验等均可还原为自然内部的变化,且前者仅仅是对后者的客观描述。其次,现象学还反对"将人的科学(science of man)还原为自然科学"[②]。这里科克尔曼斯说的"人的科学"也就是狄尔泰、胡塞尔等德国哲学家著作中的精神科学。科克尔曼斯赞同传统现象学

---

① Joseph J. Kockelmans, *Ideas for a Hermeneutic Phenomenology of the Natural Sciences*, London: Kluwer Academic Publishers, 1993, p.57.

② Joseph J. Kockelmans, *Ideas for a Hermeneutic Phenomenology of the Natural Sciences*, London: Kluwer Academic Publishers, 1993, p.57.

家和浪漫主义者所坚持的,对精神科学的还原主义解释是不可取的这种观点,同时正确地指出,以往的诠释学和现象学对科学的批判,针对的是科学意义的哲学理解,包括对科学的实证主义及文化的科学主义的批判,关注的是对科学根基的哲学清理和哲学重建,追求对科学成为可能的条件的系统阐述。

科克尔曼斯指出,传统的诠释学、现象学对科学意义、科学根基的批判,是当代诠释学的现象学的宝贵财富。诠释学的现象学要在对科学的哲学反思中,清理科学的根基,阐述科学的意义,回答科学可能性的条件。一方面这是"理解科学陈述的意义的需要"和"理解经验研究的固有局限的需要"①,另一方面则是由科学理论体系的特点决定的,即科学的逻辑批判和经验批判,触及不到使科学成为可能的理论前提和条件假设。科克尔曼斯是这样描述科学的本质的:"每一门科学都可以声称它从一个角度发现和揭示了某一特定现象的真理。且上述角度(至少在原则上)是建立在明晰表述、并能判定的假设之上。"②因此,科学诠释学的现象学应该基于科学的实际,从这样几个方面入手:一是,任何科学观察都是从一定的角度出发,而选定的角度又是决定于一系列的基本假设,诠释学的现象学所追问的就是这些假设的合理性;二是,诠释学的现象学认为,任何一门科学都不能声称自己穷尽了真理,因为选定某一角度同时也意味着对其他角度的放弃;三是,任何科学陈述都是先天综合判断,换言之,在诠释学的现象学看来,任何科学活动都是在一定的意义框架下进行的,诠释学的现象学要对科学的意义框架进行存在论分析。

诠释学的现象学与科学的关系,也涉及其他哲学理论与诠释学的现象学的关系。至于这一点,科克尔曼斯认为,诠释学的现象学对于科学的理解绝非独断地排斥性地将以往科学哲学思想贬斥为错误的,相反,它对科

---

① Joseph J. Kockelmans, *Ideas for a Hermeneutic Phenomenology of the Natural Sciences*, London: Kluwer Academic Publishers, 1993, p. 58.

② Joseph J. Kockelmans, *Ideas for a Hermeneutic Phenomenology of the Natural Sciences*, London: Kluwer Academic Publishers, 1993, p. 58.

学的反思部分得益于以往的科学哲学思想。

科克尔曼斯分析了以往科学哲学的发展。他认为,尽管经验主义、新康德主义、实证主义、逻辑实证主义等学派纷呈,呈现百家争鸣、不断发展的情况,但是实际上,它们的基本关注点并未发生太大的变化,即它们基本上都倾向于将科学哲学视为关于科学的逻辑学、认识论和方法论,只不过他们"要么从康德主义及新康德主义出发,要么是从经验主义的角度出发"①。科克尔曼斯将以往科学哲学的发展归结为以下四点:"一是在维也纳学派、罗素、胡塞尔、海德格尔和后维特根斯坦及其他影响下,经验主义者、实证主义者和新康德主义者的哲学观念的深刻变化;二是现代逻辑对科学以及科学哲学两者的语言和方法产生的影响;三是自然科学本身的巨大变革,特别是在物理学与生物学领域;四是人文科学的出现与发展。"②

鉴于此,科克尔曼斯希望从诠释学的现象学的角度反思科学。他将自己的努力总结为以下三个方面,即"胡塞尔所讨论的生活世界;科学与哲学的关系,以及它们各自主题之间的关系;科学的存在论基础以及所有逻辑学、认识论、方法论的存在论基础"③。

第三节 科学的存在论基础

自然科学的存在论基础,是科克尔曼斯阐述科学诠释学的现象学首先研究的对象,也是科学诠释学的现象学的重要内容。自然科学的存在论基础,直接涉及的是此在与科学的关系。对这个问题的探讨,诠释学的现象

---

① Joseph J. Kockelmans, *Ideas for a Hermeneutic Phenomenology of the Natural Sciences*, London: Kluwer Academic Publishers, 1993, p. 58.

② Joseph J. Kockelmans, *Ideas for a Hermeneutic Phenomenology of the Natural Sciences*, London: Kluwer Academic Publishers, 1993, p. 59.

③ Joseph J. Kockelmans, *Ideas for a Hermeneutic Phenomenology of the Natural Sciences*, London: Kluwer Academic Publishers, 1993, p. 59.

学首先指出,存在的意义问题对于科学具有优先性,即对科学的存在论地位的追问需要通过对"存在的意义"这一问题的廓清而得到展现。进而,诠释学的现象学阐述了具有意向性的此在在揭示"科学的本质"问题中所具有的优先地位。

一、存在的意义问题的优先性

存在的意义问题在存在论上的优先性,是海德格尔存在论的基本哲学指向。对于秉承了海德格尔存在论的科克尔曼斯而言,这个哲学指向就演变成在对科学的哲学理解中,如何阐明存在的意义对于科学理解的优先性,进而对自然科学的存在论地位进行系统分析。

我们知道,任何追问都是事先受到所思之物的指引。海德格尔将追问划分了三个同一的结构性因素,即问之所问、被问及的东西以及问之何所问。所以,当我们问及关于科学的意义和真理的问题的时候,科学的意义必须已经以某种方式对我们敞开。我们明确地提出"科学的意义是什么"这一问题时,虽然我们尚未真正能够从概念上确定科学的意义,但我们总是活动在对科学意义的某种领悟之中了。当我们问道"科学是什么"的时候,我们也已然处在对"是(存在)的某种领悟中"。可见,对科学的意义的追询,需要通过对"存在的意义"这一问题的廓清而得到展现。因此,对"存在的意义"的问询是我们得以揭示科学的意义和真理的基础和前提。

在海德格尔的现象学中,"存在意义"的询问直接指向了一种特殊存在者的存在。科克尔曼斯沿着海德格尔之思,详细地分析了关于存在问题的结构性因素。诠释学的现象学认为,当我们追问"存在的意义"这一问题时,就涉及我们如何去观想存在。而观想存在的方式是内在地与追问相联系的。科克尔曼斯说:"存在的意义应该如何去领悟、观看、理解、把握,所有这些行为方式都是这种追问的构成性部分。"① 这句话意味着三点:第

---

① 约瑟夫·科克尔曼斯:《海德格尔的〈存在与时间〉》,陈小文、李超杰等译,商务印书馆1996年版,第67页。

一,上述一切观想行为都是追问的构成性因素,而不是一种事后的观察或者反思,也不是那种好像已然有某一存在者置于我们的面前,然后我们再加以观看、审视的行为。第二,上述观想行为都是人本身的特有的存在样式。因为除了人之外的任何其他存在者都不会追问、观想存在。第三,进行观想的存在者的本质特征也是从观想存在中获得的。这是将人与其他存在者区分开来的根本因素。科克尔曼斯沿袭海德格尔的说法,用"此在"(Dasein)这一术语来指称这一特定的存在者。"这一存在者就是我们自己向来所是的存在者,就是把追问存在的意义作为本己的存在样式的一种可能性的存在者。"[①]此在(Dasein)这一表述意味着,此在并不创造存在者,它仅仅是使存在者显现自身,揭示存在者是其所是。总之,存在意义问题的优先性,彰显的是此在对于科学的优先地位。

二、基础存在论对于理解科学的优先性

所谓"基础存在论",是海德格尔所说的此在之存在论,它把存在论上的及存在者层次上的此在作为对象。基础存在论对于理解自然科学及科学理解的优先性,是海德格尔现象学科学观的一个重要内容。海德格尔曾说:"与实证科学的存在者层次上的发问相比,存在论上的发问要更加源始。"他还说:"存在问题的目标不仅在于保障一种使科学成为可能的先天条件(科学对存在者之如此这般的存在者进行考察,于是科学一向已经活动在某种存在之理解中),而且在于保障那使先于任何研究存在者的科学且奠基这种科学的基础的存在论本身成为可能的条件。"[②]然而,并不是所有的研究存在问题的存在论都能够完成这一任务。在海德格尔看来,只有澄清了存在意义的此在之存在论,即基础存在论才能胜任这个工作。因为,"任何存在论,如果它不曾首先充分澄清存在的意义并把澄清存在的意

---

① 约瑟夫·科克尔曼斯:《海德格尔的〈存在与时间〉》,陈小文、李超杰等译,商务印书馆1996年版,第38页。

② 海德格尔:《存在与时间》,陈嘉映、王庆节译,三联书店1999年版,第13页。

义理解为自己的基本任务,那么,无论它具有多么丰富、多么紧凑的范畴体系,归根结底它仍然是盲目的"①。

科克尔曼斯继承了海德格尔的这一思想,确认只有明确了此在之存在,才有可能对科学及科学理解做出合理的理解与解释。一方面,科学研究总是对一定领域的存在者的研究。而此在的存在规定着存在者的意义,它是使存在者是其所是的东西。所以,当科学要求如其所是地揭示存在者时,就必须先问及存在者的存在及其意义。另一方面,此在在生存中具有根据与它最切近的东西理解自身的倾向,即此在在生存中沉沦于世,它具有遮蔽存在者的倾向。因此,科学虽然是如此地与此在密切相关,却仍旧是蔽而不露的。科克尔曼斯认为,虽然科学已取得了辉煌的成就,但自然科学的存在论地位并没有得到明晰、清楚的显现,这就使得对它的追问变得必要而迫切。

科克尔曼斯同时还深化了现象学对此在、基础存在论与科学的关系的理解。基础存在论对科学及科学理解的优先性,根源于此在作为存在者对其他存在者的优先性。科克尔曼斯把此在理解为"突入存在者全体中去的东西"。正是这种"突入"(irruption)才使得存在者的显现得以可能。"突入"一词具有强烈的"向……站出"、"向……敞开"的意味。它其实是与"生存"这一概念紧密相关的。因此,科克尔曼斯总结说:"此在让存在者存在,它揭示存在者,所以它使所有与存在者的遭遇得以可能。"②其次,"突入"还深刻地与"真理"概念相关。"突入"使得存在者得以如其所是地显现自身。而显现指的就是存在者从"遮蔽"中解放出来。没有此在的"突入",关于存在者的真理只是一种抽象的真理。这是与海德格尔对希腊词"aletheia"(真理)的创造性解释相一致的。

然而,基础存在论虽然先在于研究存在者的科学,但它并不能取代科

---

① 海德格尔:《存在与时间》,陈嘉映、王庆节译,三联书店1999年版,第13页。
② 约瑟夫·科克尔曼斯:《海德格尔的〈存在与时间〉》,陈小文、李超杰等译,商务印书馆1996年版,第71页。

学在存在者层次上对存在者的实证研究。科克尔曼斯指出,此在在与世内存在者的接触中,在日常的经验中,存在者就已经以某种方式向此在敞开。正是因为这种敞开,使得人能够意识到存在者之所是以及它们如何是其所是。但是,这种理解只是基于日常的与存在者打交道,人们尚不能完全明晰地、以范畴的方式把握或表述它,即这种理解还只是前概念的。这种前概念的理解使得人们对存在者的进一步研究成为可能,同时也表征着进一步研究存在者的意义。

三、科学是此在存在的派生样式

确认科学是且仅是此在生存的派生样式之一,这是科克尔曼斯立足于海德格尔的此在之基础存在论对科学知识本质的回答。

正像科克尔曼斯指出的:"理论知识是人在世界中存在的一种特殊样式,且它不是人存在的首要的、优先的样式。人首要的存在样式存在于和在世内所遭遇到的事物的烦忙。"①此在是"在……之中"存在的存在者,"在……之中"这个词具有"与……熟悉"、"习惯于……"的意思。因此,此在本真的存在方式,是同化和沉沦在世界之中,是在生存中烦忙于与世内存在者打交道,这些存在者首先是作为此在所烦忙的用具或者用具的零件而与此在照面,而不是被理论性研究的对象。就此在与事物的关系说,生存实践先在于理论性研究。此在与世内存在者的接触中,在日常的经验中,存在者就已经以某种方式向此在敞开。正是因为这种敞开,使得人能够意识到存在者之所是以及它们如何是其所是。但是这种理解只是基于日常的与存在者打交道,人们获得的知识往往表现为体验性的、零散的、前概念的实践性知识,以区别于实证的、系统的、概念的理论知识。正是由于此在与其他存在者打交道时就已经对存在者及其存在有了这种前概念的理解,世内存在者对于此在而言不再是异质的东西,对世界进行科学地认

---

① Joseph J. Kockelmans, *Ideas for a Hermeneutic Phenomenology of the Natural Sciences*, London: Kluwer Academic Publishers, 1993, p.114.

识才是可能的。从理论上对世界的认知是人在世的一种派生模式,它根源于此在的源初性的理解。

在这里,科克尔曼斯批判了将理论性研究看作是此在基本存在方式的传统认识论观点。科克尔曼斯说,"古典哲学几乎是毫无例外地假定,从理论上认知世界就是此在烦忙的原初的基本的样式;而此在本身根据它自己的事实性也具有这样的观点,即认识世界是它自己的在世界之中存在的基本样式"①。这种古典哲学和此在的日常理解,都将世界这种存在者与此在这种存在者的存在样式理解成仅仅是现成的东西,然后用它们之间存在的关系想象知识。所以,科克尔曼斯正确地指出,这些古典哲学和日常的主体性理解,"都以一种主客的对立作为前提",而"主客体的对立不是我们的直接经验的一种基本的事实。这种对立仅仅发生在反思的水平上"②。科克尔曼斯说,"近代哲学以纯主体作为开端,然后再给予这个主体一个世界;然后又把这个主体与其他的主体联系起来。这样一种对世界和人的同类主体所进行的外科手术式的构造是臆造的、无意义的"③。我们对此在样式的理解正是被这些古典形而上学和日常理解导入了歧途。

科学是此在派生的存在样式,这是从与此在的关系对一切理论研究及其获得的知识本质的概括。这里的"派生",是就与此在的生存关系说的,它一方面指理论上对世界的认知只是此在烦忙于世界的一个特殊样式,另一方面指理论的知识不同于此在在生存实践中获得的关于事物的实践性的真理领会。理论的知识和实践的知识,是在两种不同存在样式中获得的,前者是专题化理论筹划后取得的,表述在概念、范畴和定律组成的逻辑明晰的理论体系中,而后者虽然是本真的,却是模糊的,未能用概念、范畴

---

① 约瑟夫·科克尔曼斯:《海德格尔的〈存在与时间〉》,陈小文、李超杰等译,商务印书馆1996年版,第120页。
② 约瑟夫·科克尔曼斯:《海德格尔的〈存在与时间〉》,陈小文、李超杰等译,商务印书馆1996年版,第120、123页。
③ 约瑟夫·科克尔曼斯:《海德格尔的〈存在与时间〉》,陈小文、李超杰等译,商务印书馆1996年版,第161页。

和逻辑清楚表述的。

既然一切理论上对世界的认知,如科学、宗教、艺术、历史、文学、政治等都是此在存在的派生样式,那么在何种意义上,科学与前述几种样式相区别?换言之,科学对世界的理解与其他几种样式对世界的理解有什么本质上的不同?在科克尔曼斯看来,与宗教、艺术等其他样式相比,科学研究的特异之处就在于:科学希望以"客观"的方式揭示存在者,展现存在者"如其所是"的那一面。科克尔曼斯用"purely objective side"来指称存在者的真实的一面。这一表述并不是说存在者本身固有很多面,且被动地等待各种形式的研究对它进行理解和解释,毋宁说是,此在将世界置于一种"客观"的视域下考察,从"purely objective side"(纯粹客观的方面)看待世界。科克尔曼斯厘清科学与世界的关系,指出科学作为一种特殊的理解世界的样式的本质特征,从而引出他对筹划对于科学的意义的论述。

第四节 自然科学的诠释学本质

自然科学本质上是诠释学的。对自然科学诠释学本质的揭示,是科克尔曼斯科学诠释学的现象学的一个基本内容。科克尔曼斯说,"我并不认为诠释学的成分主要存在于观察、实验和证实的过程中,或者存在于发现或进一步的发展所涉及的过程中,而是认为,科学事业从始至终就是彻头彻尾的诠释学事业,也就是说,在每一个方面它都具有诠释学的成分"①。自然科学的诠释学本质,在科克尔曼斯看来,表现在这样几个方面,即自然科学的筹划性质、前理解的先在性、意义框架先于理论、真理离不开情境等。

---

① Joseph J. Kockelmans, On the Hermeneutical Nature of Modern Natural Science, *Man and World* 30, 1997, p. 299.

一、自然科学的筹划性质

自然科学的筹划性质,是说自然科学是专题化(thematization)筹划(projection)的结果。科克尔曼斯说,"一切科学都首先是通过根本的专题化建立起来的。在这种专题化中,先于科学已然熟知的东西在此在本身之中,即在展开的在世的存在之中,向其特有的存在方式筹划。随着这种筹划,划定了要研究的存在者的领域。而且,这种专题化的筹划预先描划了进入这些存在者的方法论上的通道,以及科学地阐述这些存在者的概念结构"①。

1. 专题化筹划是将实践关系中的存在者向理论研究对象的转化

英语单词"thematization"的词根为"theme"(译为:主题、课题)。而"theme"的希腊词源"thema"译为"放置的某物"(something set down)——"thema"的词根为"tithennai"(意为放置、陈列)。由上述词源考察可以看出"theme"(课题)本身并非是自然之物。在字面上,它可以理解为人类对世界理解的呈现。专题化筹划,不是将此在陌生的外在事物变成理论研究的对象,而是这个事物本身已经在此在的世界中现身,与此在发生了用具性的实践关系。因此,专题化筹划并不产生新的事物,只是将先于科学的此在已然熟悉的事物划定到理论研究的通道,它先在地包含着对事物的实践性理解。

在《存在与时间》中,海德格尔用存在者的"在手状态"和"上手状态"及其转变来阐述专题化过程。海德格尔用"工具"一词来指称那些世内存在者,即此在在日常烦忙中所遭遇到的每件东西。而此在对工具表现为一种"先行占有"。这里的"先行占有"并不能从事物的归属的角度理解,而是指,此在在与工具打交道之前,就已然对工具有所理解。换言之,当此在在使用工具之前,就已经知道工具是做什么用的。因此,任何工具都具有"为

---

① 约瑟夫·科克尔曼斯:《海德格尔的〈存在与时间〉》,陈小文、李超杰等译,商务印书馆1996年版,第340页。

了……"的特征,构成了某种"做"的背景。这说明,工具并不能通过自身得到显现,它的显现必须经由它与其他工具的关系。以钢笔为例,钢笔在与纸的关联中显现自身。更进一步,我们遭遇到的也并非单独的钢笔和单独的纸,并把它们相加。相反,只有将钢笔和纸看成一个整体,钢笔和纸各自的意义才能得以显现。钢笔和纸的统一性就在于它们都有"为了……"的特征。同时,我们还应注意到,我们在与工具打交道的活动中,我们对工具尚不能以明晰的、理论的概念加以把握和描述。因此,此在生存具有的关于工具的知识是一种前知识(pre-knowledge)。此在在使用工具的过程中,揭示了工具的可操作性(handlichkeit)。在这种状态中,用具以它自己的方式显现自身——海德格尔称为"上手状态"。所以,我们源初地遭遇到的就是显现为"上手的东西"。但是科学是理论的知识,它直接的对象并不是上手之物。传统的科学认识论的错误很重要的一点就是,它把事物简单地理解为"纯粹给予的东西"。实质上只有经过专题化,"上手之物"才能从实践关系中的存在者转变为理论性研究的对象,海德格尔称为"在手之物"。追随海德格尔,科克尔曼斯指出了"上手之物"转变为"在手之物"的三种情况:一是用具因不再服务于某物而显得无用时;二是某用具应在某处而实际上不在之时;三是缺失的工具重新出现之时。上述三种情况的共同性就在于:上手之物摆脱了"为了……"的特征而显得醒目、突出,成为人们注目、思考的对象。

2. 专题化筹划是存在者的定向贫困化

科克尔曼斯认为,专题化表现为使存在者贫困化(improvement)。科克尔曼斯的论据主要在于以下三点:(1)我们在日常生活世界中所遭遇的存在者都是以完满的姿态出现的,它们具有多种多样的质。而科学研究,作为一种理论的追询,本身是抽象的。所以,科学研究的对象就不是实践中的直观对象,而是抽象化的存在物。(2)正因为科学不是在原初的、完满的意义上理解和解释存在者,而是极端化定向揭示事物的某一方面。所以,在这个意义上说,科学是对存在者的贫困化。(3)专题化即客观化。科克尔曼斯认为,专题化的目的就在于使得在世的存在者能够从生活世界中剥离,从而使之能够成为"纯粹理论研究的对象",并因此能够被"客观地"考察。

海德格尔曾在比较中形象地揭示了自然在专题化为"现成在手"后的贫困化。海德格尔说,"森林是一片林场,山是采石场,河流是水力,风是'扬帆'之风。随着被揭示的周围世界来照面的乃是这样被揭示的'自然'。人们尽可以无视自然作为上手事物所具有的那种存在方式,而仅仅就它纯粹的现成状态来揭示它、规定它,然而在这种自然揭示面前,那个'澎湃争涌'的自然,那个向我们袭来、又作为景象摄获我们的自然,却始终深藏不露。植物学家的植物不是田畔花丛,地理学家确定下来的河流'发源处'不是'幽谷源头'"①。存在者的贫困化,是专题化定向筹划的结果。这一过程就是把在实践中照面的存在者从可能的无所不包的关系中抽取出来,就一个特殊方面进行限定性、抽象性探究。如物理学研究物质结构,不会考虑物质的颜色、气味和形状。科克尔曼斯说,"理论科学家立场上的转变有一种抽象性、限制性功能,根据这种功能,原始地被给予的东西以下述方式分裂了:某一个方面可能被鲜明地照亮了。所以,每一门科学,甚至在其科学经验中,都植根于形式方面的先天特征之中,一组事物就是在这种形式方面之下被分别加以考虑的"②。

自然科学使存在者定向贫困化的"特殊的方面",科克尔曼斯用"purely objective side"来表达,意为"纯粹的客观的一面"。因此,在科学诠释学的现象学中,专题化就是客观化。诠释学的现象学主张,虽然科学不是人类理解的优先的、原初的形式,但是它仍保持为能够揭示事物真实一面的形式。科学极端化定向揭示的这一面,就是"purely objective side"。专题化筹划的实质,是说此在使生活世界中的存在者以某种极端化的方式显示自身。和艺术、宗教、政治、伦理等理解样式相比,科学仅仅

---

① 海德格尔:《存在与时间》,陈嘉映、王庆节译,三联书店1999年版,第83页。
② 约瑟夫·科克尔曼斯:《海德格尔的〈存在与时间〉》,陈小文、李超杰等译,商务印书馆1996年版,第316页。

作用于存在者的"纯粹客观的方面"。存在者的完满性只会呈现在此在之在的世界中。科克尔曼斯没有使用"objectively research"(客观地进行研究)诸如此类的词,是因为,科克尔曼斯并不认为科学的客观性是由外部的物质世界所决定的——一方面是因为无论对"意识之外是否存在一个客观的物质世界"这一问题做肯定或否定的回答,都将走入死胡同;另一方面在于,在追问所谓的"外部物质世界"问题之前,首先就假设了此在的存在。总之,专题化筹划,对完全意义上的真实存在者状态的舍弃和偏离,为的是更深入地揭示它们的某些方面。"这些方面的确是实在的诸方面,科学便依然是实在之物的理论知识。因此,对实在之纯客观方面的阐释和说明导致一种真正属于这些存在者的特有意义,但只是从其'纯粹在手存在'的角度。"①

3. 专题化筹划意味着特定的研究传统和思维方式

科克尔曼斯指出,在专题化筹划中,"某个存在者领域被标画出来;对这一领域的研究被赋予其特殊的方法论上的方向;概念的和推论的说明之结构获得了其方向;一种特有的语言也被建构出来"②。特定的研究领域、适用于该领域的特殊方法论、概念框架和解释结构以及特定的语言,这些被建构的内容,科学哲学称其为研究传统,它规定着科学研究的思维方式。

在这里,必须把专题化筹划定向形成的研究传统,与主客体哲学中把客体当作现成事物,然后由主体规定方法论和概念框架的做法区别开来。

在诠释学的现象学看来,"筹划"是与"意向性"概念密切相关的,并且是需要从"生存"和"超越"来理解的概念。胡塞尔最先阐述了意识的意向性问题。意向性表明意识不仅总是关于某物的意识,而且意识不是被动地使自己接受外部的事物及其意义,相反,意识的作用就在于它对事物及其意义的建构。但是,在胡塞尔那里,事物及其意义完全是来自于先验主体

---

① 约瑟夫·科克尔曼斯:《海德格尔的〈存在与时间〉》,陈小文、李超杰等译,商务印书馆 1996 年版,第 317 页。

② 约瑟夫·科克尔曼斯:《海德格尔的〈存在与时间〉》,陈小文、李超杰等译,商务印书馆 1996 年版,第 315~316 页。

性，先验主体性所要超越的东西仅仅是意识本身。在诠释学的现象学这里，人作为此在是与世界共同被规定的，此在的本质是在世界中存在，是对世界的筹划和超越。和意识的意向性概念相比，筹划概念不仅具有意向性和超越性，而且首先要从生存来理解。世界中的事物在被此在关注以前，它已经处于此在的世界中，已处于此在操劳的实践性的因缘整体性中；此在的专题化筹划，是此在在对上手事物的实践性理解中，当用具缺失，以突出已有的实践性领会，朝着存在的方向询问和规定存在者。科克尔曼斯指出，专题化筹划"这一过程只不过是将成为一门特定科学中科学研究主题的相应存在者之基本存在方式的领悟的形成和联结"①。把事物筹划于特定的领域，使特定领域的存在者以某种特定的方式显现自身，这直接是此在的生存实践领会的指引；特定的科学的描述语言和概念框架的形成，也是基于实践领会，以长期积淀在生活世界中的技术、工具、语言和理论为背景的。

科克尔曼斯用自然科学的数学化为例加以证明。自科学诞生以来，人们对现象与数学的高度契合感到惊异，由此产生了对现象与数学关系的两种看法。一种是实在论的观点，即认为数学是自然现象的本性，自然界的事物天然地具有可以让人计算的数和形。在这种观点看来，由于数和形是实在事物的客观属性，人们用仪器客观地观察对象，获得属于对象本身的客观数据，然后用逻辑方法进行处理，获得用数学形式表达的自然规律。这种实在论观点的一种极端形式，是柏拉图主义的数学实在论，即认为数学对象是离开数学构造和直观而独立存在的客观实在，这种抽象的数学实在是独立于物质世界的。另一种观点是反实在论的，即认为数学只是人类为了能够方便地描述和解释自然现象的人为构造物。而在科克尔曼斯看来，对自然对象的观察、实验是与自然对象的数学筹划同时获得规定的。自然科学把自然先天地展开于数学之中，只有数学化的自然才能成为科学

---

① 约瑟夫·科克尔曼斯：《海德格尔的〈存在与时间〉》，陈小文、李超杰等译，商务印书馆1996年版，第318页。

的研究对象,正由于如此才能够不假思索地对自然对象进行质量、速度等的测量,并把它们之间的恒定关系即规律,表现为变换下不变的数学公式。自然的数学化—测量—规律的数学表达,这是突出自然纯粹客观性一面的自然筹划为自然科学开辟的道路,而自然科学的成功发展又强化了对自然的这种特殊的纯粹客观化探究的地位。科克尔曼斯用康德所说的"理性只是在它自己的一个计划之后产生出来的东西之中才有所洞见"[1]来表达这种科学现象学洞见。

因此,科学诠释学的现象学认为,科学的专题化筹划和传统主体哲学赋予客体规定性的观念是完全不同的。正像科克尔曼斯说的,"专题化不是首先设置这些存在者;而是去解放我们在世内照面的存在者,其方式是此在可以客观地询问和稳定它们的特征"[2]。

二、意义框架的先在性

科学筹划产生了意义框架。意义框架对于自然科学活动的先在性,鲜明地表现出了自然科学的诠释学本质。所以如此,因为意义框架的先在性有如下三层含义:一是表示意义框架对科学活动的在先的组建作用;二是现实的科学研究中,科学家"总是依据一个意义框架来阐明他们所探讨的现象";三是"这个意义框架是预先接受下来的,而且从一定程度上讲,接受这个意义框架与所观察到的现象是无关的"[3]。

科克尔曼斯认为,自然科学的诠释学本质不仅仅存在于观察、测量、实验、证明等过程中,相反,自然科学从始至终、彻头彻尾是诠释性的。因此,要揭示自然科学的诠释学本质,就不能仅仅分析科学实践的环节,如观察、

---

[1] Immanuel Kant, *Critique of Pure Reason*, Trans. Paul Guyer, Craberidge: Craberidge University Press, XII.

[2] 约瑟夫·科克尔曼斯:《海德格尔的〈存在与时间〉》,陈小文、李超杰等译,商务印书馆1996年版,第319页。

[3] Joseph J. Kockelmans, On the Hermeneutical Nature of Modern Natural Science, *Man and World* 30, 1997, p.313.

实验等,而是要从分析科学家从事科学研究的整个活动,把握自然科学研究的整体特征。科克尔曼斯说,"自然科学的诠释学的现象学(它基本关注的是存在论问题)应当关注那些在历史情境中和历史情境下发生的研究团队和个体科学家所实际从事的科学事业"①。

科克尔曼斯曾详细地分析了经典力学的起源和发展,用于证明科学诠释学的现象学坚持的意义框架先在于科学研究的观点。科克尔曼斯认为,从公元前150年左右到1543年,托勒密在《天文学大全》中所阐述的天文学理论一直主导着其间1400多年的天文学的实际发展。其间"所有观察到的现象的特点都是按照托勒密所阐明的意义框架说明的。换言之,所有观察结果都是以预先判断为基础的"②。丹皮尔(W. C. Dampier)同样指出了这一点,他认为托勒密的体系完善了喜帕恰斯的理论。"喜帕恰斯的天体演化学说在主要的基本假定方面都是错误的,因而在细节方面就十分复杂,但是它在说明事实方面却十分成功。……这个学说虽然复杂,它却能在好几百年中顺利地解释天文现象,并且指导从托勒密到第谷·布拉埃(Tycho Brahe)等许多有资格的天文学家的工作。"③从上述丹皮尔的描述中可以看出,即使是托勒密本人,也是在喜帕恰斯所阐明的意义框架下进行科学活动的;从托勒密到哥白尼之间的时代,托勒密的理论体系是未经审视地被其间的科学家们接受并应用于他们的实际科学活动中去的。

科克尔曼斯认为,在哥白尼那里可以从两个方面看到意义框架的先在性。第一方面表现在哥白尼日心说的来源上。哥白尼的日心说包含三个来源:一是新柏拉图主义;二是毕达哥拉斯学派;三是希赛塔斯(Hicetas)的观点。这三个思想对于哥白尼而言都具有形而上学的性质;第二方面则

---

① Joseph J. Kockelmans, *Ideas for a Hermeneutic Phenomenology of the Natural Sciences*, London: Kluwer Academic Publishers, 1993, p. 113.

② Joseph J. Kockelmans, On the Hermeneutical Nature of Modern Natural Science, *Man and World* 30, 1997, pp. 301-302.

③ W. C. 丹皮尔:《科学史及其与哲学和宗教的关系》,李珩译,广西师范大学出版社2009年版,第50~60页。

表现在对哥白尼的批评上。批评哥白尼的理由也主要有三个：一是常识的感觉；二是亚里士多德的权威；三是宗教和《圣经》的教义。第谷作为知名的天文学家，其所有的对哥白尼的批判都是基于上述三个方面展开的。由此可见，无论是一个科学理论的提出，还是对该理论的批判，都是在一定的预先接受的意义框架下进行的。

开普勒被誉为"天空立法者"——他所阐明的三个"定律"成为牛顿天文学的基础。但是，同样为人所知的是，他是一个杰出的数学家，甚至可以说是一个数学的狂热信徒。他在《宇宙结构奥秘》中解释自己接受哥白尼体系的原因是后者在数学上的简洁性与和谐。同时，开普勒也从宗教神学的角度理解世界。丹皮尔说，"他把太阳看成圣父，把恒星的天球看成圣子，把居于其间的以太看成圣灵。开普勒深信上帝是依照完美的数的原则创造世界的，所以根本性的数学协和，即所谓天体的音乐，乃是行星运动的真实的可以发现的原因。这是鼓舞开普勒辛勤工作的真正动力"①。科克尔曼斯也认为，开普勒的研究受到的是"神学的、神秘主义的和数学的信念"，人们在开普勒的著作中找不到对行星规律的力学解释。科克尔曼斯总结说，"在描述和解释中，开普勒是根据意义框架去阐明所观察到的现象的，而这些意义框架与开普勒所做的观察是毫不相干的。在观察方面，开普勒从哥白尼的太阳中心说理论的观点出发来看待所有现象和数据，而在解释时，他总是用一个由《圣经》、神学以及毕达哥拉斯和柏拉图的哲学观点所决定的意义框架去解释所观察到的现象"②。

根据通常的理解，伽利略在青年时期受到了亚里士多德的影响，后期则放弃了亚里士多德的思想。但是科克尔曼斯通过分析指出，尽管伽利略批判了亚里士多德运动观念的几个重要方面，但亚里士多德运动学的基本思想仍旧为伽利略所接受和使用。科克尔曼斯举例说："尽管他批评了对

---

① W. C. 丹皮尔：《科学史及其与哲学和宗教的关系》，李珩译，广西师范大学出版社2009年版，第136页。

② Joseph J. Kockelmans, On the Hermeneutical Nature of Modern Natural Science, *Man and World* 30, 1997, p. 303.

自然运动和约束运动的区分,但他仍然使用这种区分,直到他去世。"①因此,科克尔曼斯认为,伽利略的工作仍旧是在亚里士多德所阐发的意义框架下进行的。

科克尔曼斯认为,牛顿完全有能力建立一个与当时混乱的体系无涉的全新的理论体系。但是,牛顿仍旧希望建立一个能够囊括前人成果的体系。这便造成了一个矛盾:一方面,牛顿是以公理的方式构建体系的;另一方面,"对于正确理解公理来说,那些定义本身并不适用,其结果就是,我们只能通过他后来发展的理论才能充分理解牛顿力学"②。即在牛顿那里,公理并没有发挥本身应该发挥出的作用。科克尔曼斯通过对牛顿第一定律和第三定律的分析证明了自己的观点(实际上是马赫最早指出了牛顿的质量定义和力的定义中的循环论证问题),即牛顿同样是在一个先在的意义框架下进行科学活动的。

科克尔曼斯总结说:"科学的所有形式的描述、说明和理解都是解释的复杂形式。科学家并不说明某物是什么,而只说明在一定数量的假设下它将有什么表现,因此,科学家的工作总是从典型的前有(fore-having)、前见(fore-sight)和前概念(fore-conception)等解释学局面开始着手的。"③

三、真理离不开情境

对真理的坚持,是科克尔曼斯科学诠释学的现象学的一个重要特征。科克尔曼斯认为,科学之所以能够树立自己的权威,为人类所接受和推崇,在于它在实际应用上的成功,也在于它在理论上表现出来的确定性和明晰性,即科学的真理性。科克尔曼斯说:"许多哲学家与几乎所有的科学家,

---

① Joseph J. Kockelmans, On the Hermeneutical Nature of Modern Natural Science, *Man and World* 30,1997, p.308.

② Joseph J. Kockelmans, On the Hermeneutical Nature of Modern Natural Science, *Man and World* 30,1997, p.310.

③ Joseph J. Kockelmans, On the Hermeneutical Nature of Modern Natural Science, *Man and World* 30,1997, p.312.

都相信科学把我们引向了关于真实世界中的事物的真面目,它们的结构、特点、关系,以及影响它们的过程。他们同样相信,科学理论是真的,科学方法是通向这些事物、关系、事件的知识的优先道路。"[1]但是,与自然科学的成功发展相伴随的是,从16、17世纪开始,关于科学真理的讨论便没有终止过。早期人们在科学真理问题的认识上存在的困难,是由于在科学理论真理性的证明方面,形而上学论证让位于科学检验,而科学缺少能够用来检验理论的实验证据。在现代,用于检验科学理论的实验方面的困难,已经不能成为人们在科学真理问题上莫衷一是的主要因素,人们不仅在"什么是科学真理"上难以达成共识,而且出现了科学真理讨论的问题域的变化:从"此科学理论是否为真"到"此理论是否比彼理论更真"的变化。因此,在厘清了科学的存在论基础,明确了科学具有诠释学属性后,科克尔曼斯勾勒了历史上关于科学真理的一些观点,对比分析了当代科学实在论与反实在论的争论,批判了实在论、传统主义和建构经验论的真理观,[2]阐发了科学诠释学的现象学的真理观,提出真理离不开情境,此在及其筹划对科学真理具有决定作用等基本观点。

在科克尔曼斯的科学诠释学的现象学中,"真理离不开情境"包含以下三个方面的含义:一是此在及其实践性情境决定着对事物的实践性的真理领会;二是此在的专题化筹划对于科学真理具有的确定的指引;三是先在的意义框架对科学理论的决定作用。

首先,包括科学真理在内的一切意义的产生都是缘于此在,此在及其实践性情境决定着对事物的实践性的真理领会。在此在现象学中,由于世内存在者有"上手状态"与"在手状态"之分,因而关于事物的知识及其真理性,也就表现出实践性知识及其真理性领会与理论性知识及其真理性检验之间的不同。秉承海德格尔的此在现象学,科克尔曼斯认为,此在与世内

---

[1] Joseph J. Kockelmans, *Ideas for a Hermeneutic Phenomenology of the Natural Sciences*, London: Kluwer Academic Publishers, 1993, p. 127.

[2] Joseph J. Kockelmans, *Ideas for a Hermeneutic Phenomenology of the Natural Sciences*, London: Kluwer Academic Publishers, 1993, pp. 131-132.

存在者的遭遇方式原始地表现为一种烦忙，即此在与存在者打交道。当此在碰到某一存在者时，首先问及的不是该存在者的存在样式或者其运动规律等问题，而是先问"它是干什么用的"等功能性问题。也就是说，与此在打交道从而成为有意义的事物，不是首先表现为认识对象，而是首先直接地表现为存在着、使用着的工具。因此，科克尔曼斯说，"此在原始地并不只是对事物感兴趣而是对行动感兴趣，对操作事物并把它们投入使用感兴趣"[①]。这样，在现象学的观念中，关于事物理解的真理性，首先不是认识论层次上的理论的经验确证性、概念明晰性和逻辑严密性，而是存在论层次上的因事物作为工具而得到的原初的功能性理解，即确切的实践性知识及其真理性理解。比如，关于重力场中的物体质量的真理性知识，就首先不是表现为人们在理论上用"万有引力"及"自由落体"等概念表述的规律性认识，它首先表现为人们在生活实践中得到的重的物体的功能性理解，如"重的锤子才能把钉子打进木板中"、"越重的锤子撞击钉子的力度越大"等。此在在生存中对世界中的存在者获得的真理性认识，虽然是原初的功能性的，但它却是本真的，是先在于自然科学对事物从理论上的真理性认识的。

其次，科学理论的真理性本身是被包含在先行的专题化筹划之中的。这不是说，某种科学理论的真理性是由科学筹划决定的，而是说关于科学真理的一般性观念，包括真理的含义、科学真理如何检验、科学真理与一般真理的关系等，都一般地预先规定在科学的专题筹划中。科学的专题化筹划，是对存在者的剥离，使之"贫困化"，使之以此在筹划中规定的方式显示自身。对于"在手状态"的事物，科学理论的客观性、真理性，都是针对此在的筹划而言的。也就是说，当"上手之物"被此在筹划为自然科学的研究对象时，科学理论的真理性已然在此在的筹划中得到了确定的指向。比如，科学真理的检验，诉诸的是理论与测量得到的数据的对比关系，这种真理

[①] 约瑟夫·科克尔曼斯：《海德格尔的〈存在与时间〉》，陈小文、李超杰等译，商务印书馆1996年版，第130页。

的检验方法是连同测量一起预先规定在自然的数学筹划中的。因此,任何对科学、科学真理的理解和批判,都必须深入到其背后的对自然的数学筹划。事实上我们在胡塞尔的批判中已经看到了这一点。总之,对科学理论的真理性的任何反思都必须首先问及此在及其筹划。

最后,存在论上此在及其筹划对科学真理的决定作用,在认识论上就表现为科学真理对具体情境的依赖。

在科学诠释学的现象学中,"真理离不开情境"是取得共识的诠释学的真理观。但阐述的侧重点有所不同。劳斯的"科学实践诠释学"和伊德的"后现象学"注重从历史文化、技术、实验室、实验境况等实践的具体情境对科学的真理性认识的限制进行阐述;科克尔曼斯则侧重于从专题化筹划的意义框架来阐述科学真理的相对性。在这里,不能将科克尔曼斯强调的意义框架看作是与实践情境相对的理论上的情境。科克尔曼斯的意义框架,是一个综合的表征着研究者的诠释学处境的概念,它既包括形而上学观念、宗教信仰、学科理论等理论形态的内容,也包括测量、一般意义上的实验等一般性的实践上的内容(这也是科克尔曼斯与分析具体实践情境的劳斯和伊德的区别)。从意义框架对科学解释、科学理论的限制,阐述科学真理的相对性,这也与科克尔曼斯将阐发自然科学的存在论基础作为科学诠释学的现象学的基本任务一脉相承。

真理对此在筹划的意义框架的依赖性,我们前面已经有所涉及。比如,对于量子力学来说,我们是在"质量"、"速度"、"动量"、"能量"、"时间"等变量及其测量中表现其真理性的,而这些变量连同测量本身是自伽利略以来物理学中形成的自然数学化的筹划结果。再如,在古巴比伦,天文学是与占星术相伴而行的。丹皮尔认为这可以归因为以下两点:一是当时的人们注意到了一些星象变化与生活世界中的事件之间的偶然巧合;二是由于底格里斯河和幼发拉底河涨落无序,且古巴比伦常常受到外族入侵,所以巴比伦人认为神祇对于人类是仇视的[①](在埃及人看来,神祇多是友善的。尼罗河的定期涨落以及因此带来的农业丰产无疑加强了上述信念)。正是在这种希望把握命运的愿望的支配下,占星术在古巴比伦蓬勃发展。虽然这在现在看来是幼稚的和粗糙的,但古巴比伦天文体系的发展却说明这样一个道理,即它是在当地人基于实际的生存而筹划出的意义框架下活动的。同样的,托勒密的体系因其在事实说明方面的成功而被沿用了1000多年。哥白尼日心说在提出之初,对其怀疑和批判的依据之一就是人类日常的感知。因此,科克尔曼斯认为,科学的理论研究是基于此在的筹划及其意义框架而展开的,脱离此在的筹划及其意义框架谈论科学的真理概念,则以往的科学活动及其成就都将变得不可理解。科克尔曼斯认为,"说一个理论是真的,仅仅意味着,任何人在任何时候,在相同的假设与条件下,能够从相同的意义文本中得到相同的现象,且它将得出相同的结论。即使在以后出现一个在经验上更为充分的模型"[②]。而保证能够使"任何人在任何时候,在相同的假设与条件下,能够从相同的意义文本中得到相同的现象"的,首要的先天条件就是相同的具体意义框架。

科克尔曼斯用科学真理依赖于意义框架,来表达诠释学现象学的相对真理观。科克尔曼斯反对认为科学理论是对有关现象的无条件的正确的映射或描述这样的观点,认为它仅仅是我们用某种理性的方式对相关现象的某种把握和理解,而这种我们所把握和理解的相关现象正是在我们的筹划中事物自身所展现出来的"状态、关系和它们之间的相互作用"[③]。因此,对于科克尔曼斯而言,捍卫科学的真理性仅仅等同于认为:一方面,事物显现自身,而不依赖于我们的理论;另一方面,尽管人类的理解是有限

---

① W. C. 丹皮尔:《科学史及其与哲学和宗教的关系》,李珩译,广西师范大学出版社 2009 年版,第 18~20 页。

② Joseph J. Kockelmans, *Ideas for a Hermeneutic Phenomenology of the Natural Sciences*, London: Kluwer Academic Publishers, 1993, p.129.

③ Joseph J. Kockelmans, *Ideas for a Hermeneutic Phenomenology of the Natural Sciences*, London: Kluwer Academic Publishers, 1993, p.130.

的,但并不意味着我们不能从严格的意义上说该理论是真的。科克尔曼斯说,"所有科学工作都是在诠释学的范围内进行的,没有哪一门科学能够超越这一点。然而这并不意味着,科学家无法对'那是什么'做出真的陈述,也不意味着这些陈述中没有一个总是绝对的或永恒的、决定性的或全面的。他们阐述了一些真的东西,但是并没有一劳永逸地穷尽关于'那是什么'的真理"①。

科克尔曼斯的科学诠释学真理观,既批判了科学实在论、传统主义的真理观,又批判了建构经验主义真理观;在内容上既坚持了实在论立场,又吸收了建构论的合理成分。在科克尔曼斯看来,科学实在论的不足就在于它"太强"。所谓实在论"太强",包含下面三个方面的含义:(1)根据实在论,一旦某人接受了某种理论,也就意味着认定该理论所指称的物质实体的存在;(2)根据实在论,一旦接受某种理论,随着坚信某种理论为真,则同时意味着对该科学理论之外的关于该对象的其他理论的排斥;(3)实在论所言的"真"是在真理符合论的意义上说的,但是真理符合论本身却是有疑问的。

对于范·弗拉森为首的建构经验主义,科克尔曼斯认为它们在真理问题上比科学实在论的要求弱了许多。建构经验主义者认为,"科学的目的是产生经验上是适当的理论"②。我们接受一个理论不是因为它是真理,而是因为它是经验上适当的。在建构经验论者看来,所谓经验的适当性(empirical adequacy),是说理论关于可观察物和可观察事件的陈述是真的,即获得了现象支持。科克尔曼斯指出,科学实在论和建构经验论在科学真理上的认识的不同,深层次的原因是它们在科学目的的定义和科学理论的接受标准上都存在原则上的区别。

---

① Joseph J. Kockelmans, On the Hermeneutical Nature of Modern Natural Science, *Man and World* 30,1997, p. 55.

② Joseph J. Kockelmans, *Ideas for a Hermeneutic Phenomenology of the Natural Sciences*, London: Kluwer Academic Publishers,1993, p. 132.

第五节　科克尔曼斯科学诠释学的现象学的哲学精神与理论价值

纵观科克尔曼斯的科学诠释学的现象学,科克尔曼斯力图恢复存在在科学哲学中的优先地位,澄清基础存在论与科学存在论的关系,明确科学哲学的基本任务就是廓清科学可能的条件及其先在的意义框架,这些都在一定意义上深化和发展了科学哲学的基础理论。在本节中,我们有必要对科克尔曼斯科学诠释学现象学的基本精神和理论价值做出简要的评价。

一、科克尔曼斯科学诠释学的现象学的逻辑进路与哲学精神

科克尔曼斯在海德格尔的存在论思想的基础上,从基础存在论的层面提出问题,进而从本体论理解科学,构建了科学诠释学现象学的理论。科克尔曼斯基本论证逻辑是:

(1)存在的意义问题对于科学具有优先性,此在之基础存在论对于科学哲学具有基础的、优先的地位,这种存在论现象学的哲学方法论具有能够澄清概念的彻底的批判性。

(2)科学是且仅是此在生存的派生样式之一,人的源初性的生存实践先在于理论性的科学探讨。

(3)科学活动不是人获取关于世界之"科学知识"(scientific knowledge)的活动,而是人科学地(scientifically)理解世界的活动,是以突出存在者纯粹客观的一面来揭示存在者的存在方式的活动。

(4)专题化筹划即客观化。

(5)科学研究整体上是彻头彻尾的诠释学的事业。科学的诠释学本质主要表现在科学活动的筹划性质、意义框架的先在性以及真理依赖于情境等方面。

科克尔曼斯科学诠释学的现象学的理论基础是海德格尔的此在之基

础存在论。我们可以把科克尔曼斯的科学哲学理论看作是海德格尔阐述的理解的存在论在自然科学领域的具体展开。不能由于科克尔曼斯科学诠释学的这种"海德格尔式"的论证特征而否定其工作的创新性。海德格尔虽然从本体论上论证了理解的存在论结构,但不论是在海德格尔还是伽达默尔那里,理解的存在论结构在自然科学领域的具体展开,都是没有得到具体阐述的论题。以伽达默尔为例,他在将理解的存在论结构具体化在精神科学领域时,关注的是获得真理的哲学的、艺术的和历史的经验,而自然科学则被看作是被科学方法论所统治的没有诠释学问题的知识领域。海德格尔的理解的存在论结构所给予的"革命性的引导"(利科语),被伽达默尔局限在诠释学传统的精神科学的范围内。这里不仅涉及自然科学与精神科学在方法论上是否存在"狄尔泰对立",而且涉及能否将实证主义看作是适合自然科学,符合自然科学实际的哲学理论的问题;不仅涉及诠释学在本体论上的理解,而且涉及理解的存在论如何投向认识论和方法论,从而回答诸如历史解释与科学解释在认识论和方法论上的特殊性等问题。因此,科学诠释学的现象学对海德格尔阐述的理解的存在论结构在自然科学中的普遍性的论证,以及对具体认识论问题,如自然科学的诠释学本质、科学真理的相对性等的讨论,都是富有创造性的哲学探索。

科克尔曼斯科学哲学的逻辑进路表明了其理论的直接目标,即在力图恢复哲学对于科学的根本意义的同时,又坚决捍卫科学的真理性与客观性。前者是对逻辑实证主义的"拒斥形而上学"主张的否定,后者则是对历史主义的相对主义立场的反驳。在著作《海德格尔与科学》的后记中,[①]科克尔曼斯谈到了当代人类所处的危机。科克尔曼斯接受了海德格尔关于人类两种思维方式的划分:计算思维(calculative thinking)与沉思思维(meditative thinking)。他认为在这个科学技术高度发达的原子时代里,无思已经成为人们的基本状态,人们习惯于从计算思维出发,不假思索地

---

① Joseph J. Kockelmans, *Heidegger and Science*, Washington D. C. University Press of America, 1985, pp. 124-129.

接受新理论、新技术。同样的,出于对沉思思维的漠视,人们日渐陷入虚无主义的泥淖之中,亦未经反思就对"价值"、"意义"、"真理"、"客观性"等加以怀疑或否定。因此,在总体上,科克尔曼斯的科学哲学服从于他在思想的深处"对原子时代无思状态(thoughtlessness)和虚无主义(nihilism)的抗争"。这一思想的贯彻,在对科学的哲学反思中,首要的是对自然科学的形而上学基础进行追问,恢复科学与人的存在意义的关联,在强调科学的历史性的同时捍卫科学客观性和真理性。

二、科克尔曼斯科学诠释学的现象学的理论价值

1. 恢复了存在、基础存在论在科学哲学中的基础地位,使对科学的哲学理解具有彻底的批判性

科克尔曼斯科学诠释学的现象学的理论价值,首先在于它恢复了此在对自然科学的优先地位,确立了存在、基础存在论在科学哲学中的基础地位,避免了对科学的哲学理解的独断论。

存在的意义被遗忘,在科学哲学上的理论影响就是,此在对于自然科学的优先地位的丧失。科学将此在看成与其他存在者一样的存在者,将此在的活动分解为各个不同的物理机械运动、化学变化、生物反应等,将此在的精神世界还原为神经元、刺激等。所以,只要在哲学上不能解决心物二元对立的矛盾,自然科学在根基上就是不牢靠的。尽管科学似乎可以撇开哲学独立发展,但是"科学何以可能"、"科学的意义为何"等问题,却是人类对社会和文化进行评价,进而思考科学的地位和作用,从而影响科学发展的根本性问题。

诠释学的现象学认为,以往科学哲学的不足,在于没有问及在本质上具有意向性的存在者的存在样式,即没有问及此在的存在样式,理论分析上是不彻底的。因为此在是面向世界存在,所以此在存在直接就是对世界的存在的理解和领悟,这种原初的理解和领悟是一切科学发生的不自觉的无条件的前提。离开此在的存在论分析谈论科学,不可避免地会得出独断论的结论。

在科学哲学的历史上，逻辑实证主义和科学历史主义的理论困境，根源就在于哲学理解科学的理论前提上的独断论和不彻底性。[①] 逻辑实证主义以逻辑的而不是历史的观点看待科学活动，以逻辑的而不是实践的观点看待科学主体即人的问题，虽然继承了历史上的理性主义传统，深刻地探讨了科学的规范性，但纯粹的逻辑重建的研究纲领却使其科学哲学理论远离了科学活动的实际。在理解科学的哲学前提上，逻辑实证主义是独断论的。与逻辑实证主义不同，历史主义的科学哲学考虑到科学活动中的人的因素，比如强调人类观察的非中立性，认为理论决定着看问题的方式、范式决定着语义，历史文化和观念传统限制着科学的评价和选择等。但是，科学历史主义对语用的强调，不是从本体论批判开始的。科学历史主义开始于科学哲学与科学史的结合，从科学的历史中总结历史的科学观这样一个判断，因此，科学历史主义是没有本体论批判的科学认识论理论，这种哲学前提上的不彻底性，使科学历史主义表现出"范式"与"科学共同体"的循环论证的弊端。

科克尔曼斯从分析此在的基础存在论出发理解科学，使他的科学诠释学的现象学理论具有哲学前提上的彻底性特征。承认此在对于科学的优先地位，亦即承认此在的基础存在论分析在科学哲学中的基础地位，亦即承认先于科学存在的使科学成为可能的此在的生存及其前理解对于科学活动的构造作用。因此，在诠释学的现象学看来，科学哲学不是单纯的认识论、方法论，对科学的彻底的哲学批判、分析必须首先在本体论上做出澄清，科学本体论对于科学认识论和科学方法论具有理论的构造作用。正因为在科学本体论上持这种诠释学的现象学观念，科克尔曼斯反对将科学哲学建立在"是否存在一个独立于人的外部世界"以及"如何证明这个外部世界与我们对它的认识相符"等诸如此类的问题基础之上，进而认为如果将科学仅仅理解为用科学观察发现外部世界、用科学理论描述外部世界、用

---

① 曹志平：《马克思科学哲学论纲》，社会科学文献出版社2007年版，第351～372页。

科学方法指导科学发现,那么这种观念或看法就是幼稚的。

2. 系统阐述了科学诠释学的现象学理论,展现了与分析的科学哲学不同的另一种科学哲学

上面分析的科克尔曼斯科学哲学的逻辑进路,已经清楚地展示了科克尔曼斯科学诠释学的现象学的理论结构。对海德格尔本体论理论的继承,是科克尔曼斯对科学的哲学理解的理论出发点,但科克尔曼斯科学哲学的理论独立性无疑是明显的。这主要表现在下面两个方面:

一是从海德格尔的此在之基础存在论出发,科克尔曼斯系统阐述了科学的诠释学的现象学本体论,系统阐述了此在对于科学在存在论上的优先性、先于科学并使科学成为可能的前理解的作用。这些阐述,从自然科学方面深化了海德格尔提出的理解的存在论结构,对于科学哲学则展示了一种具有彻底批判性的历史主义的科学哲学的逻辑进路。

二是在科学认识论上,科克尔曼斯从此在之本体论出发,系统阐述了"科学筹划"概念,阐述了由前理解决定的意义框架对科学活动的具体的构建作用,阐述了科学真理的境遇问题,等等。这些科学认识论内容,以哲学首尾一贯的方式,为人类解决科学知识的客观性和真理性问题提供了一种新的途径和启发。

美国当代著名科学哲学家瓦托夫斯基曾说,"从哲学的最美好最深刻的意义上说,对科学的人文主义理解,就是对科学的哲学理解"[①]。在他看来,科学哲学的基本任务,就是"从科学与常识的联系中理解科学并在这里发现科学与人文学的共同根源",并认为"如此达到的对科学的理解与通过研究科学本身所达到的理解不同"[②]。科克尔曼斯科学诠释学的现象学,倡导从人的存在理解科学,在生活世界与科学的联系中理解科学,恢复科学的存在论基础,与瓦托夫斯基、萨顿、弗朗克等人倡导的对科学的人文主

---

① 瓦托夫斯基:《科学思想的概念基础》,范岱年等译,求实出版社1989年版,第552页。

② 瓦托夫斯基:《科学思想的概念基础》,范岱年等译,求实出版社1989年版,第12页。

义理解殊途同归。

3. 超越传统的实在论与理念论

虽然实在论(realism)与理念论(idealism)在具体的观点上差异很大，但是它们都共同拥有一个独断的预设，即对主客体的划分。科克尔曼斯认为，自己的科学诠释学的现象学很重要的一点，就是对传统实在论和理念论的超越。

一方面，科克尔曼斯反对传统的实在论。这是因为实在论认为，客观世界是独立于人及其精神的，"这些事物是客观的、预先给定的，并且带有客观的性质"[①]。但是，在诠释学的现象学看来，事物的显现是与此在的存在样式不可分割的。至于是否真实存在着一个独立于人的意识之外的世界，以及人类如何能够真实地知道这个世界，诸如此类的问题在诠释学的现象学看来是毫无意义的。

另一方面，科克尔曼斯也反对理念论。因为在理念论看来，事物及其意义都是意识的建构。科克尔曼斯仅仅赞同的是，当事物同人有所联系的时候，事物的意义才能得到展现。虽然人的确并不创造事物的意义，但是，事物的意义根植于此在的生存，根植于此在与世内存在者的遭遇和打交道。当因用具性缺失使事物成为理论研究的对象后，专题化的筹划使事物向着筹划确定的方面显示自身。所以，事物的意义不能完全还原为意识。

科学诠释学的现象学对实在论与理念论的超越，是由于它确认了此在对于科学的优先性、此在之基础存在论对于科学的哲学理解的优先性。这种确认，使科学诠释学的现象学对于科学的哲学反思，深入到了主客体二元分离以前的前概念、前反思的领域。世界不是与此在无关的存在，而是此在创造的然后生存于此的"住所"。此在在功能性的烦忙中获得的实践性知识，是对事物本质的真理性领会。一切理论探讨都是专题化的筹划，

---

① Joseph J. Kockelmans, *Ideas for a Hermeneutic Phenomenology of the Natural Sciences*, London: Kluwer Academic Publishers, 1993, p. 72.

是此在派生的存在样式。只是在这里,才出现了实在论和理念论关注的主客体问题。这说明,主客体的对立不是人类直接经验的基本事实,而仅仅只发生在反思的层次上。因此,从海德格尔的此在之基础存在论出发,科学诠释学的现象学对实在论和理念论的超越,是具有彻底批判性的超越。

第七章　伊德技术诠释的科学现象学

　　唐·伊德（Don Ihde）是美国纽约州立大学石溪分校哲学系杰出教授，当代著名的哲学家和现象学家。伊德的技术—科学现象学独具特色，引起了哲学界的广泛关注，且评价甚高。比如伊文·塞林格（Evan Selinger）说："伊德被广泛承认为美国最重要的现象学家之一"①，"伊德也许会被当作美国使技术成为哲学反思主题的最早的哲学家之一而被载入史册"②。米切姆也指出，在继胡塞尔、海德格尔、利科引领的现象学浪潮之后，伊德在北美开创了第四次现象学的浪潮。③ 伊德不同于许多现象学家，他与实用主义开展了有序的对话，并不断从中学习，从而得以开创一种"后现象学"，也就是实用主义的现象学。④ 博格曼（Albert Borgmann）说，伊德是当代哲学伟大的调解者，他连接了现象学和后现代主义、技术哲学和科学哲

---

　　① Even Selinger, *Postphilosophy*: *A Critical Companion to Ihde*, Albany: State University of New York Press, 2006, Ⅶ.
　　② Even Selinger, *Postphilosophy*: *A Critical Companion to Ihde*, Albany: State University of New York Press, 2006, pp. 3-4.
　　③ Even Selinger, *Postphilosophy*: *A Critical Companion to Ihde*, Albany: State University of New York Press, 2006, p. 21.
　　④ Even Selinger, *Postphilosophy*: *A Critical Companion to Ihde*, Albany: State University of New York Press, 2006, p. 31.

学、大陆哲学和分析哲学。① 对伊德的科学现象学进行研究，是科学哲学理论研究纵深发展的内在要求。

第一节 伊德科学现象学的缘起与渊源

伊德的科学现象学是以伊德的现象学和技术现象学为基础的，它与现象学、诠释学和实用主义等都具有密切的理论渊源关系。

一、伊德的科学现象学与现象学

在系统阐述伊德科学现象学的具体内容以前，我们首先要厘清伊德的科学现象学与其现象学特别是技术现象学的关系，厘清伊德的科学现象学与科学哲学的关系。

1. 伊德的科学现象学是关于技术—科学的现象学

伊德科学现象学与现象学的关系，首先表现在伊德对"科学"概念的理解上。伊德所理解的科学，不是人们通常在知识论意义上所说的作为知识和理论典范的科学，而是"技术—科学"（technoscience），是以实践的眼光强调技术中介或调制的科学，这是蕴含着他对技术与科学关系的存在论理解的科学。我们认为，这是理解伊德科学现象学的一个关节点。2008年北京大学出版社出版的唐·伊德所著《让事物"说话"》一书中，"technoscience"被译为"技术科学"。由于该译法容易和人们常说的与基础科学、工程科学并列的"技术科学"相混淆，也没有反映出蕴含在"technoscience"一词中的存在论意蕴，所以，我们认为，将其译为"技术—科学"更合适。伊德的"technoscience"是一个应该作存在论理解的概念，它确切地表现着技术在存在论上先于科学，科学在存在论上是技术支撑着

---

① Even Selinger, *Postphilosophy: A Critical Companion to Ihde*, Albany: State University of New York Press, 2006, p. 247.

的科学这种意义。伊德对技术与科学的这种理解源于海德格尔的"此在现象学"。伊德认为,海德格尔在《技术的追问》(Concerning the Technology)一文中倒转科学与技术关系的阐述,颠覆了以往人们将技术仅仅理解为"科学的应用"的知识论理解,发掘了技术在存在论上先于科学的思想。伊德则进一步将技术与科学的这种现象学关系,表达为"没有工具,就没有科学"①。伊德的科学概念,是存在论的现象学意义上的概念,是对现象学传统的继承与发展。

2. 伊德的科学现象学是伊德现象学发展的高级阶段

伊德曾明确阐述过自己的科学现象学与技术现象学、现象学的关系。伊德说,"如果说'早期伊德'被认为是'现象学的伊德'的话,那么'中期伊德'就是'技术哲学的伊德'。而在'中期伊德'快要结束的时候,我开始遇到拉图尔(Bruno Latour)、哈拉维(Danna Haraway)、盖里森(Peter Galison)以及其他对仪器敏锐的科学哲学家。1991年出版的《仪器实在论》(Instrumental Realism)标志着我开始进入研究科学或者说技术—科学(technoscience)的道路,这就是'后期伊德'"②。正是由于不仅存在现象学的"早期伊德"和技术哲学的"中期伊德",还存在科学哲学的"后期伊德",并且伊德在"后期"将现象学与后现代主义、技术哲学与科学哲学、大陆哲学与分析哲学贯穿了起来,所以伊德才被博格曼称为"当代哲学伟大的调解者"③。从现象学和当代科学哲学的发展来看,伊德的这种"调解"具有重要的原则性意义。一方面,正像克里斯(Robert P. Crease)所说的,伊德的工作揭示了一种关于当代科学真正居于核心地位的深刻的诠释学,他与希兰、科克尔曼斯、劳斯等既有诠释学、现象学背景又有科学基础的职

---

① 唐·伊德:《让事物"说话":后现象学与技术科学》,韩连庆译,北京大学出版社2008年版,第45页。
② Evan Selinge, *Postphenomenology: A Critical Companion to Ihde*, Albany: State University of New York Press, 2006, pp. 268-269.
③ Evan Selinger, *Postphenomenology: A Critical Companion to Ihde*, Albany: State University of New York Press, 2006, p. 247.

业哲学家,倡导并形成了科学哲学的诠释学—现象学传统①;另一方面,现象学通过对知觉、实验、技术向科学领域拓展形成的"知觉现象学"、"实验现象学"、"技术现象学"和"科学现象学"等,都是现象学在当代的重要发展。因此,我们认为,伊德的科学现象学是以他的现象学与技术哲学为基础的现象学发展的高级阶段,它不仅是完整把握伊德现象学思想不可或缺的组成部分,而且是更成熟、更能反映伊德现象学的理论旨趣的重要内容。

我们说科学现象学是伊德现象学研究的高级阶段,还在于从伊德多次转向后才从事科学现象学的研究来看,对科学的现象学研究折射出了伊德的哲学旨趣。伊德职业生涯开始时的兴趣是在现象学、利科的现象学以及"做的现象学"②;在南伊利诺伊大学任职期间(1964—1969)他开始对工具和其他技术感兴趣③,到纽约州立大学石溪分校后遇到了希兰,并深受希兰的仪器建构物理实在的现象学思想的影响。关于这一点,伊德在《技术与实践》一书的致谢中说道:"当前出现的仪器现象学研究项目就是对希兰这方面洞见的回应,而我必须承认受惠于他。"④因此,初看起来,伊德现象学研究,表现出从现象学、"做"的现象学到工具、具体技术的现象学,再到仪器现象学、科学现象学的发展,但有理由认为:在伊德现象学研究的早期,他的理论旨趣并不主要在于纯粹的技术,而在"科学之技术"或者"技术—科学"。实际上,伊德曾明确说过:"从一开始我就是一个对科学所隐含的技术感兴趣的技术哲学家。再有,由于来自实践解释(praxis-interpretation)的传统,我首要关心的也是知识论和存在论的问题……通过强调技术和技术哲学的作用,我正在寻求从新科学哲学中被忽视的地方

---

① Robert P. Crease, *Hermeneutics and the Natural Sciences*, Dordrecht, Netherlands: Kluwer Academic Publishers, 1997, p.9.

② Don Ihde, Herbert Spiegelberg Remembrances, *Human Studies*, 1992, 15, p.395.

③ Evan Selinger, *Postphenomenology: A Critical Companion to Ihde*, Albany: State University of New York Press, 2006, p.2.

④ Don Ihde, *Technics and praxis*, Dordrecht, Holland/Boston: D. Reidel Publishing Company, 1979, ix.

引出要考虑'科学之技术'(science's technology)的需要。"①他在《技术中的身体》里也说过:"今天的世界是一个频频重新锻造我们自己的世界。我首先把自己锻造或打造为一个技术哲学家,然后,发现技术哲学与科学哲学之间的关联也许完全以'科学之技术'为中心,特别是仪器,于是我开始一头扎进了科学哲学。"②伊德就是这样,从实验现象学转入技术现象学后又转入科学现象学,最终完成了对"技术—科学"系统的哲学理解。这既是他对现象学研究的深入,也是对科学哲学基础理论的发展。

3. 伊德的科学现象学是技术现象学的发展,是科学哲学与技术哲学的界面

伊德能够从技术现象学转到科学现象学,是与技术哲学研究的"经验转向"分不开的。荷兰著名技术哲学家阿特胡斯(Hans Achterhuis)将技术哲学的"经验转向"概括为:研究的重心从关注总体技术到关注具体技术的转移,即它"不是针对事先给定的技术制品进行分析,而是分析它们具体的发展、形成及其过程中所涉及的众多角色"③。对一般技术从整体上进行社会批判,这正是以往的技术哲学,如伊德所说的"第一代"技术哲学,包括海德格尔、杜威以及法兰克福学派等的技术哲学的基本特征。到了20世纪中叶,人们不再停留在只关注总体的技术层面,而是开始深入分析具体技术的功能、作用及其文化,这时人们对技术的关注才开始成熟。④ 技术哲学"经验转向"的发生,是由于新一代的技术哲学家,对过去抽象的局限于总体性评价的技术哲学不满而推动实现的。这种转向的实质就是

---

① Don Ihde, *Instrumental Realism——the Interface between Philosophy of Science and Philosophy of Technology*, Bloomington, Indianapolis: Indiana University Press, 1991, xi.

② Don Ihde, *Bodies in Technology*, Minneapolis: the University of Minnesota Press, 2002, p. 67.

③ Hans Achterhuis, *American Philosophy of Technology: the empirical turn*, Bloomington: Indiana University Press, 2001, p. 6.

④ 唐·伊德:《让事物"说话":后现象学与技术科学》,韩连庆译,北京大学出版社2008年版,第35页。

"'大写的技术'(Technology)在具体技术的语义的和语用的含义中,被'具体的技术'(technologies)所替代"①。具体的特征,就像伊德概括的现象学"经验转向"的实质:远离了对总体背景下的一般技术的描述,开始研究具体的技术;远离了高姿态或者超越论的视角,开始评判生活世界中作为物质文化的技术的多元维度。

"经验转向"既表明了伊德技术现象学与实验现象学的理论联系,又使得伊德从技术现象学研究转向了科学现象学。一方面,"经验转向"后的技术哲学研究,是真正面向具体工具、仪器和技术的研究"实践"、"做"的哲学,这与伊德早期的实验现象学关系甚密。伊德的技术现象学研究以1979年《技术与实践》一书的出版为标志,而在之前的《实验现象学》(1977)一书中他就已经非常强调现象学"做"(doing)的维度,甚至多处直接称现象学为"做的现象学"(Doing Phenomenology)②。正因如此,伊德对过去的科学哲学"偏好柏拉图主义"而不满意,认为过去的技术哲学停留于抽象层面是不成熟的表现。所以,伊德认为,一方面科学哲学的研究要回到"实践优位"(primacy of praxis)的立场,回到具体技术、仪器和实践当中去③;另一方面,由于转向技术的"经验研究",伊德中期对具体技术的哲学研究引导、形成了后期的"技术—科学"现象学。因为,只有在针对具体技术的研究之后,伊德才能发现和理解技术与其所体现出来的世界之间具有的具身关系和诠释学关系,才能将伊德的技术和工具是人与世界的媒介的技术现象学观点深入到科学对象的技术生成和仪器诠释,才能使伊德达到"科学哲学奠基于对技术哲学的解读"(Philosophy of Science Read

---

① Hans Achterhuis, *American Philosophy of Technology: The Empirical Turn*, Bloomington: Indiana University Press, 2001, Ⅷ.

② Don Ihde, *Experimental Phenomenology*, New York: Putnam Publish Group, 1977, p. 13.

③ Don Ihde, *Technics and Praxis*, Dordrecht, Holland/Boston: D. Reidel Publishing Company, 1979, ⅩⅧ.

through Philosophy of Technology)①、"仪器就是科学哲学与技术哲学之间的界面"②等认识深度,从而形成了以"技术诠释科学"为基本原则的科学现象学,并以此为关节点统摄了技术哲学和科学哲学。

伊德的科学现象学是伊德敏锐地把握到技术哲学的经验研究和科学哲学的实践转向具有的共同本质的结果。从哲学的发展来看,技术哲学从"总体批判"到"经验研究"的转变,是与科学哲学从理论优位的主体性哲学向实践哲学的发展共同实现的。突出实践和实践情境的哲学地位,突出具体技术和工具、仪器的本体论作用,是实践哲学、实践的科学哲学和技术哲学共同的哲学诉求和理论特征。伊德充分理解并敏锐把握到了科学哲学从"旧科学哲学"(包括实证主义、逻辑实证主义)到"新科学哲学"(包括从科学历史主义到后现代主义)的发展逻辑。这就是彻底改变"旧科学哲学"的抽象、超越、表象主义的"理论优位"科学观,回归到"实践优位"的具体、实践、技术介入、地方性等科学哲学的新路径上来。伊德指出,"旧科学哲学""按照一种非情境化的方式来解释科学,主要关心的问题差不多就是科学的逻辑的、命题的和理性的程序。由此导致的结果就是,作为一种机制的科学就脱离了历史和文化。对于技术的研究来说,最重要的问题就是科学明显不同于技术,科学通常是与技术分离的";"新科学哲学",则"将科学作为一种处境化的、情境化的现象来解释"③。转变的关键人物是库恩。伊德称库恩为"最具革命性的修正主义者"。伊德说:"尽管库恩所描绘的科学史仍然部分地根植于某种理论优位的理想形式上,但是他已经把注意

---

① Don Ihde, *Instrumental Realism——the Interface between Philosophy of Science and Philosophy of Technology*, Bloomington and Indianapolis: Indiana University Press, 1991, p.1.

② Don Ihde, *Instrumental Realism——the Interface between Philosophy of Science and Philosophy of Technology*, Bloomington and Indianapolis: Indiana University Press, 1991, xii.

③ 唐·伊德:《技术与生活世界:从伊甸园到尘世》,韩连庆译,北京大学出版社 2012 年版,第 212 页。

力转移到科学中的知觉实践的重要因素上来了。"①从库恩的《科学革命的结构》出版以来,新、旧科学哲学就进入了争论。伊德指出,"旧科学哲学的支持者们给新科学哲学的支持者们扣上了'相对主义'和'意识形态'的帽子。尽管如此,我们可以很公平地得出结论说,新科学哲学较好地保持了自己的前沿位置"②。"很多学科现在都用库恩式的和后库恩式的方式来解释自己的研究。"③

在伊德这里,转向经验研究的技术现象学,不再满足于对作为整体的技术、工具的抽象沉思,而是深入到对可读技术、可视技术、成像技术和工具、仪器等的现象学分析,进而理解人—技术、人—技术—世界的本质关系,突出的恰是人的技术实践、科学的技术介入、仪器的实践情境。技术的经验研究使伊德的技术哲学和科学哲学实现了"无缝对接",伊德突出的技术对科学介入、科学的仪器诠释、对象的技术建构等,实质上就是科学实践哲学的核心内容。这一点可以直接从劳斯对科学哲学的实践研究的阐述看出:"世界不是处在我们的理论和观察彼岸的遥不可及的东西。它就是在我们的实践中所呈现出来的东西";"我们不是以主体表象对象的方式来认识世界的,而是作为行动者来把握、领悟我们借以发现自身的可能性";"从表象转向操作,从所知转向能知"④。由此可见,伊德在现象学研究中从技术哲学到科学哲学的发展,抓住的是反映了当代哲学发展的必然趋势的实践的先在性,将技术的经验研究作为科学哲学和技术哲学的界面表现了伊德对科学哲学、技术哲学发展的必然性的把握。这就是伊德说的,"经验转向的发生不是孤立的,它恰当地反映了大部分科学和技术的新解释者

---

① 唐·伊德:《技术与生活世界:从伊甸园到尘世》,韩连庆译,北京大学出版社2012年版,第219页。
② 唐·伊德:《技术与生活世界:从伊甸园到尘世》,韩连庆译,北京大学出版社2012年版,第212页。
③ 唐·伊德:《技术与生活世界:从伊甸园到尘世》,韩连庆译,北京大学出版社2012年版,第212页。
④ 约瑟夫·劳斯:《知识与权力:走向科学的政治哲学》,盛晓明、邱慧、孟强译,北京大学出版社2004年版,第23～24页。

的共同态度"①。

总结起来,我们可以得出结论,伊德的科学现象学是伊德现象学发展的高级阶段,是以技术—科学为对象,以"技术诠释科学"为基本原则的科学哲学理论。我们认为,将伊德的科学现象学理解为"技术诠释的科学现象学"(phenomenology of science hermeneuted by technology)比较合适。

二、伊德科学现象学的理论渊源

理论的发展总是需要以继承为基础。伊德的科学现象学就是在吸收现象学、实用主义、诠释学等哲学理论的基础上提出来的。

1. 现象学

伊德的实验现象学、技术现象学和科学现象学都属于现象学运动的组成部分,是伊德对现象学理论的发展。伊德科学现象学的理论渊源,首先是胡塞尔、海德格尔和梅洛·庞蒂等人的现象学理论。

首先,伊德的现象学思维方式和基本的现象学概念、方法来自于胡塞尔。现象学思维方式就是胡塞尔给予的非中介的进入哲学问题的思维方式,即"非常执拗地努力查看现象,并且在思考现象之前始终忠于现象"②。胡塞尔说过,"现象学:它标志着一门科学,一种诸科学学科之间的联系;但现象学同时并且首先标志着一种方法和态度:典型哲学的思维态度和典型哲学的方法"③。这表明,在胡塞尔看来,现象学首先就是一种关于进入哲学研究的方法、态度或精神,即哲学思维方式。它要求人们在进行意识分析的时候,设法"悬置"已有的"成见",努力"还原"到"实事本身",让直观到的现象显现自身。当然这是以"意向性结构"分析为手段、以直观现象时的

---

① 唐·伊德:《让事物"说话":后现象学与技术科学》,韩连庆译,北京大学出版社2008年版,第28页。
② 赫伯特·施皮格伯格:《现象学运动》,王炳文等译,商务印书馆1995年版,第964页。
③ 埃德蒙德·胡塞尔:《现象学的观念》,倪梁康译,上海译文出版社1986年版,第24页。

具体"意识"为载体的。胡塞尔开创现象学后,其思想多有转变,胡塞尔现象学的主体性、先验性也受到了批判,海德格尔实现了现象学的存在论转向,但在所有这些转变、转向中现象学的思维方式始终没有变。海德格尔说过:"'现象学'这个名称就其意义来看实不同于诸如'神学'之类的名号。那些名称按照有关科学各自关乎何种实事来称谓这些科学的对象。'现象学'这一名称则既不称谓其诸研究对象,也不描述这些研究关乎何种实事。无论应当在这门科学里论述什么,'现象学'这个词都只不过告诉我们如何展示和处理这些东西。"①伊德始终坚持现象学的思维方式,并且在伊德看来,这也是真正的哲学思维方式,因为"现象学没有自己的题材(subject matter),作为一种研究风格它总是'＿＿＿的现象学'"②。因此,在伊德的现象学中,现象学方法就是"哲思"本身的展开或说如何"哲思",目的"不在于传布某些具体的教义,而在于树立一种对具体哲学问题进行严格分析的风气"③。同时,伊德现象学中变更理论(variational theory)、具身化(enbodiment)和生活世界(lifeworld)三个要素都首先要追溯自胡塞尔的现象学。具身和身体知觉的现象学在梅洛·庞蒂丰富发展后被伊德吸收利用;变更分析被看作是实现现象学目的的根本方法,伊德说这种技巧在任何时候都具有无限价值④;生活世界概念则为伊德分析不同时代、不同区域的人与世界的生存的技术关系提供了本体论平台,尽管伊德在海德格尔的存在论基础上对之进行了修正。

其次,伊德的科学现象学与海德格尔的此在现象学具有重要的理论渊源。海德格尔的存在论现象学彰显了"生活世界"的历史文化维度,这对伊

---

① 海德格尔:《存在与时间》,陈嘉映,王庆节译,三联书店1999年版,第41页。
② Don Ihde, *Consequence of Phenomenology*, Albany: State University of New York Press, 1986, p.24.
③ 倪梁康:《面向实事本身:现象学经典文选》,东方出版社2000年版,编者引论第16页。
④ 唐·伊德:《让事物"说话":后现象学与技术科学》,韩连庆译,北京大学出版社2008年版,第12页。

德科学现象学的形成与发展起到了重要的理论支撑作用。① 一般地说,海德格尔的存在论成为伊德整个现象学研究的基本视域。伊德认为,胡塞尔的现象学之所以被理解和解释为"主体风格"的哲学,是因为胡塞尔采用了笛卡儿"主客二分"的语言,这是一种基于"自我"或"主体"的知识形成理论,认为外部世界是直接展现给主体的"观念"、"感觉"或"表象",是客观的和处于它处的。② 伊德充分肯定海德格尔对现象学的存在论转向。伊德分析人—技术关系从之出发的"生活世界"概念,是在海德格尔此在之基础存在论基础上改造的。而且,伊德一般地接受了现象学来源于海德格尔的"更强烈的存在论主张",认为它是对胡塞尔早期的经验科学的生存论化,并在其现象学中,伊德从海德格尔的此在与世界的关系发展出一种"相对论的存在论"③。

最后,伊德的科学现象学吸收了梅洛·庞蒂现象学的知觉理论和"具身"概念。梅洛·庞蒂在知觉现象学中,"用非常隐晦和细微的方式,讨论了身体、知觉和行为的作用,而这种作用是通过技术来体现的"④。伊德指出,梅洛·庞蒂在知觉和实践的领域中预见了技术的不同作用,丰富了具身或者身体的意向性、知觉的现象学,核心是具身和知觉可以借助人工物而得到极大的延伸。⑤ 这是具身和知觉被技术中介,扩展到周围世界的观念。伊德在自己对技术的经验研究中,以人—技术—世界为核心关系,发展出了以技术中介为核心的现象学思想,其中"具身关系"是最基本的人与

---

① 唐·伊德:《让事物"说话":后现象学与技术科学》,韩连庆译,北京大学出版社2008年版,第12页。
② 陈凡、朱春燕:《全球化时代的技术哲学:2004年"技术哲学与技术伦理"国际研讨会译文集》,东北大学出版社2006年版,第3页。
③ 唐·伊德:《技术与生活世界:从伊甸园到尘世》,韩连庆译,北京大学出版社2012年版,第25页。
④ 唐·伊德:《让事物"说话":后现象学与技术科学》,韩连庆译,北京大学出版社2008年版,第46页。
⑤ 唐·伊德:《技术与生活世界:从伊甸园到尘世》,韩连庆译,北京大学出版社2012年版,第42~43页。

世界的生存的技术关系,是理解人与世界的诠释学关系,进而理解伊德的仪器诠释学的基础。所以,在伊德那里,"具身"是进行现象学研究,表达"实践优位"特征的一个关键概念,但它是在梅洛·庞蒂知觉现象学的极大丰富下才发挥重要作用的。①

2. 实用主义

伊德曾明确指出,自己的后现象学是在对具体技术的现象学分析中产生的,同时也是在"现象学和实用主义的相互关系中出现的"②。在这里,伊德明确指出了自己的后现象学与实用主义之间的理论渊源关系。

伊德充分理解了传统现象学的主体风格和对经验的意识分析的局限性,认为正是在这里实用主义体现出了它的价值。伊德曾说,"后现象学认识到实用主义在克服早期现代认识论和形而上学中的作用。它在正统的实用主义中发现了一种方法,这种方法可以克服将现象学误解为一种主体性哲学,避免甚至有时被认为是反科学的、沉溺于观念论和唯我论的问题。实用主义从来没有被认为是这样的一种哲学,我觉得这是实用主义的优势"③。具体地说,实用主义和现象学都是将经验置于分析的中心的哲学。实用主义之所以能作为伊德借以补充现象学的重要理论要素,主要在于实用主义强调"实践"、"做"(doing)的内在特质。传统现象学强调意识中的经验,强调在意识中对经验的严格分析,而实用主义强调经验是实验,是实践,而不是表象。远离表象,转向实践,正是以技术中介为核心思想的伊德的后现象学所需要的理论基础。在伊德对传统现象学的修正中,实用主义和海德格尔的存在论本质地交织在一起,相互呼应,变更着传统现象学的主体性的理论基础。正是因为这样,伊德说,"后现象学是一种修正的、混

---

① 唐·伊德:《让事物"说话":后现象学与技术科学》,韩连庆译,北京大学出版社2008年版,第12页。
② 唐·伊德:《让事物"说话":后现象学与技术科学》,韩连庆译,北京大学出版社2008年版,第32页。
③ 唐·伊德:《让事物"说话":后现象学与技术科学》,韩连庆译,北京大学出版社2008年版,第30页。

合的现象学"。

伊德对实用主义的借鉴,倚重的是实用主义哲学中的实践原则和意识。"有机体—环境"(organism/environment)模式就是实用主义融合现象学的关节点。伊德指出,杜威的"转型的实践"(transformational practice)经常用到的模式或隐喻是"有机体—环境",而不是"主体—客体"。"有机体—环境"模式中的经验,不再是意识中的经验,而是有机体与它的物理的和社会的环境相互作用的事件。因此伊德说,"我再一次提出,这种形式的经验绕过了来源于笛卡儿的(对杜威来说,或者是洛克的)'主体/客体'模式,更直接地指向了某种类似生活世界的分析"[①]。当将实用主义的"有机体—环境"模式与生活世界联系起来,前者强调的实践的投射、探索未知,面向未来联系的特征得到了更充分的理解和表达。因为,实用主义实践的"面向未来的"状态,本己地包括了"操劳"、"实践"、"行动"和"实验"等有机体的在世方式。因此,实用主义的"实践"恰恰与海德格尔的"此在"的存在相通。因此,伊德说"杜威对未来的强调似乎更接近海德格尔而不是胡塞尔"[②]。

总之,伊德将实用主义与现象学融合在一起,很好地"避免早期现象学的主体主义和观念主义"[③],从而不仅使现象学实现了美国化,而且使现象学发展到了一个新的高度。

3. 诠释学

伊德是当代科学哲学中的"诠释学的现象学"研究的主要人物,他对诠释学的扩展不仅表明了他的科学现象学与诠释学有理论渊源关系,同时也是诠释学向自然科学的扩展,是利科所说的诠释学嫁接于现象学之上的具

[①] 唐·伊德:《让事物"说话":后现象学与技术科学》,韩连庆译,北京大学出版社2008年版,第10~11页。

[②] 唐·伊德:《让事物"说话":后现象学与技术科学》,韩连庆译,北京大学出版社2008年版,第10~11页。

[③] 唐·伊德:《让事物"说话":后现象学与技术科学》,韩连庆译,北京大学出版社2008年版,第11页。

体展开。

在伊德看来,弄清楚诠释学的起源和历史,对于全面理解诠释学乃至扩展诠释学是必不可少的。通过对诠释学的追溯分析,伊德指出了两点:

一是,在诠释学的源头,诠释学即包含语言的文本解释,也包含指向最初事件的从无言到语言的解释。伊德指出,"诠释学一词根源于古希腊的动词'hermeneuein',最通俗的意思就是解释(interpret)。但定义是抽象的,若要关注更进一步的起源则要求定位古希腊神话中具体人物及其角色才能理解其'源头'的意思。在法语中,源头保留着'泉水出处'的意思,指清澈和干净的水在大地中的起源处。'hermeneuein'就具有这个意思,它的具体指称,如海德格尔指出的,最终指向赫尔墨斯这个上帝的有翅膀信使和在地球上的模仿者赫尔米俄斯,他是阐述谚语德尔菲神谕的祭司或僧侣"①。伊德的意思是,诠释学原初的两个意思都与赫尔墨斯和赫尔米俄斯二者的行为有关,包括从无言带向理解的解释,和使一种外来语言或意思成为某人自己熟悉语言的通常理解的"翻译"。但是,由于圣经文化是一种话语文化,所以在神学诠释学中,诠释学就被狭隘地设想为解释文本,尤其是被看作是"上帝之语"的各种重要的神圣文本的理论,而将曾经指向最初的事件的从无语到语言的这层含义给淹没了。② 因此,在伊德看来,通过溯源,将古代文明中存在的诠释学本该具有的两种意思挖掘出来,从而将"窄化了的"诠释学重新扩展开来,这对诠释学扩展是非常有意义的。

二是,诠释学是在科学理性的影响下发展成熟的,当代意义上的诠释学的出现,其标志正是"狄尔泰分界线"所引起的"理解"与"解释"之争。伊德指出,今天看作真理的东西无不受到科学思维模式的影响,诠释学的发展也不例外。西方文化中求真的普遍追求,既始终秉承古希腊追求普遍的、合法的、秩序的以及统一性的哲学理想,又与德谟克利特、伊壁鸠鲁、卢

---

① Don Ihde,*Expanding Hermeneutics*:*Visualism in Scienc*,Evanston,Illinois:Northwestern University of Press,1998,p. 9.

② Don Ihde,*Expanding Hermeneutics*:*Visualism in Science*,Evanston,Illinois:Northwestern University of Press,1998,p. 10.

克莱修等物质论的科学思想的发展相联系，从文艺复兴、启蒙运动以来，从一个领域到另一个领域延伸，最后也到了诠释学领域。如较早的文艺复兴运动和早期现代，有许多"自然之书"概念的文本隐喻，表示科学家要进行科学研究就必须学会"阅读""自然之书"，培根早期的努力因而实质上是一种自然诠释学(hermeneutics of nature)①。与一般从"负面"理解狄尔泰等人在诠释学与实证主义、精神科学与自然科学之间树立对立不同，伊德认为，"正是在这个交界点上，当代意义上的诠释学开始成形(take its shape)"②。因为这种对立，表明了诠释学视野向科学理性和自然科学的敞开，诠释学已经潜在地是存在论上的(existential)科学了。③

伊德认为，在诠释学的演变过程中，现象学是一种迂回的诠释学，并且是后来诠释学发展必不可少的环节。伊德说："假如线性地跟随诠释学的使用与变形的历史进展的话，那么下一个逻辑的步骤将直接转向当代的诠释学哲学家。但这样做将绕开唯一的、最大的、间接发展的、潜在的当代诠释学的发展：现象学的发展，尤其是胡塞尔现象学的发展。而许多长期的哲学问题都在这个交界点上出现。"④伊德指出，胡塞尔的进入哲学思考的悬置的现象学，是促进现象学和诠释学发展的共同的战略洞见。胡塞尔从看起来熟悉的东西开始，以一种临时的方式接受它，通过把它放进"括号"来斩断它，好像一个接受检查的对象一样，然后从一个新的、不同的视角来拆解它，这一类似解析的过程，所予对象及其建构过程被层层揭开，其实质就是诠释学过程。伊德说："这种解构曾被认为是当然的东西的过程，是一

---

① Don Ihde, *Expanding Hermeneutics: Visualism in Science*, Evanston, Illinois: Northwestern University of Press, 1998, p. 11.
② Don Ihde, *Expanding Hermeneutics: Visualism in Science*, Evanston, Illinois: Northwestern University of Press, 1998, p. 11.
③ Don Ihde, *Expanding Hermeneutics: Visualism in Science*, Evanston, Illinois: Northwestern University of Press, 1998, pp. 11-12.
④ Don Ihde, *Expanding Hermeneutics: Visualism in Science*, Evanston, Illinois: Northwestern University of Press, 1998, p. 12.

种潜在的考古学过程，实质上是一个诠释学的过程。"[①]伊德认为，正是在胡塞尔现象学研究的基础上，海德格尔、伽达默尔及之后的利科等人才得以相继地将诠释学研究不断推向前进。

伊德更进一步地将现象学与诠释学结合，他不仅继承了将诠释学奠基于现象学的本体论观念，而且力图在技术—科学现象学中，恢复诠释学最古老的关于原初事件的解释的含义，这就是伊德的以技术、仪器为中介，"让事物说话"的诠释学。在伊德看来，任何从现象出发生成含义并用语言表达出来的过程，都是诠释学的过程。伊德对诠释学的扩展表现在以下两个方面：

第一，在诠释现象世界的语言方面。伊德指出，诠释学从单纯的自然语言到包含人工语言的转变，是技术—科学现象学对诠释学语言的贡献。伊德认为，因为技术和工具，我们时代的语言具身化了，这是过去没有的时代特征。伊德说："在一个巨型社会和巨型技术的世界当中，我们全都学会了多重的'部落语言'技巧，这是我们不同的科学学术'部落'促成的，并急速增长为一系列的'人工的'或建构的语言，如数学、象征逻辑以及各种计算机语言。尽管我们不'说'或'读'这种语言，但我们一定生活在它们的影响之下。"[②]人工的、技术语言的实践性、具身化，必将带来新的诠释学研究，而这是以往的诠释学所没有的。

第二，在诠释现象世界的世界方面。技术的中介和调制，展现了丰富的诠释学的现象世界。伊德说，"现在具身化的演讲方式不再局限于那些面对面地听和直接的声音，相反，我们通过电话、收音机以及流行的CB广播放大和延伸了我们的听和声音。书写是古老的非口语化的语言，这是一个古老的诠释学问题，现在已被同样变形了的空间上当下的电影、电视与带式录音机的复制所遮蔽。好像还没有针对这种具身问题的充分的诠释

---

① Don Ihde, *Expanding Hermeneutics: Visualism in Science*, Evanston, Illinois: Northwestern University of Press, 1998, p. 14.

② Don Ihde, *Expanding Hermeneutics: Visualism in Science*, Evanston, Illinois: Northwestern University of Press, 1998, p. 23.

学研究。这些新的'文本'要求新的诠释学类型。"①伊德在这两个方面,都进行着科学诠释学的扩展性探索。1966年,在现象学与存在哲学学会的会议上,伊德作为"知觉的人"测试组成员时便开始思考声音的知觉诠释学了。之后在1970年,伊德在《国际哲学季刊》上发表了《上帝和声音》及与汤姆·斯拉夫特(Tom Slaughter)合写的《听》,1973年他又在《当代哲学》上发表了《一些听觉现象》。② 这些都是伊德在洞察到诠释学可以拓展到科学领域时的早期探索。后来,随着对技术中介、显现和建构科学对象的探究的深入,伊德得出了"自然科学同样与诠释学有关"③,"当代科学已经超出了早期现代性框架,现在进入了一个建构主义的—诠释学的框架"④等结论。这些都表明了伊德对自然科学诠释学本质的认识的逐步深化。

第二节 伊德的科学现象学本体论

生活世界是伊德的技术—科学现象学分析"人—世界"技术关系的出发点。伊德现象学的本体论是生活世界的本体论和关于人—世界关系的相对论的本体论。它们决定着伊德技术—科学现象学的性质和具体内容的展开。

一、生活世界的本体论

"生活世界"概念是胡塞尔后期在《欧洲科学的危机与超越论的现象

---

① Don Ihde, *Expanding Hermeneutics*: *Visualism in Science*, Evanston, Illinois: Northwestern University of Press, 1998, p. 23.

② Don Ihde, *Listening and Voice*: *Phenomenologies of Sound* (*second edition*), Albany: State University of New York Press, 2007, XⅡ.

③ 唐·伊德:《让事物"说话":后现象学与技术科学》,韩连庆译,北京大学出版社2008年版,第97页。

④ Robert P. Crease, *Hermeneutics and the Natural Sciences*, Dordrecht, Netherlands: Kluwer Academic Publishers, 1997 p. 111.

学》中提出的,这本书是在海德格尔的《存在与时间》出版9年后问世的。伊德认为,"生活世界"概念是胡塞尔对海德格尔存在论现象学的回应。在伊德的现象学中,生活世界本体论的确认,意味着伊德的技术—科学现象学探究"置于现象学及其相关的诠释学的根源的传统中"①。在伊德看来,现象学强调的是人类经验的特定解释,特别是有关知觉和身体活动的解释;与现象学相关的诠释学传统,指的是现象学转向后的诠释学,即海德格尔将诠释学奠基于现象学之上。伊德明确说,他对技术—科学的现象学探究,将把二者合二为一。

海德格尔的此在之基础存在论使伊德获得了修正胡塞尔"生活世界"概念的理论视野。伊德对胡塞尔的生活世界概念以及胡塞尔对现代科学的批判进行了具体分析。伊德指出,在胡塞尔那里,生活世界具有这样几个特征:第一,生活世界是"世界的最基本的(基础性的)层面,同时范围又是最广的。次一级的或者特殊的'世界',例如各门科学的世界,都必须以某种方式转向这个基础的世界"②;第二,"生活世界是基础,它肯定是感觉的生活世界,奠基在行动的人与具体的、物质性的事物世界和物体性的存在者之间的关系上。每一个人都能通过直觉和知觉获得它们"③;第三,生活世界是"前科学的世界",它对立于科学的理念世界。胡塞尔认为,科学的数学化的世界失去了日常生活世界中的物体运动的基本感觉,脱离了感觉性质,这种科学习得掩盖了生活世界的日常维度的基础。伊德指出,胡塞尔上述关于生活世界的观点,有两方面的缺陷:一是,"胡塞尔将前科学的和基础性的物质—感觉的世界置于一端,将掏空了知觉和实践的科学世界作为'衍生物的'(尽管是特殊的)'世界'置于另一端"。伊德说,"对我来

---

① 唐·伊德:《技术与生活世界:从伊甸园到尘世》,韩连庆译,北京大学出版社2012年版,第21页。
② 唐·伊德:《技术与生活世界:从伊甸园到尘世》,韩连庆译,北京大学出版社2012年版,第38页。
③ 唐·伊德:《技术与生活世界:从伊甸园到尘世》,韩连庆译,北京大学出版社2012年版,第40页。

说,这种异常现象是由胡塞尔对科学起源的重构引起的"。①二是,胡塞尔对科学的理解是"理论优于实践",以假设—演绎推论为主导观念。伊德说,"胡塞尔忽视了这种活动中的实践因素。这种科学观将注意力集中在科学'想'什么和如何'想',而不是科学'做'什么"②。

胡塞尔的生活世界和海德格尔的此在之世界的基本区别是,在胡塞尔那里,生活世界虽然基础,但它是奠基在"行动的人与具体的、物质性的事物世界和物体性的存在者之间的关系上",而海德格尔的此在是与它生存的世界共同得到规定的,世界的相关情境优先于世界内的一切事物。因此,伊德认为,生活世界是日常的知觉的世界,同时也是实践的、技术的世界,生活世界具有历史文化的维度。伊德主要从三个方面,即生活世界与知觉、生活世界与技术以及生活世界与近代自然科学的产生,阐述了技术—科学现象学的生活世界本体论。

(1)伊德从生活世界阐述了微观知觉和宏观知觉的关系,将知觉置于技术—科学现象学的中心。

所谓"微观知觉",就是人们通常所说的感觉知觉,即"在实际的看、听等感觉中直接获得的和通过身体关注的"知觉;而"宏观知觉",是指"文化的或诠释的知觉"。伊德说,微观知觉和宏观知觉"同样都属于生活世界。这两个维度的知觉密切相关,密不可分。如果不处于宏观知觉的领域,就不会有微观知觉(感觉—身体的),如果没有微观知觉的焦点,就不会有宏观知觉"。伊德进一步说,"微观知觉和宏观知觉的关系不是派生的;相反的,它更像是图形和背景的关系。在这种关系中,微观知觉是在它的诠释的—文化的情境中发生的;但是,所有这些情境只有在微观知觉的可能性

---

① 唐·伊德:《技术与生活世界:从伊甸园到尘世》,韩连庆译,北京大学出版社2012年版,第40页。
② 唐·伊德:《技术与生活世界:从伊甸园到尘世》,韩连庆译,北京大学出版社2012年版,第40~41页。

的范围内才能得以形成"①。

伊德对微观知觉和宏观知觉关系的阐述,一方面破解了胡塞尔树立在日常的基础的生活世界与科学世界之间的对立,将允许对科学技术影响下的生活世界是如何变化的进行明确的分析;另一方面,使以人的身体和微观知觉的限度为基础的科学的宏观知觉的现象学分析成为可能。伊德指出,"科学及其看的模式已经成为我们的宏观知觉世界的组成部分。这是一种文化习得,处于我们所保有的身体知觉中"②。宏观知觉和微观知觉的关系,贯穿于伊德技术—科学现象学的始终。比如,微观知觉的可能限度对科学观察以及具身的和诠释学的科学仪器的影响,人类对视觉主义的追逐,因技术的中介引起的知觉变化影响科学发展的模式等,都表现出了知觉概念在伊德科学现象学中的基础地位。

(2)伊德阐述了技术及其具身化在生活世界中的基础地位

"人类没有技术能否生活?"伊德的回答是,从任何经验的或历史的意义上说人类是不可能做到这一点的,人的生存是技术构造的。"无论是现在还是在历史上,甚至在史前时期,人类都拥有某些最低限度意义上的技术。"③这种最低意义上的技术是由广义的技术指认的,比如物质的生存文化(地理的生态的生存文化,火、衣服、非自然的人工建筑或改造的居所等),人工制品和简单的工具(如篮子、罐子、武器、狩猎工具以及书写、乐器等),以及在环境中使用人工物来获取某些有意义的结果的行为技艺等。伊德认为,设想亚当和夏娃生活在一个没有技术的伊甸园,那么他们的生活可能就只能是这样的:他们肯定有语言,包括身体语言,也可能学会了歌曲、舞蹈及其对于审美和宗教意义的表达,但他们没有书写、乐器等人工物

---

① 唐·伊德:《技术与生活世界:从伊甸园到尘世》,韩连庆译,北京大学出版社 2012 年版,第 32 页。
② 唐·伊德:《技术与生活世界:从伊甸园到尘世》,韩连庆译,北京大学出版社 2012 年版,第 41 页。
③ 唐·伊德:《技术与生活世界:从伊甸园到尘世》,韩连庆译,北京大学出版社 2012 年版,第 11 页。

以及用这些人工物来表达意义的行为技艺;他们没有物质文化,没有火、衣服和建筑,所以只能生活在热带地区;他们没有狩猎技术、工具、武器,所以这个热带地区要没有大型食肉动物才行;他们没有食物的加工、储藏技术,没有运输、储藏食物的篮子、罐子,所以他们生活的热带地区必须到处有饥饿时能够随手抓住的小动物和可以徒手采集的水果;他们没有关于地理的、植物的、天体运动的现象的记录或标识;等等。很显然,这种没有技术的伊甸园,生存的代价就是被封闭和孤立,它只能是孤立的被保护的和为了特定目的定制的。"无论是从经验上来说还是从历史上来说,都没有这样的人类生活的形式。"因此,伊德说,"从现实的人的观点来看,没有技术的生活世界至多是一个想象性的投影"①。

技术及人工制品把人的生存变成了技术化的、工具性的实践生存。伊德说,"借助技术把实践具身化,这最终是一种与世界的生存关系。人类一直以来就是这么做的,因为他们已经脱离了伊甸园中赤裸裸的知觉"②。技术及其具身化活动在生活世界中的实践的基础性地位,为从本体论上揭示技术对科学的优先性奠定了基础。就像海德格尔阐述的,实践的技术具身,技术一贯就是此在本真的存在方式,科学作为此在生存的派生样式,在存在论上受到此在技术性生存的指引和现实组建。

(3)伊德揭示了生活世界及其具身技术对近代自然科学发生、发展的本体论意义。

伊德曾批判胡塞尔对科学的理解是理论优位的,只将科学看作是自然的数学化框架下的假设——演绎推理的理论形式,忽视了科学活动中的实验等实践因素。伊德通过具体分析指出,胡塞尔理解的伽利略的科学活动及其发生前提是与历史不符的,因为胡塞尔恰恰忘记了伽利略生存的日常生活世界。

---

① 唐·伊德:《技术与生活世界:从伊甸园到尘世》,韩连庆译,北京大学出版社2012年版,第14、34页。
② 唐·伊德:《技术与生活世界:从伊甸园到尘世》,韩连庆译,北京大学出版社2012年版,第77页。

关于伽利略的科学创造,人们一般都会注意到两点,即伽利略建立的"数学—实验"科学方法论和望远镜的发明及其天文观测。前者就是胡塞尔批判的自然的数学化观念,后者则是"对自然的人工辅助的知觉"。伊德认为,伽利略的这两方面的创造,是伽利略从他生活的那个时代的生活世界的实践中得出的结论或者视为当然的生活世界的一部分。

首先,我们看看伊德从生活世界对伽利略望远镜及其知觉的阐述。伊德充分肯定伽利略用望远镜观察天体对科学的意义。伊德指出,伽利略通过磨制的透镜观察天体所获得的人工启示,是一种建立新科学的知觉方式,是"为科学的视觉建立了一种新的以技术为中介的范式";伽利略"站在了现代从技术上具身的科学传统的最前沿。这种科学传统是我们时代的科学的特征"[①]。伊德认为,伽利略用技术的具身建立科学视觉的范式,直接是以他生存的生活世界为源泉和基础的。"从富有历史感的角度来看待伽利略的时代就会发现,大批已经普遍使用的技术给人留下了深刻印象",它们"已经变成了一种普通的生活形式"[②]。比如,在13世纪眼镜已经普遍使用光学技术,17世纪透镜的组合形成了望远镜和显微镜,水泵、起重机、升降机、水磨、风磨等从13世纪起就已经很普遍,军事领域从12世纪出现火炮到伽利略时代火炮及机械加工已经非常精密了等。另外,就科学研究对视觉的偏爱来说,"文艺复兴的视觉主义先于伽利略对它的应用,它早已被确立为受青睐的感觉方式;它是从文艺复兴的剧场透视法和艺术透视法转化到早期现代科学中去的"。所以,伊德说,"如果伽利略的新科学关注的焦点是借助人工启示所实现的具身知觉,那么这种知觉发生的场域就是生活世界"[③]。

[①] 唐·伊德:《技术与生活世界:从伊甸园到尘世》,韩连庆译,北京大学出版社2012年版,第59、60页。

[②] 唐·伊德:《技术与生活世界:从伊甸园到尘世》,韩连庆译,北京大学出版社2012年版,第61页。

[③] 唐·伊德:《技术与生活世界:从伊甸园到尘世》,韩连庆译,北京大学出版社2012年版,第61页。

其次,我们看看伊德对伽利略的自然数学化和科学测量与生活世界关系的阐述。

在伽利略建立的自然数学化和测量的现代科学范式中,时间知觉和空间知觉是基础。在伊德看来,在伽利略及其以前时代的生活世界中,时间知觉和空间知觉都已经成为人们的生存实践的技艺。奠基生活世界中的时间知觉的,是钟表。带分针的钟表和机械钟分别是在1345年和1370年完成的。许多技术哲学家都注意到了钟表在现代技术、工业中的伟大的基础性作用。芒福德的《技艺与文明》就将钟表看作是现代工业的关键技术,他也将钟表与时间知觉联系起来,认为钟表逐步带来了用量化方法研究自然的思维方式和对时间的有规律的测量。海德格尔也注意到,借助于钟表,自然是以不同的方式来解读的。因为,借助钟表来感知时间,时间的测量就脱离了具体的事物,如太阳运动和季节更替这样的自然的时间指示器。这样,"钟表不仅改变了时间计算中所强调的东西,而且作为一种生活世界的成果,使不同于没有钟表的时间计算的其他活动成为可能"[①]。伊德还注意到,在伽利略之前,甚至在没有钟表之前,就出现了把自然本身当作钟表来解读的形而上学理论。"伽利略把所有这些成果都视为理所当然的。它们已经是生活形式的一部分,这是17世纪生活世界的特征。"[②]

如果说"时间的钟表文化的情境是伽利略科学的前提条件,那么这种科学也采用了一种以技术为中介的和从数学上加以解释的空间知觉"[③]。空间知觉的突出实例是越洋航海。历史上欧洲人的越洋航海是比较晚的。伊德分析了哥伦布的越洋航海,探索伽利略以前的生活世界中的空间知觉及其技术和文化。哥伦布在远洋航海中使用了航海图,通过计算纬度来测

[①] 唐·伊德:《技术与生活世界:从伊甸园到尘世》,韩连庆译,北京大学出版社2012年版,第64页。

[②] 唐·伊德:《技术与生活世界:从伊甸园到尘世》,韩连庆译,北京大学出版社2012年版,第64页。

[③] 唐·伊德:《技术与生活世界:从伊甸园到尘世》,韩连庆译,北京大学出版社2012年版,第68页。

量他的位置,以及使用打了结的绳子测量航程和速度的简单工具等。从13世纪开始,根据主要的气流模式划分海岸线的航海图已经很普遍了。航海图涉及从鸟瞰的视觉来定位,从一个从没有实际占据的位置来看地球。这种空间知觉就涉及一种诠释学的转换,即必须把鸟瞰的位置和附加的、具身的位置联系起来的诠释学。伊德得出结论说,"在哥伦布的例子中,这种简单的描述就足以表明,位置已经按照几何学的方式建立起来;这些位置的建立需要诠释的知觉;在这种诠释的情境中,知觉已经以工具为中介。这种做法类似于文艺复兴时期的透视法和几何化的技巧。毕竟,哥伦布和达芬奇是同时代的人。早在伽利略在新的情境中运用这种做法之前的一个世纪,这种做法已经很普遍。这是伽利略假定的和视为理所当然的生活世界的一部分"①。

总之,在伊德看来,胡塞尔将生活世界与伽利略的科学世界对立起来,完全是胡塞尔对近代自然科学起源的理论建构的结果,事实上,如果离开生活世界,伽利略的科学创造和科学世界就会成为不可理解的东西。伊德认为,生活世界是科学的发源地,生活世界先在于科学世界,科学世界必须最终回到生活世界获得其本真的意义。

二、"相对论的"本体论

在伊德的技术—科学现象学本体论中,如果说,生活世界的本体论阐述了人类的生存实践对科学技术的基础性组建作用,那么,"相对论的"本体论就是一种关于生活世界中的事物的存在情境,以及这种情境从存在论上对人类知识、经验的限制和影响的观念。

"相对论的"本体论(Relativistic ontology)也叫"相互关联的本体论"(Interrelational ontology)②,是伊德在技术现象学研究中发展出的一种关

---

① 唐·伊德:《技术与生活世界:从伊甸园到尘世》,韩连庆译,北京大学出版社2012年版,第72页。
② Evan Selinger, *Postphenomenology: A Critical Companion to Ihde*, Albany: State University of New York Press, 2006, p. 275.

于人类生存的本体论观念。"相对论的"意思是,这种关于人类生存的本体论"是一种关系的说明"①,是在相关关系中阐明人类生存的本体论。"相对论的"本体论强调,"在我们所是的人类之间,相互关联的样式总是发生在多维的环境或'世界'之内,并且对于理解的产生来说,发生相互关系的每一部分都是相互依赖于其他部分的"②。伊德的下面一段话,既表现出了"相对论的"本体论的特征和来源,也阐述出其基本含义。伊德说,"现象学的说明,就像勾画出来的相对论的说明一样,总是把人类经验者和经验领域的相关性作为首先考虑的问题。从这个意义上来说,现象学的说明是严格的相对论的说明。现象学家宣称,人—世界的相关性是所有知识和经验的一个存在论的特征"③。

伊德"相对论的"本体论吸收了海德格尔的此在之基础存在论和爱因斯坦的相对论思想。在伊德看来,海德格尔在《存在与时间》中阐述的此在的基础生存论是"一种对人—世界关系的说明,它确定和勾画了人类生存的各个维度。《存在与时间》说明的是人在世界中的空间性、人在世界中的时间性、人—世界关系的各种结构和纬度"④。在海德格尔的基础存在论中,没有事物本身,所有事物都与此在生存的情境有关;一切世内事物都处在与此在的关系中,要么是本真的实践性的功能性关系,要么是派生的专题化的理论性探究关系。伊德的相对论的本体论的理论基础,是海德格尔此在之基础存在论中阐述的人—世界关系的存在论结构。

在科学方面,伊德说,"我认为理解现象学的一个隐喻模型恰恰就是相

---

① 唐·伊德:《技术与生活世界:从伊甸园到尘世》,韩连庆译,北京大学出版社2012年版,第25页。
② Evan Selinger, *Postphenomenology: A Critical Companion to Ihde*, Albany: State University of New York Press, 2006, p.275.
③ 唐·伊德:《技术与生活世界:从伊甸园到尘世》,韩连庆译,北京大学出版社2012年版,第27页。
④ 唐·伊德:《技术与生活世界:从伊甸园到尘世》,韩连庆译,北京大学出版社2012年版,第26页。

对论的科学"①。在爱因斯坦的相对论中,物体运动与否,运动速度多少等,都是相对于参考系而言的,因而我们关于事物的知识都是相对于一定的参考系的,是同时考虑到了观察者和观察对象的关于观察者—观察对象关系的解释。但这并不意味着任何的相对主义,因为不管观察者在什么位置上,都会有观察者—观察对象的关系的常量。这是相对论知识客观性的表征和指引。

伊德通过提出相对论的本体论,力图对现象学做出更深入的理解,在这种理解中揭示胡塞尔的现象学和海德格尔存在论共同具有的现象学观念。在伊德看来,现象学是一种强调对人类经验的特定解释,特别是关于知觉和身体活动的解释的哲学方法。由于胡塞尔的先验现象学运用了"自我—我思—所思"(ego-cogito-cogitatum)这种自我论的语言,现象学往往被指责为一种纯粹的"主观性"的分析。伊德指出,"尽管近年来北美的科学哲学对这种误解已经做出了一些澄清,但是在占主导的传统中,仍然存在一些偏见"②。伊德认为,现象学关于人类经验的理解,既不同于通常的理解,也不同于把现象学视为主观性哲学的指责性的误解,而是关于人—世界关系的经验的解释。伊德通过对心理学研究的经验的现象学分析指出,心理学家的经验必然是主观的,但它并不仅仅是主观的,一般意义上经验都是对某物的经验,而且心理学家的经验具有客观性情境的限制和约束,如实验设计、实验情境、同行评议等。既然心理学以及其他科学的"经验"可以成为客观的,那么把这些"经验"本身的结构当作首要现象的哲学,特别是现象学,就不可能仅仅是关于经验的主观描述,而是对经验结构的所有领域和多重维度的研究。伊德说,"正是由于这个原因,胡塞尔在早期把他的起步阶段描述为一种'经验的科学'。这种科学不能简单地把它的领域还原为从整体中任意截取的某一方面。'外在'经验和'内在'经验、

---

① 唐·伊德:《技术与生活世界:从伊甸园到尘世》,韩连庆译,北京大学出版社 2012 年版,第 26 页。
② 唐·伊德:《技术与生活世界:从伊甸园到尘世》,韩连庆译,北京大学出版社 2012 年版,第 21 页。

'主观'经验和'客观'经验都需要包括进来。从这种意义上说,现象学在它的探索领域中保留了一种非还原论的战略"①。在随后现象学的发展中,海德格尔将胡塞尔较早的经验科学"存在论化",将现象学构筑在"更强烈的"存在论观念(伊德语)之上。在《存在与时间》中,海德格尔将人称为"此在",就表明了在其存在论中人与世界及世界中的事物在定义上不可分割的关联性。此在的含义是在世界之中的存在,在此在之世界中,没有事物本身,所有事物都首先作为具身工具,属于用具整体的情境,处于"为了作……"的意向性、指引的和牵连的结构中。通过这种本真的烦忙的存在,此在对世内存在者获得了原初性的意义领会,这种理解获得的是功能性的、实践的知识;当事物从切近上手的状态变成专题化理论研究的对象,此在的生存及其前理解成为理解、解释发生的现实条件。伊德虽然没有像其他科学诠释学家那样,明确而详细地阐述概念框架的先在性并从科学史上进行论证,但他准确地把握到了阐述在海德格尔此在之基础存在论中的理解的存在论结构,即他说的"人—世界关系的相关性是所有知识和经验的一个存在论的特征"。进而伊德指出,体现在从胡塞尔到海德格尔现象学发展中,现象学研究所保持的理论联系,那就是人—世界关系的相对论对人类经验和知识的限制。伊德说,"现象学哲学尽管没有消除人类经验的内在的或表面上看起来是'私人'的方面,但是它绝对没有局限于此。相反的,它的局限是由关系(我—世界)的相对论的情境所施加的,并进而由一种清醒的意识所限制,在目前的情形中就是意识到关系的一端是我(在关系中)是什么"②。

更进一步说,相对论的本体论是关于人与世界关系的本体论,是基于生活世界的本体论。在这里,伊德将后期的胡塞尔与海德格尔、现象学与诠释学紧密地结合了起来。伊德对相对论的本体论的阐述,不仅直接是从

---

① 唐·伊德:《技术与生活世界:从伊甸园到尘世》,韩连庆译,北京大学出版社2012年版,第25页。
② 唐·伊德:《技术与生活世界:从伊甸园到尘世》,韩连庆译,北京大学出版社2012年版,第28页。

生活世界出发的,而且伊德确认,胡塞尔后期提出的生活世界概念包含着对"相互关系"本体论的阐述。伊德说,"如何把现象学说明的这些不同元素综合起来呢?如何把行动实践中的知觉—身体的活动的动力学与关系结构的阐述结合起来呢?这是生活世界概念的作用。从历史上说,生活世界概念源自胡塞尔职业生涯的后期,但是它也可以视为胡塞尔对此前海德格尔对人—世界的关系所做的更有历史性和生存意味的说明的回应。不管怎么说,在胡塞尔对生活世界概念的阐发中,都暗示了把所需要的各种元素结合起来,以便统一这种探究的主题"[①]。

相对论的本体论对于伊德后现象学、科学—技术现象学具有重要的意义。

首先,相对论的本体论是伊德对现象学的一种深刻理解。伊德用人—世界关系的相对论,一方面将胡塞尔现象学和海德格尔存在论联系了起来,另一方面也将现象学研究和诠释学研究联系了起来。人—世界关系的相对论,揭示了现象学研究的诠释学处境,表明从本体论上说,"现象学之于所有的基础主义哲学,就如同相对论之于牛顿物理学一样"[②]。

其次,通过人—世界关系的相对论,伊德阐述了自己的科学—技术现象学在现象学整体的历史发展中的地位。伊德认为,现象学从胡塞尔到海德格尔的发展,对限制人类经验的人—世界关系的相关性的说明,逐步从沉思的理论的维度向生存的身体的方向发展。而身体的生存的方面,就是生存的感性的技术和物质的方面。就像伊德说的,"我们的生存是由技术构造的"[③]。这样,伊德就从本体论上将科学—技术现象学看成了现象学的当代发展。伊德说,"在现象学的历史上,它逐步朝向生存的方向发展,

---

[①] 唐·伊德:《技术与生活世界:从伊甸园到尘世》,韩连庆译,北京大学出版社 2012 年版,第 30 页。

[②] 唐·伊德:《技术与生活世界:从伊甸园到尘世》,韩连庆译,北京大学出版社 2012 年版,第 27 页。

[③] 唐·伊德:《技术与生活世界:从伊甸园到尘世》,韩连庆译,北京大学出版社 2012 年版,第 1 页。

这种情境中的术语'生存的'指的是知觉的和身体的经验,指的是一种'现象学的物质性'。这种意义上的技术不仅适合于研究,而且本来就处在这种哲学的关注焦点之中"①。

最后,人—世界关系的相对论构成了伊德科学—技术现象学的本体论。由于将人类生存看作是由技术构造的,因此,在相对论的本体论中,人—世界的关系本真地表现为人—技术—世界的关系。人类关于世界的经验和知识,一个基本的存在论特征是,对人—技术—世界的关系的相关性的包含。此在的实践性知识和经验,不可避免地包含着此在运用工具和技术生存的实践情境;此在生存的这种实践情境又现实地组建和筹划着专题化的科学理论研究。这样,现象学地分析科学研究中的人与技术、技术与世界的关系,进而把科学看作是人—技术—世界关系的经验性知识,就具有本体论的合法性。由于"人—技术的关系暗含了人的实践或行动",因此在伊德看来,对科学的哲学理解,不仅对于技术的考虑,而且"身体—知觉的牵连和实践观念的阐发对于探究来说都是必要的"②。我们可以说,相对论的本体论,决定了伊德的现象学必然是技术—科学现象学,同时也决定了伊德技术—科学现象学的具体展开。比如,伊德对人—技术—世界关系的现象学分析,阐述了人—技术的具身关系、诠释学关系和"它异关系";伊德将科学—技术的现象学研究放到了文化诠释学的大框架中,研究技术与人类生存、环境污染、传统文化等的关系,思考"西方占主导的科学和技术是否会成为全球的命运"这样关系技术时代人类社会和文化发展的大问题。

---

① 唐·伊德:《技术与生活世界:从伊甸园到尘世》,韩连庆译,北京大学出版社 2012 年版,第 28 页。

② 唐·伊德:《技术与生活世界:从伊甸园到尘世》,韩连庆译,北京大学出版社 2012 年版,第 29 页。

第三节 仪器诠释学

在伊德的科学现象学中,仪器不仅具有人们常说的知识论上的重要价值,而且更主要的是,它具有本体论意义上的先在性。仪器是获取科学事实和经验的工具,是显现科学对象的必要的物质基础,是科学对象得以存在的逻辑前提。因此,仪器诠释是技术诠释科学的典型形态。仪器对科学的诠释突出了伊德所说的"物质性诠释学"(material hermeneutics)和"视觉诠释学"(visual hermeneutics)。仪器诠释学表现出的是建构论的实在论。

一、物质性诠释学

物质性诠释学是指科学依赖仪器等物质性的手段来诠释。在伊德看来,现代技术—科学的发展整个就是一种物质性诠释学,而且对于人文科学来说,物质性诠释学预示着一种新的发展。

在伊德的技术—科学现象学中,物质性诠释学所考虑的,是两个相互联系的问题:一是,我们如何倾听或者谈论那些视野之外的、不能说话的事物;二是,交流工具的变化是如何影响了使用工具的科学的变化。在人类长期的文化传统中,以文字描述、记录人类关于世界的经验的交流方式取得了优先的地位,各门学科将关注点和兴趣点集中在所有的语言现象上,建构和重建着各自的叙事系统。自然科学的发展,将图像和视觉的交流方式开拓了出来,发展出一种突破人类身体局限的人与世界的新的交流方式。"技术上的变化改变了交流的思想和如何交流"[①],自然科学的物质性诠释学揭示了文字记载是片面的,物质性工具是知识客观化的有力工具。

---

① 唐·伊德:《让事物"说话":后现象学与技术科学》,韩连庆译,北京大学出版社2008年版,第114页。

伊德认为,"物质性在双重意义上充满着自然科学,一种是在所研究对象的形式上,另一种是在研究得以进行的工具模式上"①。自然科学在科学对象的显现和科学研究的工具模式上突出物质性,不仅是科学能够现实进行的条件,而且也是深刻改变自然科学发展模式的一个基本因素。显而易见的是,在当代人类认识已经进入宇观、微观领域之后,如果没有仪器、设备和实验室,就不可能有科学。② 进而,因为仪器等物质手段的介入和知识创造的关系越发紧密,自然科学日益明显地表现出知识的建构性。伊德说,"实验室不仅是准备刻写的地方,而且是对象——科学对象——所在之处以及使之可读之处。正是在这种准备之中技术建构才发生"③。在微观和宇观领域,只有在实验室里,通过一系列仪器、设备的"捕捉",科学对象才得以被"刻写"出来,成为可以被阅读的"文本";在定义上,科学对象是与具体的实验情境一起被规定的。仪器等物质手段对科学的这种先在性,不仅仅存在在自然科学对象的生成上,事实上物质性诠释学可推至一切领域。不妨回顾一下科学史,在没有望远镜之前,月亮是美丽的"玉盘",木星是"长角的圆盘",一切恒星都处在相同的球面上,宇宙就是个天球。正如伊德所说:"由于实践和工具所限,早期现代天文学的研究局限在太阳系中,这就相当于宇宙。"④同时,我们也能够借助于像听诊器这样的物质设备,通过声音发现各种身体现象,如心脏的跳动、肺部的充血等。毫无疑问,人类认识的发展过程,就是人类知识的获得越来越依赖仪器的物质性的诠释学过程。当今,随着科学的进步,技术越来越复杂,仪器越来越庞大,这说明科学对技术、仪器的依赖性越来越强。这种依赖性就是继承性,

---

① 唐·伊德:《让事物"说话":后现象学与技术科学》,韩连庆译,北京大学出版社2008年版,第103页。

② 唐·伊德:《让事物"说话":后现象学与技术科学》,韩连庆译,北京大学出版社2008年版,第5页。

③ Don Ihde, Thingly hermeneutics/Technoconstructions, *Man and World*, 1997, 30, p.375.

④ 唐·伊德:《让事物"说话":后现象学与技术科学》,韩连庆译,北京大学出版社2008年版,第102页。

是技术、仪器借以诠释科学的"前有"之基础,是物质性诠释学的实现途径。正因如此,伊德才能够说:"我将进行的论证计划可叫作'物质性诠释学',在更窄和更具体的意义上说,甚至可叫作'科学对象的诠释学'(hermeneutics of scientific objects)。该计划一方面看,深深嵌入了有关诠释学的科学的前理解,这表明它能算作诠释学;另一方面,它以一种新的眼光看待科学实践,因为当代的科学整个的处在核心,所以当把我所说的仪器实在论与技术建构论连结在一起时,就产生了一种深刻的诠释学的知识论。"①简言之,"物质性诠释学"就是一种"深刻的诠释学的知识论"。

伊德同时认识到,自然科学的物质性诠释学展示的科学技术实践,以及它所揭示的文字诠释的局限性和片面性,对于人文科学的发展具有重要意义。一方面,在哲学原则上,伊德相信,工具的变化必然影响着使用工具的科学的变化,"新的技术使得新的科学成为可能",在自然科学中是这样,在人文科学中也必然是这样②;另一方面,伊德通过具体例子,论证了物质性诠释学在人文科学知识的客观性、全面性方面优越于文字诠释学。在考古学、人类学和历史学中,碳-14测试方法、CT扫描、DNA检测、质谱分析仪、同位素分析等已经广泛使用于年代测量和人的身体病理分析,使历史事件中的诸如干枯了的人的身体、牙齿、伤疤以及其他随身物都发出了声音。就像伊德说的,对于没有一点语言现象(没有铭记、记载文本)的历史对象,通过这些物质性诠释学,"与人类科学有关的相当丰富的叙述也可以被建构出来"③。伊德通过对1991年9月19日在奥地利和意大利边界发现的被命名为奥茨(Otzi)的冷冻的干木乃伊的认定,阐述了物质性诠释学在人类学和考古学中的作用,以及在客观知识的获取上它比单纯的文字诠

---

① Don Ihde, Thingly hermeneutics/Technoconstructions, *Man and World*, 1997, 30, p.369.
② 唐·伊德:《让事物"说话":后现象学与技术科学》,韩连庆译,北京大学出版社2008年版,第112页。
③ 唐·伊德:《让事物"说话":后现象学与技术科学》,韩连庆译,北京大学出版社2008年版,第109页。

释学更重要。伊德还分析了入侵英格兰的北欧海盗的例子说明文字诠释学的片面性。"文字记载把北欧海盗描述为强盗、掠夺者和纵火犯,但是物质性的描述却注意到了北欧海盗的造币技术、丧葬仪式和对英语语言本身的改变,这表明北欧海盗也是商人、前议会法律制度的引入者和迅速同化到撒克逊文化中的移民者。"[1]伊德相信,正如物质性诠释学已经深刻地改变了自然科学及其认识模式一样,它也必定能够"转化我们的人文和人类科学实践"[2]。

二、视觉诠释学

在仪器诠释科学、体现科学的物质性诠释学的发展中,视觉诠释学表现出突出的地位。在伊德的技术—科学现象学中,通过仪器将科学对象以视觉的方式呈现出来,可以像"文本"一样被"阅读",这个可视化的呈现过程就是诠释学的过程。

伊德认为,20世纪以前,传统的诠释学通常与语言现象有关,特别是与各种类型的文本有关,都是一些认识论和方法论意义上的解释原理或技巧。而在20世纪,经海德格尔、伽达默尔、利科的发展之后,诠释学才深化为本体论意义上的诠释学。然而,他们的诠释学仍然是默认语言的优先性的,对于科学研究中的各种非文本的视觉现象并未很好地涉及。而实际上,科学中的仪器显示之类的"刻写"非常类似于"文本",同样可以"阅读",因此,自然科学同样适用于诠释学。于是,伊德说:"占统治地位的科学实证主义的形象通常可充分地宣称'已死了',但是,作为理解科学的重置框架的任务总是没有被担负起来。这里,我试图展示诠释学、解释活动是如何在科学内部发生的。不只是任何的解释活动,也不只是更可能被当作文本和人文主义语境中的诠释学,而是科学已经能够创造一种视觉主义的诠

---

[1] 唐·伊德:《让事物"说话":后现象学与技术科学》,韩连庆译,北京大学出版社2008年版,第112页。

[2] 唐·伊德:《让事物"说话":后现象学与技术科学》,韩连庆译,北京大学出版社2008年版,第105页。

释学,我正在科学实践的分析中证明这种独特的方式。这种视觉主义的诠释学在作用方式上类似于许多较早发明的书写,通过不同维度的物质视觉化而起作用。"①

伊德的这一思想包含两个方面的意思:一方面,科学中的这种"刻写"之所以可称为诠释学,是因为:"这种诠释学保持了诠释学所具备的批判性、解释性的特征,但是这种诠释学与其说是语言的解释,不如说是知觉的解释。毕竟,大部分自然科学所研究的是非话语的、没有被写出来的和非语言的现象!"②另一方面,科学中的这种解释之所以可称为"视觉诠释学",是因为:科学的观察不是被动的,而是通过仪器体现的,是通过技术主动调制而成的现象学时空中的一种视觉。如天体化学中的光谱分析:"'肉眼'观察产生了视觉的观察,但这种'肉眼'观察不同于通过光学望远镜的观察,后者不仅产生了同构的图像,而且产生了不同构的图像,就像光谱图。这些图像必须被'阅读'和'解码',目的之一就是去发现研究对象的化学成分。这已经是一个科学实践中所暗含的诠释学的线索了——这是一种现象学的诠释学。"③

视觉诠释学的背后,是人类对视觉主义的追逐和偏好。伊德指出,视觉主义是文艺复兴时期确立的。在中世纪,视觉不是最高级的感觉方式,听觉和嗅觉都具有很重要的地位,只是"在文艺复兴时期,特别是在启蒙运动时期,感觉简化为视觉,成为最受青睐的感觉方式。同时视觉也受一定程度的简化"④。现代早期科学中的视觉主义的产生,是同视觉工具,如望远镜的具身化以及几何学、航海图等中的空间知觉的完善密切相关的。正

---

① Don Ihde, *Expanding Hermeneutics: Visualism in Science*, Evanston, Illinois: Northwestern University of Press, 1998, p.137.
② 唐·伊德:《让事物"说话":后现象学与技术科学》,韩连庆译,北京大学出版社2008年版,第98页。
③ 唐·伊德:《让事物"说话":后现象学与技术科学》,韩连庆译,北京大学出版社2008年版,第101页。
④ 唐·伊德:《技术与生活世界:从伊甸园到尘世》,韩连庆译,北京大学出版社2012年版,第82页。

像我们曾阐述的,在伽利略的时代,时间知觉、空间知觉以及视觉观察的具身工具都早已经在生活世界中成为普遍的生活方式。视觉在知觉中的优先地位,既是历史的、文化的,也是人类身体的和技术中介的,是多种因素共同促成的。当伽利略将现代科学建立在新的被技术中介的视觉基础上时,伊德说他站在了从技术上具身的现代科学传统的最前沿。随着科学仪器的发展,人类对科学视觉的扩展日益复杂,不再是伽利略的简单的具身仪器的视觉经验,而是复杂的要经历多次翻译和转换的视觉诠释学。但不论多么复杂,人类的微观知觉的限度,限制着科学探测的仪器最后总要将对象的信息以宏观的可读的或可视的方式呈现出来。因此,视觉诠释学反映的,不仅是具身仪器与诠释学仪器的区别和联系,也包含着微观知觉与基于历史文化、科学的宏观知觉之间的关系。

总之,视觉诠释学是现代科学诠释学发展的高级形态。它蕴含着工具、技术对科学的具身、视觉诠释的优先性、现代成像技术的发展和地位等观念,也表述了人类科学在面对不可见的对象时的诠释学的存在论处境。同时,伊德认为,视觉诠释学尽管与文本诠释学有些差异,但是,在仪器所调制的现象学时空中,如果将仪器的"刻写"当成"文本"来"阅读"的话,那么自然科学就同样是诠释学的,并且这种扩展的诠释学对于以往的语言文本诠释学同样适用。正因如此,伊德认为"狄尔泰分界线"是错误的[①]。

三、建构论的实在论

伊德的科学实在论,是在研究具体仪器的诠释作用基础上的科学实在论。由于仪器是诠释科学的物质基础,仪器的诠释作用表现了科学的建构性和相对性,所以,"建构论"的实在论是伊德科学实在论的本质特征。

伊德的相对论的本体论,是关于人—技术—世界的关系。技术及其工具充当了连接人与世界的中介,对这种中介作用的研究就是现象学的任

---

① 唐·伊德:《让事物"说话":后现象学与技术科学》,韩连庆译,北京大学出版社2008年版,第97页。

务。近视的人通常戴着眼镜看世界,这时眼镜就成为我对周围世界经验的一部分,我在看的过程中很少注意到眼镜,它抽身而去,变得透明。在伊德的现象学中,这种与世界的生存的技术关系被称为"具身关系"。在具身关系中,我是借助于技术、工具直接感知对象的,技术、工具融入我对世界的经验中。同样在人—技术—世界的关系中,如果我借助于仪器感知世界,但我的知觉的终端不在科学研究的对象上,而在连接人与对象的仪器上,如仪器的仪表盘,这种与世界的生存的技术关系被伊德称为"诠释学关系"。伊德说:"这两种关系都是使用者和世界之间的基本的生存关系。"①可以把"具身关系"表示为"(人—仪器)——对象","诠释学关系"则可以表示为"人——(仪器—对象)"。这两种人与世界的基本生存关系,都从存在论上表明了人对世界的经验所具有的生存论处境,那就是被技术、仪器、工具所中介、建构,因此伊德的科学—技术现象学必然是建构论的。

在更大范围考虑,不论是"(人—仪器)——对象"还是"人——(仪器—对象)",这里的人都不是像逻辑实证主义强调的抽象的只具有理性认知能力的人,而是生存在一定的历史文化和物质世界中的,受到了长期专业化训练的共同体中的一员。也就是说,他是被理论和实践技能所负载的,他所形成的不论是具身关系还是诠释学关系,关于对象信息的知觉都必然有一个使之成为可能的前理解结构。因此,伊德说:"具身关系和诠释学关系的一个根本区别是知觉的位置,但是在更广泛的意义上,解释先于具身活动和诠释学活动。"②

伊德的技术—科学现象学是建构论的,但它又不同于当代的一般建构论。如当代美国科学哲学家范·弗拉森是一个典型的建构论的反实在论

---

① 唐·伊德:《技术与生活世界:从伊甸园到尘世》,韩连庆译,北京大学出版社2012年版,第99页。
② 唐·伊德:《技术与生活世界:从伊甸园到尘世》,韩连庆译,北京大学出版社2012年版,第99页。

者。他认为只有可观察实体的实在论才是"唯一有效的一种'实在论'"[①],像月亮上有陨坑、木星有卫星等,若坐着宇航飞机去就可以实在地观察到,因此这些就是原则上可观察到的,而像电子、X 射线等就是原则上不可观察到的,即使用电子显微镜等仪器观察到了,那也仍然算不上"被观察到"的例子,而只能算是"基于观察之上"的"被检测到"了,因此就不能说电子、X 射线等具有实在性。伊德对此表示反对。技术和仪器虽然介入了对象的观察和感知,但不论是"(人—仪器)——对象"表示的具身关系,还是"人——(仪器—对象)"表示的诠释学关系,都包含着对对象世界的描述或者实在信息的获取;我们通过技术、仪器将人无法直接感知的对象信息翻译为"可视化"的图像、数字和曲线,这样所"见到"的"世界"同样是"实在的",否则"很多科学就不会成为可能"[②]。范·弗拉森的建构论实际上把我们上面所说的所有在仪器的使用中表现出诠释学关系的科学知识都排除出了实在论的范围,而只承认那些表现出具身关系的科学研究的实在性,很显然这是与科学发展的事实不符,也很难得到承认的。因此,伊德的技术—科学现象学虽具有"建构论"的特征,但不是反实在论的。正是在与建构论的反实在论者的对话中,伊德"建构论"的实在论观点才得以体现出来。

伊德还以现代技术—科学的发展为例,通过对人—技术的诠释学关系的分析进行了实在论的辩护,既捍卫了"实在论",又揭示了理论对象的建构性。在各门科学中,天文学是更严格受到观察技术和仪器限制的经验科学,人们甚至可以用观察技术来划分天文学的发展。以无线电和雷达的应用造就的射电天文学,是天文学在 20 世纪中叶实现的第二次革命。与第一次天文学革命相比,它们之间基本区别是,观察仪器从与人类身体知觉同构的光学望远镜发展为应用成像技术的无线电望远镜,人与仪器的具身

---

① 唐·伊德:《让事物"说话":后现象学与技术科学》,韩连庆译,北京大学出版社 2008 年版,第 90 页。
② 唐·伊德:《让事物"说话":后现象学与技术科学》,韩连庆译,北京大学出版社 2008 年版,第 90 页。

关系发展为复杂的诠释学关系。新的技术应用"使得天文学研究的现象超越了视觉天文学的界限"①,"开始了对那些不能知觉到的天体所发出的辐射和声波进行搜寻和检测,这就使得超越于知觉之外的世界也向我们敞开了"②。人们本来对于这些天体所发出的"辐射"和"声波"等是毫无知觉的,但现在借助无线电、雷达、微波辐射光谱技术等就能够"捕捉"到这些天体所发出的"辐射"和"声波"等"实在的"信息,并以人们可以看到的图像形式呈现出来。借助各种仪器将人类知觉之外的世界呈现出来,此过程是一个经过了漫长的科学—技术的积累才发展起来的"诠释学过程",也即是"翻译"(translating)的过程。③ 尽管这是一个诠释学过程,但决不是虚构出来的,其背后有"实在的""实体"为基础。如果没有仪器实际探测到的科学对象的实在信息,那些图像是无法被制造出来的。换言之,仪器制造出的那些图像,只是"在传感器实际探测到一些辐射后"再"借助于技术"将"以前不可知的现象呈现出来",而绝不是"子虚乌有"或"空穴来风"。观察图像的客观性是由数据和图像的主体间性、仪器翻译的客观过程,以及传感器只是在实际探测到一些辐射之后才开始运转等共同保证了的。因此,我们可以说,射电天文学在20世纪中叶实现的对人类视觉的根本超越,和以前的以光学望远镜的具身为基础的天文学相比,并没有造成天文学实在论的任何危机,它只是将以前用具身望远镜形成的直接观察的视觉图景变成了必须经过复杂的仪器翻译的间接的诠释学图景。尽管这是一个建构和干涉的过程,但这只是通过人为设计的仪器使以前不可知的对象得以呈现而已。④ 这就是我们为了探测更远天体,必须被本质上完全不同的新的

---

① 唐·伊德:《让事物"说话":后现象学与技术科学》,韩连庆译,北京大学出版社2008年版,第76页。
② 唐·伊德:《让事物"说话":后现象学与技术科学》,韩连庆译,北京大学出版社2008年版,第91页。
③ 唐·伊德:《让事物"说话":后现象学与技术科学》,韩连庆译,北京大学出版社2008年版,第91页。
④ 唐·伊德:《让事物"说话":后现象学与技术科学》,韩连庆译,北京大学出版社2008年版,第91页。

诠释学技术所中介的存在论处境。

总之,伊德通过对科学的技术具身的现象学分析,阐述了科学的仪器诠释学。伊德的仪器诠释学是建构论的实在论,它突出了仪器、技术的中介、调制和建构作用。这样的实在论,既满足了"反实在论者"对现代科学建构性的关注,又满足了"实在论者"对"实在的""实体"的诉求。从这个意义上来说,伊德的确沟通了实在论与反实在论。

第四节　伊德对自然科学诠释学本质的揭示

伊德的科学是"技术—科学"(technoscience),这是蕴含着科学与技术存在论关系的概念:没有技术就没有科学。作为这一存在论观念的认识论展开,伊德深入探讨了被技术决定的科学所具有的诠释学本质,即技术存在论上先在于科学,科学在制造知识时是从技术上来体现、建构或诠释的,技术—科学的"放大—缩减效应",仪器扩展了人类认知的能力和范围,仪器是界面,仪器诠释就是翻译等。

一、存在论上技术先在于科学

伊德曾说,"在北美洲和欧洲学术圈在对技术进行反思时,科学和技术的关系通常是一个中心问题。技术是应用科学的观点仍然是标准的或占主导的观点"[1]。典型的如当代哲学家邦格(Mario Bunge)所说,"我将把'技术'和'应用科学'当作同义语来使用,当然这两个词的含义是有区别的,'技术'是指关于实践技巧的学问而不是科学学科,而'应用科学'则是指科学思想的应用,而不是科学方法的运用"[2]。在伊德看来,传统的科学

---

[1] 唐·伊德:《技术与生活世界:从伊甸园到尘世》,韩连庆译,北京大学出版社2012年版,第4页。

[2] 吴国盛:《技术哲学经典读本》,上海交通大学出版社2008年版,第479页。

技术观所持的"技术是科学的应用"的观点,还仅仅停留在认识论或知识论的层次,说明了人们对本体论上技术先于科学的逻辑关系缺乏了解,而这正是导致技术在哲学中地位缺失的主要原因。伊德认为,形成"技术是科学的应用"的传统观点的认识论原因,与人们对"身—心"二元关系的认识有关。哲学上的身—心二元论突出的是理论,是科学在人类经验中的地位。而且由于历史上技术是与技艺、手工业的发展联系在一起的,在科学与技术的关系中,就逐步形成了理论的科学优越于技艺的技术的观念,认为前者是思想层面的,后者是形而下的操作层面的。所以,伊德说:"在一小撮科学哲学共同体、很多科学家,甚至很多历史学家中,占主导的信念是,当代技术是科学的结果,从年代顺序上来说是这样的,或者更通常的原因是因为应用依赖于理论。"①伊德还说:"假如关于科学与技术的关系在主流传统中有一种'范式'的话,那么不言而喻它就是科学优位(primacy of science)。"②"科学优位"是与"理论优位"联系在一起的,"实践优位"(primacy of praxis)是同"技术优位"联系在一起的。伊德在对科学的理解上强调实践优位而反对理论优位,在科学—技术的关系上坚持技术优位而反对科学优位的观点。

伊德指出,最先使技术与科学的关系在本体论上"倒转的",是海德格尔。海德格尔在1927年的《存在与时间》一书中从存在论的角度指出了使用技术、设备或工具对现代物理学的重要性。海德格尔说:"收取实验所产生的数据往往需要错综复杂的'技术性'工作来建立实验程序。显微镜观察依赖于'被检验标本的制作'。在考古学中,挖掘工作先行于对'发现'的阐释,尽管挖掘工作是要求最拙劣的操作。对科学研究来说,这些组成部

---

① 唐·伊德:《技术与生活世界:从伊甸园到尘世》,韩连庆译,北京大学出版社2012年版,第4页。
② Don Ihde, *Technics and Praxis*, Dordrecht, Holland/Boston: D. Reidel Publishing Company,1979,XXii.

分尽可以是'无趣的'和'不言而喻的',但它们在存在论上却绝非无关紧要。"①海德格尔还说,"与以往所有的技术相比,现代技术乃是一种完全不同的技术,因为它是以现代的精密自然科学为依据的。此间人们已更清醒地认识到:我们也可以反过来说,现代物理学作为实验物理学依赖于技术装置,依赖于设备的进步"②。这实际上就是"技术在存在论上先于科学"的论述,也即技术在逻辑上先于科学的意思。伊德认为,当时海德格尔的这个意思"很大程度上没有言明"③,"'技术在存在论上先于科学'这一观点在1954年时还是一个很激进的说法"④。但是,伊德正确地指出,技术在存在论上优越于科学,是贯穿于海德格尔此在之基础存在论的一个基本观点。或者说,技术在存在论上优先于科学,是一个可以从此在之基础存在论推理出的结论。

首先,在人与世界的关系中,工具、用具在存在论上具有优先地位。在海德格尔看来,此在本真的生存方式是烦忙着的实践性的用具操劳,工具、实践性技术优先于理论上的科学探究。海德格尔说:"最切近的交往方式并非一味地进行觉知的认识,而是操作着、使用着的操劳——操劳有它自己的'认识'。现象学首先问的就是在这种操劳中照面的存在者的存在……例如用锤子来捶打,并不把这个存在者当成摆在那里的物进行专题把握,这种使用也根本不晓得用具的结构本身。捶打不仅有着对锤子的用具特性的知,而且它还以最恰当的方式占有着这一用具。在这种使用着的打交道中,操劳使自己从属于那个对当下的用具起组建作用的'为了作'。对锤子这物越少瞠目凝视,用它用得越起劲,对它的关系也就变得越原始,它也就越发昭然若揭地作为它所是的东西来照面,作为用具来照面。捶打本

---

① 海德格尔:《存在与时间》,陈嘉映、王庆节译,三联书店1999年版,第406~407页。
② 吴国盛:《技术哲学经典读本》,上海交通大学出版社2008年版,第306页。
③ 唐·伊德:《让事物"说话":后现象学与技术科学》,韩连庆译,北京大学出版社2008年版,第44页。
④ 唐·伊德:《让事物"说话":后现象学与技术科学》,韩连庆译,北京大学出版社2008年版,第45页。

身揭示了锤子特有的'称手',我们称用具的这种存在方式为上手状态。"①伊德认为,海德格尔所分析的锤子融入了因缘(involvement)之中,既指向了钉子,也指向了特殊的用途、规划的任务,还指向了使用者。"这是一种充分的背景化或情境化的分析",这种分析告诉我们,"技术是与具体的使用情境有关的","技术是我们经验世界的方式的中介",这体现了实践技术逻辑上的先在性。②

其次,在海德格尔的基础存在论中,当实践中的用具发生功能性障碍时,它就突出背景成为注目的对象,即在手的科学研究的对象。因此,对于人—世界的关系来说,不仅实践性技术、身体知识、工具优先于科学及其理论知识,而且"科学研究来源于和依赖于以前的,或者说在先的实践情境"③。

伊德充分评价了海德格尔倒转技术与科学的存在论关系的意义。一是海德格尔的这种倒转对于技术哲学具有重要意义。伊德认为,正是海德格尔"倒置了科学与技术在存在论上的作用",才导致了他"对当代技术哲学的持久影响"④;二是技术在存在论上具有优先性,这种论述倒转了传统的科学技术观。伊德说,"技术在存在论上优先于科学的观点,使海德格尔强烈地认识到,所有现代科学都是从工具上,或者说从技术上体现的","海德格尔这种在存在论上的倒转,重新阐释了技术和科学的关系,科学变得依赖技术","这种关系的倒转质疑了技术是'应用'科学的标准观点"。⑤

技术在存在论上优先于科学,这种观点尽管来源于海德格尔,但不能

---

① 海德格尔:《存在与时间》,陈嘉映、王庆节译,三联书店1999年版,第79、81页。
② 唐·伊德:《让事物"说话":后现象学与技术科学》,韩连庆译,北京大学出版社2008年版,第43页。
③ 唐·伊德:《让事物"说话":后现象学与技术科学》,韩连庆译,北京大学出版社2008年版,第44页。
④ 唐·伊德:《让事物"说话":后现象学与技术科学》,韩连庆译,北京大学出版社2008年版,第44页。
⑤ 唐·伊德:《让事物"说话":后现象学与技术科学》,韩连庆译,北京大学出版社2008年版,第45页。

否认伊德在这一观点阐述中的重要作用。一般可以这样认为,海德格尔由于主题和兴趣的限制,在具体论证上往往论述的是抽象的技术与科学,而没有分析具体的技术和科学实践。因此,塞林格说,"确切地说来,关于技术在历史上和存在论上先于科学这方面,直到伊德才提供了正式的论证。他认为传统上所设想的科学哲学是不完善的事业,因为它没有批判性地审查(examine)技术在科学情境中的作用"①。伊德也曾指出:"海德格尔把科学看作依靠技术来体现,是先见之明,但在科学及其技术之间更密切的关系上还有深深的缺陷。海德格尔对技术史的单薄理解甚至表现在论文《技术的追问》中。"②实际情况也正是这样。伊德曾说,"分析哲学和现象学在其最初阶段都没有像原来关心科学一样关心技术","我认为直到近来整个传统仍然这样假定着:技术是应用科学"。③

伊德的技术—科学现象学整个是以技术在存在论上优先于科学为基本观点的。在本体论上,伊德从技术与生活世界的关系,阐述了技术的中介对于人类知觉的影响,对于科学实验的类别和科学现象的影响;具体论证了生活世界中的技术对于历史上的科学革命,如伽利略的力学、天文学的先导作用。同时,伊德在认识论上对自然科学的技术诠释学本质的揭示,使其本体论的阐述具有更丰富的内容。由于技术现象学的研究和对海德格尔技术在存在论上优先于科学的观点的进一步阐述,技术是科学的应用"这种占主导的观点逐步受到了攻击。它现在至少是值得商榷的"④。总之,在伊德看来,"现代科学的精神是它的技术具身。正是通过这种具身,改进和开发出了实验所需要的工具设备,由此改变了看待世界的整个

---

① Evan Selinger, *Postphenomenology: A Critical Companion to Ihde*, Albany: State University of New York Press, 2006, p. 7.

② Don Ihde, *Heidegger's Technologies: Postphenomenonlogical Perspective*, New York: Fordham University Press, 2010, p. 109.

③ Don Ihde, *Technics and Praxis*, Dordrecht, Holland/Boston: D. Reidel Publishing Company, 1979, XVIII.

④ 唐·伊德:《技术与生活世界:从伊甸园到尘世》,韩连庆译,北京大学出版社 2012 年版,第 4 页。

方式。它们向我们揭示的微观世界和宏观世界,甚至连前现代科学的历史和文化中的幻想家也想象不到。借助人眼建立起来的宇宙论也无法详细说明或者推知现代科学的工具实在论所产生的奇迹"①。

二、科学在制造知识时是从技术上来体现、建构或诠释的

所有科学在制造知识时都是从技术上来体现、建构或诠释的,这是伊德的技术在存在论上优先于科学的本体论观点在认识论上的进一步展开。在伊德看来,这是自然科学与它从中发展出的自然哲学的本质区别。伊德说:"把我们和古人区别开来的不仅是新的理论,而且是借助工具具身所实现的新近扩展的知觉。反过来说,如果从科学共同体中拿走所有的工具,然后问问科学共同体将会知道什么和能够知道什么,我们就会明白这一点的重要性。科学共同体的范围将很快缩小,恰恰回到了我们希腊先人的那些虽然令人羡慕,但至多是思辨的观念。"②

所有科学知识都是通过技术来体现、建构和诠释的,这种观点与伊德的相对论的本体论一脉相承。人与技术的关系有具身关系和诠释学关系,对应的,技术体现科学也就有两种基本类型。因为,不论是人与技术的具身关系还是诠释学关系,我们获得的世界的知识、经验都是以技术、仪器、工具为中介的。它们之间的区别,只是人的知觉的关注点的不同。我们曾将具身关系和诠释学关系分别表示为"(人—仪器)——对象"和"人——(仪器—对象)"。在人与技术的具身关系中,人借助技术、仪器直接观察到对象世界,知觉到的直接就是对象世界;而在诠释学关系中,人并不把科学对象作为自己直接的知觉对象,人直接知觉到的是仪器的仪表盘显示的曲线、数据和图像。伊德认为,在这两种关系中,技术、仪器的建构作用是原则上的,是人与世界经验的存在论特征。而且从人类知识的发展看,从具

---

① 唐·伊德:《技术与生活世界:从伊甸园到尘世》,韩连庆译,北京大学出版社2012年版,第227页。

② 唐·伊德:《技术与生活世界:从伊甸园到尘世》,韩连庆译,北京大学出版社2012年版,第60页。

身关系到诠释学关系,是人与技术的关系的根本性发展。伊德说:"从具身关系向诠释学关系的发展是沿着'人—技术'的连续统进行的。"①

伊德将像望远镜之类的具身技术,称为"第一次科学革命"的技术。其基本特征是,制造知识的原理与肉眼观察具有"同构性",其制造的知识与人类肉眼观察所得的知识也具有"一致性",典型的是传统光学技术。伊德将像射电望远镜、云室之类的诠释学技术,称为"第二次科学革命"的技术。其基本特征是,制造知识的原理完全不同于肉眼,典型的是当代成像技术。在科学史上,伽利略用望远镜这个典型的具身技术,发现了很多以前没有看到的现象,是仪器具身制造的新知识的典型。这类"透镜所转换的视觉与肉眼视觉是同构的,因为现在所看到的东西,只不过是在透镜焦点允许的范围内,在空间上处于较远位置的东西变近了、放大了。这就等于是说,观察者现在所看到的东西,是从透镜现象学地产生的位置上所看到的。虽然用望远镜和裸眼所看到的月亮可能有所不同,但是他可以很容易地识别出仍是'同一个'月亮。"②而射电望远镜这类仪器制造知识的原理完全不同于光学望远镜。伊德说:"'第二次科学革命'又带来了一种性质上不同的转换。这次革命借助新的技术开始了对那些不能直接知觉到的天体所发出的辐射的追寻和所发射声波的检测,使得超越于知觉之外的世界也向我们敞开了。这不再与知觉类似,而是借助于技术建构起来的翻译。"③

伊德认为,具身技术极大地扩展了科学的认识范围,带来了现代的"第一次科学革命",但相对于诠释学的仪器所带来的"第二次科学革命"来说,对人类认识能力和范围的扩展就相当有限了。伊德引用《新天文学》的话说,"新天文学是20世纪后期的一种现象,它彻底改变了我们的宇宙观念。

---

① 唐·伊德:《技术与生活世界:从伊甸园到尘世》,韩连庆译,北京大学出版社2012年版,第98页。
② 唐·伊德:《让事物"说话":后现象学与技术科学》,韩连庆译,北京大学出版社2008年版,第88~89页。
③ 唐·伊德:《让事物"说话":后现象学与技术科学》,韩连庆译,北京大学出版社2008年版,第90~91页。

传统天文学研究的是天空中物体所发出的光学射线,即一般靠肉眼可见的光或'可见光',而新天文学研究的却是天上物体的所有射线:伽马射线、X射线、紫外线、光学射线、红外线和无线电波等。相对来讲,传统光学天文学所研究的光线范围令人吃惊的有限,它所能研究的最短波长只比人的肉眼所能感觉到的波长短30%,所能研究的最长波长只比人的肉眼所能感觉到的波长长30%。新天文学所能覆盖的射线波长范围是从比纳米还短,到比最长的无线电波波长还要长一亿倍。如果用声音来类比的话,传统的天文学就好比用耳朵努力聆听宇宙交响乐,也只能听到中央C音和左右紧邻的两个音调"[1]。也就是说,新天文学上的诠释学的仪器可以捕捉到一些以前不可知的东西,然后"将探测到的东西翻译成具身的观察者所能看到和识别的图像",从而"使得以前不可知的现象得以呈现"[2],这远远超出了传统的视觉天文学的想象。

由此可见,与具身技术和仪器相比,诠释学的技术和仪器在更加宽广的范围内导致了人类认知的扩展。尽管光学望远镜已经将人类对宇宙的认知范围扩展了无数倍,但取得这样长足进步的天文学仍然还只是局限在可见光谱范围内,而现代成像技术却极大地拓展了天文学中人类的认知能力和范围。由于此类仪器可以将人类无法知觉的宇宙星体的发射物,从波长小于0.01 nm的伽马射线一直到波长大于1000 km的无线电波翻译成视觉图像,使得在如此广泛频率范围内的辐射物所包含的信息都逐渐被"翻译"出来,以前广阔的隐而不现的未知世界逐渐被仪器"解蔽"、"促逼"出来,成为人类的知识对象,这极大地扩展了人类对于物质世界的认知。如有些遥远的星体到达地球的辐射物根本就不在可见光之内,而在有了现代成像技术之后,就能够将那些星体的发射物"翻译"出来。因此,伊德说:"这种新产生的科学知识比以前的例子更清楚和更明显地说明,这些科学

---

[1] 唐·伊德:《让事物"说话":后现象学与技术科学》,韩连庆译,北京大学出版社2008年版,第67~68页。

[2] 唐·伊德:《让事物"说话":后现象学与技术科学》,韩连庆译,北京大学出版社2008年版,第91页。

知识只有通过技术为中介,它们对我们来说才是可能的。在这个层次上,科学的技术体现才彻底显明。"①总而言之,科学知识都是技术体现出来的,没有相应的技术就不会有相应的科学知识产生。

三、技术—科学的"放大—缩减效应"

在伊德的科学—技术现象学中,技术不仅介入了人与世界的关系中,而且"在物质性的维度上,具身关系同时具有扩展与缩小、解蔽与遮蔽的效果",它们一方面或多或少影响着我们对世界的经验,同时它们通过技术影响着科学发展的方向和方式。就像伊德指出的,"令人着迷的是放大、扩大和增强的效应","容易忘记技术的缩小效应。解蔽出来的令人兴奋,而遮蔽的可能被忘却"②。由于具身关系是人与技术的基本关系,因此,这种"放大—缩减效应"就成为自然科学发展的一种诠释学的属性。

伊德分析了三代典型的技术来论证其技术—科学的"放大—缩减效应"。

首先,来看简单技术的"放大—缩减效应"。按照伊德的意思,人只要在实践中运用了外在的物体就是使用了技术。如人使用棍子采摘通常徒手够不着的一把香蕉就是在运用技术,因为他正使用一种物质的人工制造物来延伸他的身体以达到某种目的。伊德认为,在用手和棍子采摘水果之间存在微妙但显著的差异,尤其是在所涉及的知觉和身体经验上。伊德分析说,"用手摘水果者以一种感觉极端丰富的方式体验到对象(水果)。他看它、感觉它的硬或软、闻它和品尝它。相反,在这个采摘的例子中,用技术来采摘水果者既是通过人造物或工具以中介的方式来体验对象,也是在对它的感觉维度上以受到限制的方式来体验对象;既没有充分地体验到水果的软或硬,也没有闻它或品尝它,尽管最终的目标是让那个水果恰好进

---

① 唐·伊德:《让事物"说话":后现象学与技术科学》,韩连庆译,北京大学出版社2008年版,第77~78页。
② 唐·伊德:《技术与生活世界:从伊甸园到尘世》,韩连庆译,北京大学出版社2012年版,第83页。

入到那些感官都可以满足的范围内"①。也就是说,运用棍子采摘水果的确延伸了人的触及范围,这是放大的一面,而在感觉上却是有所损失的,这是缩减的一面,并且,在身体的知觉方式上也发生了改变。

其次,来看望远镜或显微镜这种典型具身技术所造成的"放大—缩减效应"。伊德认为,对于具身技术,人们一般都有一种"双重的期望":"一方面希望完全的透明性和完全的具身,希望技术能真正'成为我'";另一方面期望"拥有技术所带来的力量和变化。只有通过使用技术,我的身体才能得到提升和放大。这种提升和放大是通过距离、速度,或者其他任何借助技术改变我的能力的方式来实现的"。伊德指出,这两个期望是"相互矛盾的。我期望技术所实现的转化,但是我同时也期望能基本上意识不到它们的存在"②。以望远镜这种典型的具身技术为例,我们可以借助望远镜的转化能力,从望远镜中看到了月亮上的山脉景象,但同时我们也把月亮从广阔的宇宙背景中抽取出来了,失去了月亮在太空中的整体图景。在这种情况下,伊德说,"如果我们的技术只是复制了我们的直接经验和身体经验,那么它们将很少有用处,并最终很难引起我们的兴趣"③。但人们一般会对放大效应着迷。光学技术发展的历史就是这样。在伽利略成功使用望远镜之后,人们不断尝试更大的放大能做什么。后来的科学发展事例仍然表现出伽利略的痕迹,这恰恰说明了技术—科学发展的最初倾向的累积性,正如伊德所说,"现在,我将转向一系列更当代的发展,然而,仍然是走在伽利略式的轨迹上"④。

最后,来看当代 CAD 技术的"放大—缩减效应"。伊德在体验了用

---

① Don Ihde, *Consequence of Phenomenology*, Albany: State University of New York Press, 1986, p.106.

② 唐·伊德:《技术与生活世界:从伊甸园到尘世》,韩连庆译,北京大学出版社 2012 年版,第 80 页。

③ 唐·伊德:《技术与生活世界:从伊甸园到尘世》,韩连庆译,北京大学出版社 2012 年版,第 81 页。

④ Don Ihde, The Structure of Technology Knowledge, *International Journal of Technology and Design Education*, 1997, 7, p.75.

CAD技术尝试设计厨房后说,"用笔画出图来相对慢,一旦画好,画也就在面前。但是,假如想要更改就得重新画,如果复杂的话,还得付出一定的辛劳。然而,运用CAD技术的话,就可以自由地'剪切'和'粘贴'。计算机所辅助的,就是作出改变,编辑得又快又轻松。这个柜台适合这儿或者那儿,现在就像一个句子或段落位置的改变一样。在显示的实际空间内,厨房或论文可以轻易地定型和重新定型,直到把它'保存'之后,设计图或页面才固定下来。但是,另一方面,也存在限制。我的CAD厨房只能在单一标准的三维投射中表现出来,尽管我可以选择不同的颜色或木材,但所有的组成部分都是从柜架上取下来的,都是些'不是内行干的活儿'(brocolage)的那种搬弄,我必须服从我所储存的变项,而不像富有想象力的手那样。CAD就是一种视觉游戏设计"[1]。伊德的意思是,CAD的确比手画要轻松快捷,但是后者富有的想象力和创造性前者都已经损失了。

总的来说,现实的物质性的技术,不管是简单的技术还是复杂的技术,都存在明显的"放大—缩减效应",并且表现出最初倾向的累积性来。这种积累性,一般都会向着放大、增强、解蔽的方向,这也是技术建构科学知识、推动科学发展的方向。技术—科学的"放大—缩减效应",根源于物质性的具身技术的部分透明性或者准透明性,技术在扩展人的身体能力的同时也转化了它们。因此,伊德说,"从这种意义上说,所有使用中的技术都不是中性的。它们改变了基本的境况,不管这种改变是多么细微、改变的程度多么低;但这却是期望的另一面"[2]。

四、仪器是界面,仪器诠释是翻译

伊德作为促进技术哲学"经验转向"的一个重要的技术哲学家,通过研究具体仪器而最终转向科学现象学,因而他对仪器的本质具有着更深的

---

[1] Don Ihde, From da Vinci to CAD and beyond, *Synthese*, 2009, 168, p.463.
[2] 唐·伊德:《技术与生活世界:从伊甸园到尘世》,韩连庆译,北京大学出版社2012年版,第80页。

理解。

伊德认为,仪器是人与世界之间的界面。从人们借以感知这个世界的作用来讲,仪器就是人与世界之间的界面或媒介。没有这个媒介,人就无法与对应的世界照面。如显微镜就是人与微观世界之间的界面,红外成像仪就是人与红外辐射体之间的界面。不同的仪器形成不同的"界面",呈现出不同的世界,形成不同的认识模式。仪器(包括用具)不仅将人与世界连接在一起,而且将技术与科学、技术哲学与科学哲学连接在一起。仪器是技术—科学的界面,也是技术哲学与科学哲学的界面。

在伊德看来,仪器诠释就是翻译(translate)。充当翻译角色的仪器主要指"第二次科学革命"的仪器,也即处于人与技术的诠释学关系的仪器。人与技术的诠释学关系,在模式上表示为"人——(仪器—对象)"。和具身技术相比,诠释学关系中的人的视觉关注点,不是科学要研究的对象本身,而是表现和接收对象信息的仪器终端。显示在仪器终端上的往往是数字、曲线和图像等。在这里,科学对象是不可观察的,从科学对象到与它相互作用的仪器的显现,仪器以它特有的结构实现了特殊的知觉转化。和具身技术相比,这种转化能动地在对对象信息的探测和表现中增强了与人的知觉不同的方面(即不是像望远镜那样,以与人的视觉同构的方式,单维度地增强放大率),如热敏感、光谱线、红外线技术。例如,物理学中的检波器,不同于以同构的方式把那些微弱辐射或声波增强到人可以听到的范围所得来的知觉,而是借助于技术仪器将其转化为雷达上的亮点或示波器上的波形图谱。这是一种翻译,是将一种知觉模式以另外一种知觉模式表现出来的翻译。这是技术—科学长期累积发展的结果。因此,伊德指出,"诠释学关系,特别是那些应用了能实现垂直转化的技术的诠释学关系,远离了知觉的同构","在诠释学关系中,世界首先转化为文本,而文本是可读的"[①]。伊德说,"借助诠释学关系,我们仿佛能够将我们自己置身于任何

---

① 唐·伊德:《技术与生活世界:从伊甸园到尘世》,韩连庆译,北京大学出版社 2012 年版,第 97 页。

可能的不在场的情境中来理解。不同于文字作品,在科学中重要的是,阅读保持了某种对阅读对象的指示或诠释学的透明性"①。这种转化视觉的翻译,就是仪器的秘密和仪器在当代的科学探究中具有的决定性的作用。

伊德还进一步指出,当代的数字技术使仪器对知觉的转化具有远距离的现象学的时空特征。当代的天文学观察不再是伽利略那样的站在地球上用具身望远镜的直接观察,而是空中探测器对星球(如金星)进行观察,将获得的金星表面的照片翻译成能够远距离传送的数字代码,这些数字代码通过无线电信号传递给地面上的接收站,随后它们再次被翻译成人类可以感知的图像信息。空中探测器对金星表面的拍摄类似于人的知觉,但探测器拍摄的照片不能远距离传输;两次翻译,是知觉格式塔的两次转换。伊德说,"这种翻译和再翻译的过程就是把知觉格式塔现象明确转化为书写的模拟(一系列翻译和再翻译过程,是把知觉格式塔现象明确转化为仿佛沿着一条'线'的系列传送的书写模拟),而后者在知觉格式塔中是可以再翻译的"②。

总之,在伊德看来,"如果关注现代和后现代的科学革命,我们就会更清楚地看到(现在可以做出一个更有力的宣称),在科学的实际历史中,如果没有与科学相关的技术所造成的大部分结果,知觉的转换就不可能发生"③。离开了技术和仪器的诠释和知觉转化,科学研究依赖的实验室测量和远距离探测归根结底是一句空话。被技术具身,这是伊德阐述的现代科学区别于古代科学的一个基本特征,这也与伊德坚持的现代人类生存、实践的基本特征是被技术具身这样的基本现象学观点相一致。

---

① 唐·伊德:《技术与生活世界:从伊甸园到尘世》,韩连庆译,北京大学出版社 2012 年版,第 97 页。
② 唐·伊德:《技术与生活世界:从伊甸园到尘世》,韩连庆译,北京大学出版社 2012 年版,第 98 页。
③ 唐·伊德:《让事物"说话":后现象学与技术科学》,韩连庆译,北京大学出版社 2008 年版,第 91 页。

第五节　伊德科学现象学对科学哲学基础理论的意义

伊德科学哲学最基本的特征,是对现代科学的技术具身的理论阐述和论证。在这种论证中,伊德科学哲学对科学哲学基础理论在如下方面具有理论价值:推动了科学哲学的实践转向,开启了"技术诠释科学"的理解路向,揭示了科学哲学与技术哲学的内在关联;提出了科学内在价值的观点,认为技术的介入、仪器的具身和物质性诠释学将完成统一自然科学和人文社会科学的任务。

一、推动着科学哲学的"实践转向"

伊德之所以"被广泛承认为美国最重要的现象学家之一"[①],与他同其他科学哲学家一道,推动着科学哲学发展的"实践转向"有关。我们知道,传统的科学哲学认为,科学是"理论优位"的、超越的、抽象的、"表象"的事业。科学历史主义揭示了科学活动中实践因素的作用,开启了从实践的角度理解科学的哲学路向。科学诠释学的现象学则进一步系统阐述和强调理解科学的实践原则。

在推动科学哲学的"实践转向"上,伊德充分认识到了库恩工作的价值。伊德认为,尽管马克思主义、现象学、实用主义等对当代科学哲学的"实践转向"都起到了一定的作用,但是,真正从内在方面开启科学"实践转向"大门的是库恩。伊德在其重要代表作《仪器实在论:科学哲学与技术哲学的界面》一书的前言中说:"我正在寻求着从新科学哲学中被忽视的地方引出要考虑'科学之技术'(science's technology)的需要。然而,我也正寻求着通过介绍那些与科学哲学和技术相关的重要主题,从被欧美忽视的根

---

① Evan Selinger, *Postphenomenology: A Critical Companion to Ihde*, Albany: State University of New York Press, 2006, Ⅻ.

源上来强调技术及其哲学的地位。作为论证策略,我回到了相当近的历史中,对作为科学哲学'革命'开创者的库恩,作了一个简要的重新解读……我十分清楚地意识到:我正尝试着引出的'实践—知觉模式'(praxis-perception model),是从现象学和库恩他们的某些阐述变形而来的"[①],"对于科学哲学新形式的形成,贡献最大的就是库恩"[②]。伊德这里所说的库恩的贡献,也就是劳斯曾说过的,库恩著作中最具革命性的方面来自于他所强调的科学研究的实践。

伊德是与其他少数几位科学哲学家一道,推动科学哲学"实践转向"的重要成员之一。伊德的独特贡献,表现在:

(1)从存在论上指出人类生存的技术本质,阐述了相对论的本体论,指出人—世界关系的相关性是所有知识和经验的一个存在论特征,这就从本体论上指出了伊德的技术—科学哲学与基础主义之间的区别。

(2)现象学地分析了宏观知觉与微观知觉的关系,阐述了基于生活世界的技术中介的多元知觉理论。

(3)从具体技术分析论证了技术对人与世界关系的中介或者调制,现象学地分析、阐述了科学实践中技术、仪器的具身关系和诠释学关系,揭示了科学发展的来自技术的定制模式。

(4)从物质性诠释学、视觉主义、仪器诠释科学、技术对科学的调制等方面,从实践的维度揭示了自然科学的诠释学本质。

克里斯对伊德的上述探索给予了高度评价。克里斯说:"伊德在其著作,尤其是《仪器实在论》一书中,从传统现象学对知觉和身体感兴趣中得到借鉴后,阐明了在实验室里生成可读的可知觉对象的过程中仪器的物质

---

① Don Ihde, *Instrumental Realism——the Interface between Philosophy of Science and Philosophy of Technology*, Bloomington, Indianapolis: Indiana University Press, 1991, xi.

② Don Ihde, *Instrumental Realism——the Interface between Philosophy of Science and Philosophy of Technology*, Bloomington, Indianapolis: Indiana University Press, 1991, p.11.

重要性。在论文《物质性诠释学与技术建构》中,伊德通过把这种观点与拉图尔的某些洞见联系起来,进一步详尽地阐述了这一工作……伊德的工作揭示了一种关于当代科学真正居于核心地位的深刻的诠释学的认识论,并且为更为复杂的对实验室的实验实践的评价,特别是成像实践的评价奠定了基础性的工作。"①

二、开启了"技术诠释科学"的理解路向,使科学哲学与技术哲学内在地关联在一起

伊德的科学现象学不同于其他科学诠释学的现象学理论的一个显著特点,在于他的技术—科学现象学视野。伊德的"科学"概念是具有"技术在存在论上先于科学"的本体论内涵的"技术—科学"概念,伊德技术—科学现象学所产生的广泛而深远的影响,为科学哲学的发展开启了"技术诠释科学"的理解路向。

关于"技术诠释科学"的理解原则,伊德最为典型的说法是:"没有设备和实验室,就没有科学"②,"所有现代科学都是从仪器上或者说从技术上体现的"③,"没有仪器,就没有科学"④,"科学哲学奠基于对技术哲学的解读"⑤等等。伊德在1991年出版的《仪器实在论》一书的前言中说道:"我1979年出版的《技术与实践》,是波士顿科学哲学丛书中明确致力于技术哲学的第一本书。那本书的第一部分集中在我所说的'技术通过仪器体现

---

① Robert P. Crease, *Hermeneutics and the Natural Sciences*, Dordrecht, Netherlands: Kluwer Academic Publishers, 1997, pp. 8-9.
② 唐·伊德:《让事物"说话":后现象学与技术科学》,韩连庆译,北京大学出版社2008年版,第5页。
③ Don Ihde, *Postphenomenology and Technoscience*, Albany: State University of New York Press, 2009, p. 35.
④ Don Ihde, *Postphenomenology and Technoscience*, Albany: State University of New York Press, 2009, p. 35.
⑤ Don Ihde, *Instrumental Realism——the Interface between Philosophy of Science and Philosophy of Technology*, Bloomington, Indianapolis: Indiana University Press, 1991, p. 1.

科学'的主题上。我在其中指出,现代科学与古代科学之间的关键区别在于它的技术,它的仪器。我现在仍然认为:情况正是那样。"①在伊德看来,仪器是现代科学—技术的典型形态,通过仪器来体现科学,是"技术诠释科学"的原则在当代科学发展中的展开形式。

伊德的技术诠释科学的思想,首先是本体论层次的观念,它包含两个内容:一是技术是人生存的本质,人与世界的关系原则上被技术所中介,人—技术—世界是此在的基本存在论关系;二是技术和科学对此在的关系是不一样的,技术作为工具是此在生存的本真的存在方式,而科学则是此在生存方式的派生样式,在存在论上技术优先于科学。

正是存在论上技术优越于科学的观念,使伊德与那些只认识到认识过程中技术对科学知识的意义的科学哲学家区别了开来。伊德自己也指出,如果仅从知识论的层次来看,"技术诠释科学"的原则就没有什么特别,自己并不是第一个指出仪器重要性的哲学家,其他很多人同样懂得科学必须通过仪器来体现,怀特海和库恩就是典型代表。怀特海在《科学与近代世界》中曾明确说过,"在现代科学中,我们的想象力水平之所以会更高,并不是因为我们具有更精微的思维能力,而是因为我们有了更好的仪器。在过去40年中,科学界发生的最重要事件就是仪器设计的进步。"②同样的论述也存在于库恩《科学革命的结构》中。伊德指出,技术在存在论上优越于科学的观念,即使是库恩以及其他新科学哲学家也都没有注意到。伊德说,"在新科学哲学中,不是仪器被完全忽视,而是仪器明显只是充当背景的角色"③。伊德的意思是,库恩的新科学哲学还只是在知识论的层次上

---

① Don Ihde, *Instrumental Realism——the Interface between Philosophy of Science and Philosophy of Technology*, Bloomington, Indianapolis: Indiana University Press, 1991, ⅺ.

② 转引自唐·伊德《让事物"说话":后现象学与技术科学》第63页,详见A. N. 怀特海:《科学与近代世界》,何钦译,商务印书馆1959年版,第111页。

③ Don Ihde, *Instrumental Realism——the Interface between Philosophy of Science and Philosophy of Technology*, Bloomington, Indianapolis: Indiana University Press, p. 45.

懂得科学需要仪器来体现,而还没有深入到本体论的层次上来理解仪器在体现科学中的核心地位。因此,伊德批判库恩说,"库恩仅仅暗示了他所说的是一种仪器的期望。而库恩却很少意识到,新仪器在范式转变中起到了前奏的关键作用。"①伊德以莱顿瓶与电学的逻辑关系为例指出,如果没有莱顿瓶这项技术,莱顿瓶制造的电学现象就不会出现,而在人们的意识世界中关于电学的理论筹划或理论预期也就根本不存在。②

伊德的技术—科学现象学没有局限于技术与科学关系的本体论论证,而是进一步深入到具体的技术诠释科学的现象学分析中,从而使伊德的技术—科学现象学具有深刻思想基础上的丰富的认识论内容。在科学及其经验被技术所中介或调制,科学是技术—科学这样的基本原则下,伊德具体地现象学地分析、揭示了科学实践中技术、仪器的具身关系和诠释学关系的区别和联系,阐述了仪器诠释科学的视觉主义,当代仪器翻译的诠释学过程,并在这种现象学研究中揭示了过去人们往往忽视了的科学发展的技术定制模式。比如早期的视觉天文学发展受到了科学—技术的"放大效应"的影响,当代的科学研究受到数字翻译、转化技术的影响等。如奥里森(Finn Olesen)就说过:"伊德技术哲学的深远影响,特别是他有关'技术中介'的叙述,提供了一套有用的框架。"③

三、阐述了技术—科学的内在价值性

技术—科学内在地具有价值性,这是伊德技术—科学现象学的一个重要观点。它包括以下几个方面:

---

① Don Ihde, *Instrumental Realism——the Interface between Philosophy of Science and Philosophy of Technology*, Bloomington, Indianapolis: Indiana University Press, pp. 45-46.
② Don Ihde, *Instrumental Realism——the Interface between Philosophy of Science and Philosophy of Technology*, Bloomington, Indianapolis: Indiana University Press, p. 46.
③ Evan Selinger, *Postphenomenology: A Critical Companion to Ihde*, Albany: State University of New York Press, 2006, p. 231.

(1)技术—科学在实践上保留着此在的优先地位

此在是生活世界中的一切意义的相关者。此在对其他存在者的优先性,是海德格尔此在之基础存在论的基本观点。伊德的技术—科学现象学就是从"作为身体的我"借助技术手段与环境相互作用的各种方式的现象学分析开始的。伊德通过技术中介科学的现象学分析,揭示了具身关系和诠释学关系中此在的优先地位。具身关系和诠释学关系是人与世界之间的基本的生存关系,不论是具身关系的"(人—仪器)——世界",还是诠释学关系的"人——(仪器—世界)",都是以人的知觉、身体为中心的。具身技术发展的放大效应及其积累,就表明"这种身体化的和行动的参照点具有特定的优先性。所有的经验都以不言而喻和往复的方式指向它"。因此,伊德说,"具身关系仍然揭示了我在此的优先性"①。为了获得以前不能感知的对象信息,具身技术发展为诠释学技术,本质的区别在于,在仪器实现的知觉转化中,有意识地增强了与人的知觉不同的方面。这不是对人的身体、知觉优越性的放弃,而只是表达了我们在观测更大、更小的对象时所处的存在论处境。

(2)现代科学是技术具身的科学,技术的中介是非中性的,科学的发展是非中性的

现代科学是技术具身的科学,是技术中介或调制的科学,这是伊德技术—科学现象学的基本观点。进而在现象学分析中,伊德通过望远镜、数字技术等具体技术对科学的调制,提出技术的中介或者调制是非中性的,而技术调制的积累直接在实践的层面影响着科学的发展方向和发展模式,因而科学的发展是非中性的、内在价值的。这是伊德揭示科学是非中性的逻辑。伊德在《技术与实践》一书的"存在论进入计算机技术"一章中说,"我的主题是:任何技术的使用都是'非中性的'。'非中性的'这一术语是深思熟虑地选出来的,用以标示技术制品的使用以某种方式改变着经验。

---

① 唐·伊德:《技术与生活世界:从伊甸园到尘世》,韩连庆译,北京大学出版社2012年版,第85页。

对于这样的变形,我不希望暗含否定的或肯定的价值,但是希望强调在技术的使用中存在一种重要的经验变形。"①在科学非中性的阐述中,伊德注意到的科学—技术现象主要有:具身技术的放大效应,人类对于放大效应的着迷,具身技术的积累影响着早期科学的发展,以及在诠释学关系中为了使仪器探测到的对象信息能够为宏观的人所理解,诠释学技术必须保证仪器终端的信息以可读的、可视的方式显现等。人类身体的宏观性、人类知觉的特征以及人类对视觉主义的偏好等,都通过诠释学技术的中介影响着现代科学的发展方向。在这里,伊德不仅揭示了科学发展来自技术方面的非中性的力量,而且揭示了一种注重实践、技术因素的科学发展模式。

(3)科学变成了价值的尺度

伊德指出,几个世纪以来,科学都是理性的象征,几乎免于价值上的批判。伊德在论文《为什么科学没有批评者?》中指出,在近代,作为建制的技术—科学是通过反对宗教的统治开始的。文艺复兴运动和启蒙运动,"把宗教当作'迷信'给抛弃了,而科学则被当成'理性'本身",达到了免于批判的程度,科学成了真理本身,批评科学就是非理性的,将被视为异端。伊德把这种状况称为"科学—宗教的换位"(science-religion inversion)②。伊德将科学批判与艺术批判进行了比较,得出结论说:"科学中批判的作用与艺术或文学批评的作用不可相提并论,一个艺术或文学的批评者是很少被攻击、被排斥或被威胁的,除非他的批判如此极端以致引起众怒,而科学的批判并不以相同的方式起作用。"③伊德的意思是说,科学的批判者很容易受到攻击、排斥或威胁,即被斥为非理性者。为什么没有科学的批判者?很显然,外在的因素是科学主义的社会力量,而内在的因素则是技术—科

---

① Don Ihde, *Technics and Praxis*, Dordrecht, Holland/Boston: D. Reidel Publishing Company, 1979, p.53.

② Don Ihde, *Expanding Hermeneutics: Visualism in Science*, Evanston, Illinois: Northwestern University of Press, 1998, p.129.

③ Don Ihde, *Expanding Hermeneutics: Visualism in Science*, Evanston, Illinois: Northwestern University of Press, 1998, p.133.

学不仅有内在的价值取向,而且成为社会的价值尺度,严重影响着社会的价值判断。因此,伊德号召破除科学的神圣的理性地位,把科学放在多元化的文化和价值体系中来理解,重新理解和恢复人类对世界的多样性认识方式,认为这是塑造新的全球伦理的基础。

四、一种可能的普遍的科学诠释学

伊德认为,在人类文化中,现象学、诠释学以及自己提出的物质性诠释学都是普遍适用的方法,科学诠释学将完成统一自然科学与人文、社会科学的任务。

伊德在2008年北京大学的《事物说话吗?》学术讲座中曾明确说过:"在本次讲座中我将使你相信:一方面,自然科学同样也与诠释学有密切关系,现在是解构'狄尔泰分界线'的时候了;另一方面,在自然科学中所发展出来的独特的诠释学技巧,对于人文和社会科学来说,也有深层含意。"[①]伊德相信,工具的变化必然影响着使用工具的科学的变化,"新的技术使得新的科学成为可能",在自然科学中是这样,在人文科学中也必然是这样。人文科学是诠释学发源的领域,文字文本一向被看作是诠释学的标准文本,雕塑、图像、照片等则被看作是"似文本"。而在伊德看来,由于技术的中介、仪器的具身,自然科学中广泛应用的物质性诠释学在客观知识的制造,推动人类学、历史学、考古学等学科发展方面优越于文字诠释学。物质性诠释学让事物"说话",客观的丰富的叙述在没有任何语言现象的情况下被建构出来。伊德曾列举了对入侵英格兰的北欧海盗的历史定位,以及对1991年9月19日在奥地利和意大利边界发现的被命名为奥茨(Otzi)的冷冻的木乃伊的认定等例子,阐述了物质性诠释学比文字诠释学获得的知识更准确和全面。1985年的一篇文章总结了过去20多年关于史前人类世界研究取得的巨大进展,如确认了人类从大约距今10000年前,实现了从

[①] 唐·伊德:《让事物"说话":后现象学与技术科学》,韩连庆译,北京大学出版社2008年版,第97页。

直接依赖自然的供给（采集和狩猎），到有意识地种植农作物，从而引起了"第一次伟大的文化革命"；确认人类产生最早的艺术、辉煌的洞穴画和雕刻的时期，大约在 35000 年到 12000 年前；等等。关于这些新知识，伊德说："这种知识通常要借助在工具上具身的新科学来投入使用，也必须借助技术的发展。"①总之，在伊德看来，不论是自然科学还是人文科学，新知识的获得，离不开技术—科学的仪器的诠释。反过来说，普遍适用的现象学和物质诠释学将为自然科学和人文、社会科学提供统一的理论构架，并最终解构"狄尔泰分界线"。

---

① 唐·伊德：《技术与生活世界：从伊甸园到尘世》，韩连庆译，北京大学出版社 2012 年版，第 177 页。

参考文献

[1] Robert P. Crease, *Hermeneutics and the Natural Sciences*, Dordrecht, Netherlands: Kluwer Academic Publishers, 1997.

[2] Robert P. Crease, *The Play of Nature: Experimentation as Performance*, Bloomington and Indianapolis: Indiana University Press, 1993.

[3] Patrick Heelan, *Space-Perception and the Philosophy of Science*, Berkeley and Los Angeles: University of California Press, 1988.

[4] Joseph J. Kockelmans, *Ideas for a Hermeneutic Phenomenology of the Natural Sciences*, London: Kluwer Academic Publishers, 1993.

[5] Joseph J. Kockelmans, *Ideas for a Hermeneutic Phenomenology of the Natural Sciences* (Volume Ⅱ), London: Kluwer Academic Publishers, 2002.

[6] Joseph J. Kockelmans, *Hermeneutic Phenomenology: Lectures and Essays*, University Press of America, 1988.

[7] Joseph J. Kockelmans, *Heidegger and Science*, University Press of America, 1985.

[8] Joseph Rouse, *How Scientific Practices Matter: Reclaiming Philosophical Naturalism*, Cornell University Press, 2002.

[9] Evan Selingeredited, *Postphenomenology: A Critical Companion to Ihde*, Albany: State University of New York Press, 2006.

[10] Don Ihde. *Technology and the Lifeworld*, Bloomington, Indianapolis: Indiana University Press, 1990.

[11] Don Ihde, *Instrumental Realism——the Interface between Philosophy of Science and Philosophy of Technology*, Bloomington, Indianapolis: Indiana University Press, 1991.

[12] Don Ihde, *Bodies in Technology*, Minneapolis: the University of Minnesota Press, 2002.

[13] Don Ihde, *Experimental Phenomenology*, New York: Putnam Publish Group, 1977.

[14] Don Ihde, *Expanding Hermeneutics: Visualism in Science*, Evanston, Illinois: Northwestern University of Press, 1998.

[15] Don Ihde. *Technics and Praxis*, Dordrecht, Holland/Boston: D. Reidel Publishing Company, 1979.

[16] Don Ihde, *Postphenomenology and Technoscience*, Albany: State University of New York Press, 2009.

[17] Don Ihde, *Postphenomenology——Essays in the Postmodern Context*, Evanston, Illinois: Northwestern University Press, 1993.

[18] Don Ihde, *Consequence of Phenomenology*, Albany: State University of New York Press, 1986.

[19] Martin Eger, *Science, Understanding and Justice: The Philosophical Essays of Martin Eger*, 2006.

[20] *The Question of Hermeneutics: Essaysinhonor of Joseph J. Kockelmans*, edited by Timothy J. Stapleton, Kluwer Academic Publishers, 1994.

[21] 科克尔曼斯:《海德格尔的〈存在与时间〉》,陈小文、李超杰、刘宗坤译,商务印书馆1996年。

[22]唐·伊德:《让事物"说话":后现象学与技术科学》,韩连庆译,北京大学出版社2008年。

[23]伊德:《技术与生活世界:从伊甸园到尘世》,韩连庆译,北京大学出版社2012年。

[24]约瑟夫·劳斯:《涉入科学:如何从哲学上理解科学实践》,戴建平译,苏州大学出版社2010年。

[25]约瑟夫·劳斯:《知识与权力:走向科学的政治哲学》,盛晓明、邱慧、孟强译,北京大学出版社2004年。

[26]海德格尔:《存在与时间》,陈嘉映、王庆节译,三联书店1999年。

[27]加达默尔:《真理与方法》,洪汉鼎译,上海译文出版社1999年。

[28]加达默尔:《哲学解释学》,夏镇平、宋建平译,上海译文出版社1994年。

[29]保罗·利科:《解释的冲突:解释学文集》,莫伟民译,商务印书馆2008年。

[30]保罗·利科:《解释学与人文科学》,陶远华等译,河北人民出版社1987年。

[31]埃德蒙德·胡塞尔:《欧洲科学危机和超验现象学》,张庆熊译,上海译文出版社2005年。

[32]埃德蒙德·胡塞尔:《现象学的观念》,倪梁康译,上海译文出版社1986年。

[33]埃德蒙德·胡塞尔:《哲学作为严格的科学》,倪梁康译,商务印书馆1999年。

[34]埃德蒙德·胡塞尔:《逻辑研究》第一卷,倪梁康译,上海译文出版社1994年。

[35]埃德蒙德·胡塞尔:《逻辑研究》第二卷第一部分,倪梁康译,上海译文出版社1998年。

[36]埃德蒙德·胡塞尔:《逻辑研究》第二卷第二部分,倪梁康译,上海译文出版社1999年。

［37］梅洛-庞蒂:《知觉现象学》,姜志辉译,商务印书馆 2001 年。

［38］赫伯特·施皮格伯格:《现象学运动》,王炳文、张金言译,商务印书馆 1995 年。

［39］D.C.霍埃:《批评的循环》,兰金仁译,辽宁人民出版社 1987 年。

［40］泰奥多·德布尔:《胡塞尔思想的发展》,李河译,三联书店 1995 年。

［41］托马斯·库恩:《科学革命的结构》,金吾伦、胡新和译,北京大学出版社 2003 年。

［42］托马斯·库恩:《必要的张力:科学的传统和变革论文选》,范岱年、纪树立等译,北京大学出版社 2004 年。

［43］B.C.范·弗拉森:《科学的形象》,郑祥福译,上海译文出版社 2002 年。

［44］米歇尔·福柯:《规训与惩罚》,刘北成等译,三联书店 1999 年。

［45］陈凡、朱春燕:《全球化时代的技术哲学:2004 年"技术哲学与技术伦理"国际研讨会译文集》,东北大学出版社 2006 年。

［46］倪梁康:《面对实事本身:现象学经典文选》,东方出版社 2000 年。

［47］倪梁康:《现象学及其效应》,三联书店 1994 年。

［48］倪梁康:《胡塞尔现象学概念通释》,三联书店 1999 年。

［49］殷鼎:《理解的命运》,三联书店 1988 年。

［50］洪汉鼎:《理解的真理》,山东人民出版社 2001 年。

［51］施雁飞:《科学解释学》,湖南出版社 1991 年。

［52］曹志平:《理解与科学解释》,中国社会科学文献出版社 2005 年。

后　记

本书是我主持完成的国家社会科学基金项目"当代西方诠释学的现象学科学哲学研究"(项目批准号:09BZX022)的成果。这个项目与我主持完成的教育部人文社会科学基金项目"近20年来西方科学哲学的发展及其对我国科学哲学学科建设的启示"一起,构成了我对科学哲学的发展趋势以及我国科学哲学学科发展现状的思考。

主要有两个方面的缘由:一是对科学历史主义之后科学哲学如何发展的思索,即科学历史主义之后科学哲学是否像费耶阿本德所宣称的那样只是有一个伟大的过去,对自然科学的哲学反思是否必然被实证的社会学研究所取代;如果科学哲学要在吸收逻辑实证主义和科学历史主义各自合理性的基础上有所发展,它又表现出怎样的发展趋势?其哲学基础又是什么?二是近些年来中国的科学哲学研究由于种种原因日益远离了对自然科学的哲学反思,人们热衷于谈论科学哲学的"社会转向"、"文化转向",那么,西方国家的科学哲学是否也像我国这样,不再以数学哲学、物理学哲学、化学哲学、生物学哲学等自然科学哲学为中心?他们的科学哲学研究表现出了怎样的特征?

为了思考上述问题,我们统计分析了美国《科学哲学》(*Philosophy of Science*)杂志(美国科学哲学协会的官方刊物)1988—2007年20年所刊发论文的情况,发现在这期间美国科学哲学研究的热点仍是物理学哲学(特别是量子力学哲学)、生物学哲学、认知科学哲学、数学哲学等,自然科学哲学依然是科学哲学的中心(详细情况见《自然辩证法通讯》2012年第4期)。我们认为,重新确立并坚持对自然科学的哲学反思在科学哲学中的中心地位,对于我国科学哲学的学科建设有重要意义。

另一方面,我们发现,当代科学诠释学的现象学是科学历史主义之后,科学哲学发展的一个比较有意义的探索。它以海德格尔的此在的存在论为哲学基础,强调存在意义对于科学、此在之基础存在论对于科学哲学的优先性,使科学的历史性在本体论层次获得了论证。在认识论方面,科学诠释学的现象学对仪器、测量技术以及实验室的现象学分析,强调知觉、仪器、具身化、可读技术、可视技术在科学哲学中的现象学地位,使其对科学的社会历史性和知识客观性的阐述比以往的科学哲学理论都更为具体、生动和深刻,同时为我们进一步深刻理解科学与技术的关系、科学哲学和技术哲学的关系提供了理论切入点。因此,我们说,科学诠释学的现象学在本体论和认识论两个层面都发展了历史主义科学哲学,成为近些年来科学哲学发展的一个理论标志。

我指导的部分博士和硕士研究生参加了我主持的上述国家社科基金项目和教育部人文社会科学基金项目的研究,他们是闫明杰、陈建安、文祥等。就本书来说,整体的理论结构由我提出,第二章由雷良和我撰写,第五章由我和闫明杰撰写,第六章由我和陈建安撰写,第七章由我和文祥撰写,其他章节及全书的统稿由我完成。

曹志平

2015年11月15日于厦门

图书在版编目(CIP)数据

科学诠释学的现象学/曹志平等著.—厦门:厦门大学出版社,2016.8
(厦门大学科技哲学与科技思想史文库)
ISBN 978-7-5615-6200-0

Ⅰ.①科⋯　Ⅱ.①曹⋯　Ⅲ.①现象学　Ⅳ.①B81-06

中国版本图书馆 CIP 数据核字(2016)第 182473 号

出 版 人	蒋东明
责任编辑	文慧云
封面设计	李夏凌
责任印制	吴晓平

出版发行　*厦门大学出版社*

社　　址　厦门市软件园二期望海路 39 号
邮政编码　361008
总 编 办　0592-2182177　0592-2181406(传真)
营销中心　0592-2184458　0592-2181365
网　　址　http://www.xmupress.com
邮　　箱　xmupress@126.com
印　　刷　厦门集大印刷厂

开本　720mm×1000mm　1/16
印张　19.25
插页　2
字数　350 千字
版次　2016 年 8 月第 1 版
印次　2016 年 8 月第 1 次印刷
定价　45.00 元

本书如有印装质量问题请直接寄承印厂调换

厦门大学出版社
微信二维码

厦门大学出版社
微博二维码